U0601434

诸子锦言录

三

钟基——编著

中华书局

墨家

墨子

墨子名翟，鲁人（另说宋人或楚人），生于公元前468年左右，卒于公元前376年左右，是墨家学派的创始人。墨家学派的主张包括兼爱、非攻、尚贤、尚同、节用、非乐、节葬等，在先秦时期与儒学并称显学。

《墨子》是春秋战国时期墨家学派的代表作，一般认为是墨子的门人后学记录辑集而成。其书今存五十三篇，除系统阐述墨家学派的上述主张外，还记载了不少古代科技知识，尤其对墨家擅长的守城器械的制造和使用做了详细介绍，在先秦诸子中是独树一帜的。

本书选文据中华书局三全本《墨子》。

亲士

非无安居也，我无安心也；非无足财也，我无足心也。

【译文】

我不是没有安适的居处，而是我的心不能安定；不是没有足够的财富，而是我的心不能知足。

君子自难而易彼，众人自易而难彼。

【译文】

君子总是自己做困难的事情，而让别人做容易的事情；一般的人却总是自己做容易的事情，却让别人做困难的事情。

君子进不败其志，内究其情，虽杂庸民，终无怨心，彼有自信者也。

【译文】

君子上进的时候，不会挫败他的志向，退缩的时候，就考察他的实际情况，即使夹杂了一些平庸的民众，也始终没有怨恨之心，那就是有自信的人。

为其所难者，必得其所欲焉；未闻为其所欲[①]，而免其所恶者也[②]。

---

①所欲：疑为“所易”，与上文“所难”相对。

②所恶：与上文“所欲”相对。

【译文】

君子做那些难做的事情，就一定能得到自己想要的东西；从没有听说过做容易的事情，却能避免他所厌恶的结果的。

君必有弗弗之臣[①]，上必有谘谘之下[②]。

---

①弗：通“拂”，违背。

②谘（è）：争辩。

【译文】

君主必须有敢于矫正君主过失的臣子，君上必须有直言争辩的臣下。

虽有贤君，不爱无功之臣；虽有慈父，不爱无益之子。

【译文】

即使是贤明的君主，也不会喜欢没有功劳的臣子；即使是慈爱的父亲，也不会喜欢没有作为的儿子。

良弓难张，然可以及高入深；良马难乘，然可以任重致远；良才难令，然可以致君见尊[①]。

---

①见：被。

【译文】

好的弓难于拉开，但可以射得高射得远；好马难于驾驭，但可以背负很重的东西走很远的路；贤能之人难以驱使，但可以使君主受到人们的尊敬。

江河不恶小谷之满己也，故能大。圣人者，事无辞也，物无违也，故能为天下器[①]。

①天下器：这里指人才。

【译文】

江河不会厌恶小河来注满自己，所以能够变得大而无边。圣人勇于任事，不敢怠慢贤能之士，所以能成为天下的大人物。

江河之水，非一源之水也；千镒之裘[①]，非一狐之白也[②]。

①镒(yì)：古代计量单位，二十两或二十四两黄金为一镒。裘：皮衣。

②一狐之白：狐狸腋下的皮，纯白而轻软，但十分难得，所以制为皮衣，十分名贵。

【译文】

江河的水，并不是只有一个源头；价值千金的裘皮大衣，不是只用一只狐狸腋下的毛就能做成的。

天地不昭昭[①]，大水不潦潦[②]，大火不燎燎[③]，王德不尧尧者[④]，乃千人之长也。

①昭昭：明亮的样子。

②潦潦：水大的样子。

③燎燎：火大的样子。

④尧尧：道德高尚的样子。

【译文】

天地不以昭昭为光明，大水不以潦潦为盛大，大火不以燎燎为炎热，君王不以自己的德行为高不可攀，才能做千万人的统治者。

其直如矢，其平如砥[1]，不足以覆万物。

①其直如矢，其平如砥（dǐ）：出自《诗・小雅・大东》："周道如砥，其直如矢。"砥，磨刀石。

【译文】

好像箭一样笔直，像磨刀石一样平坦，这样就不足以包容万物。

谿陕者速涸[1]，逝浅者速竭[2]，墝埆者其地不育[3]。

①谿（xī）：小溪。陕：狭隘。

②逝：川流。

③墝埆（qiāo què）：土地坚硬而不生五谷。

【译文】

太狭窄的溪流就会很快干枯，太浅的溪流很快就会枯竭，坚硬贫瘠的土地就会没有物产。

王者淳泽[1]，不出宫中，则不能流国矣[2]。

①淳：厚。泽：恩泽。

②流：流传。这里可引申为推恩。

【译文】

如果君王淳厚的恩泽只限于宫廷之内，那么就不能遍及全国。

修身

君子战虽有陈[①]，而勇为本焉；丧虽有礼，而哀为本焉；士虽有学，而行为本焉[②]。

①陈：同“阵”，此指打仗时的阵法。

②行：德行。

【译文】

君子作战的时候虽然有阵法，但勇猛才是根本的；守丧虽有礼节，但哀伤才是根本的；士人虽有才学，但德行才是根本的。

置本不安者[①]，无务丰末[②]；近者不亲，无务来远；亲戚不附，无务外交；事无终始，无务多业；举物而暗[③]，无务博闻。

①置：立。本：根本。

②务：追求。末：细枝末节。

③暗：不明事理。

【译文】

根基不牢固的，就不能希望枝繁叶茂；不亲近左右的人，就不能希望能招徕远方的贤人；亲戚不能依附的，就不能希望能致力于外交事务；做事不能善始善终的，就不能希望从事很多的事业；对一件事物都不能明白它的道理，就不能希望做到见闻广博。

见不修行，见毁，而反之身者也，此以怨省而行修矣[①]。

---

①省:减少。

【译文】

发现自己的品行修得不够好,被人诋毁,就反省自己,这样别人的怨言就减少了,自己的品行也得到了修养。

谮慝之言[①],无入之耳;批扞之声[②],无出之口。

---

①谮慝(zèn tè)之言:诽谤的言语。

②批扞(hàn):诋毁。

【译文】

诽谤的恶语不进入耳朵,诋毁人的话不说出口。

君子力事日强[①],愿欲日逾,设壮日盛[②]。

---

①力事:勤勉地做事。

②设壮:疑作"饰壮"(毕沅说),谓勤行之道。

【译文】

君子每天更加勤勉地做事,理想日益远大,他的品行也就日益完善。

君子之道也,贫则见廉[①],富则见义,生则见爱,死则见哀,四行者不可虚假,反之身者也。

---

①见:同"现"。

【译文】

君子所应遵循的原则是，贫穷的时候就表现出清廉，富裕的时候就表现出好义，对生者表现仁爱，对死者表现哀悼，这四种品行不能有虚情假意，而是要发自内心。

藏于心者无以竭爱[①]，动于身者无以竭恭，出于口者无以竭驯[②]。

①无：发语词，无义。

②驯：通“训”，谓典雅之言。

【译文】

存在心中的都是仁爱之意，身体的举止都是恭敬的行为，嘴里说出来的都是合理之善言。

志不强者智不达，言不信者行不果。

【译文】

意志不坚强的人，他的智力也不会高；说话不讲信用的人，他的行为也不会有结果。

据财不能以分人者[①]，不足与友；守道不笃、偏物不博、辩是非不察者[②]，不足与游。

①据：拥有。

②偏：通“辨”，辨识。辩：通“辨”。察：明察。

【译文】

有钱财而不愿分给别人的人，不值得与他交朋友；遵守道义不专一、辨别事物不能从大处着眼、辨别是非不清楚的人，不值得与他交往的。

原浊者流不清，行不信者名必耗[1]。

①耗（hào）：败。

【译文】

源头混浊的河水必然不清澈，做事不讲信用的人名声必然受到损害。

名不徒生，而誉不自长，功成名遂，名誉不可虚假，反之身者也。

【译文】

名声不会无端地获得，声誉也不会自行增高，有了功劳以后才会有名声，名誉是不会白白得到的，而要向自身去寻求。

务言而缓行，虽辩必不听；多力而伐功[1]，虽劳必不图。

①伐功：夸耀自己的功劳。

【译文】

只会说好听的话却行动迟缓，即使能言善辩也没有人会听从；出力很多却自我夸耀，即使辛劳，也无所可取。

慧者心辩而不繁说[1]，多力而不伐功，此以名誉扬天下。

---

①心辩:心中明白。繁:多。

【译文】

聪明的人心里明白却不多说,出力多却不自我夸耀,因此才能名扬天下。

言无务为多而务为智,无务为文而务为察。

【译文】

说话不在于多而在于有道理,不追求有文采而求能明察是非。

善无主于心者不留[①],行莫辩于身者不立[②]。

---

①主于心:在心中起主导作用。

②辩:通“辨”,辨别。

【译文】

善良的品行如果不在心里起主导作用,就不能长久保持;善良的行为如果不是从自身加以辨识,就不能树立。

名不可简而成也[①],誉不可巧而立也[②],君子以身戴行者也[③]。

---

①简:怠慢,傲惰。

②巧:虚浮不实,伪诈。

③戴:载。

【译文】

名声是不会轻易形成的,声誉是不能靠取巧确立的,君子是身体力行地表现自己的品德的人。

思利寻焉[①]，忘名忽焉[②]，可以为士于天下者，未尝有也。

①寻：重。

②忽：倏忽。

【译文】

图谋利益之心长久地存在，而保持名节之心却很快忘却，这样的人能成为天下的贤士，是从来没有过的。

所染

善为君者，劳于论人[①]，而佚于治官。

①论：择。

【译文】

善于做国君的人，辛劳地选拔人才，而轻松地治理政务。

法仪

天下从事者不可以无法仪，无法仪而其事能成者，无有也。

【译文】

天下所有做事情的人，都不可以没有法度，没有法度而事情可以做成的，是没有的。

天之行广而无私，其施厚而不德[①]，其明久而不衰，故圣王法之。

①施:给予恩惠。不德:不自以为有功劳。

【译文】

天的行为广大而没有私心,它给予的恩惠很深厚却不自以为有功,它的光明长久存在而不衰竭,所以圣人效法它。

既以天为法,动作有为必度于天[①],天之所欲则为之,天所不欲则止。

①度:取法。

【译文】

既然以天作为法度,那么想要有所作为,就必须都以天作为衡量准则,天所希望的就做,天所不希望的就不做。

天必欲人之相爱相利,而不欲人之相恶相贼也[①]。

①恶(wù):厌恶。贼:残害。

【译文】

上天一定希望人们相互友爱相互给予利益,而不希望人们相互厌恶相互残害。

爱人利人者,天必福之;恶人贼人者,天必祸之。

【译文】

爱人利人的人,上天必然赐福给他;厌恶人残害人的人,上天必然降下灾祸给他。

杀不辜者,得不祥焉。

【译文】

杀害无辜的人会招致不祥。

七患

食不可不务也,地不可不力也,用不可不节也。

【译文】

粮食不能不加以重视,土地不能不努力耕种,使用财物不能不节俭。

时年岁善[①],则民仁且良;时年岁凶,则民吝且恶。

①善:相对于"凶"而言,指年成好。

【译文】

当年成好的时候,百姓就仁义而且贤良;当年成不好的时候,那么百姓就会吝啬而凶恶。

为者疾[①],食者众,则岁无丰。

①疾:当作"寡"(俞樾说),少。

【译文】

耕作的人少,而食用的人多,那么就不会有丰收。

财不足则反之时[1]，食不足则反之用。

---

①反：反省。时：农时。

【译文】

财用不足的时候就要反省是否抓住了农时，食物不足的时候就要反省是否注意了节俭。

先民以时生财[1]，固本而用财[2]，则财足。

---

①先：导。

②本：基础。古代以农业为本。

【译文】

引导百姓按时令进行生产，创造财物，巩固作为根本的农业生产，并且节约地使用财物，那么财用就会充足了。

仓无备粟，不可以待凶饥；库无备兵[1]，虽有义不能征无义。城郭不备全，不可以自守；心无备虑，不可以应卒[2]。

---

①兵：兵器。

②卒：通“猝(cù)”，突然，这里指突发事件。

【译文】

仓库中没有储备的粮食，就不能抵御凶年的饥荒；兵库中没有准备足够的兵器，就算是出于正义的目的也不能去讨伐不道义的国家。城墙修建得不完好，就不能自我保全；心里没有防备于未然的考虑，就不能应付突发的事件。

备者国之重也①，食者国之宝也，兵者国之爪也②，城者所以自守也，此三者国之具也。

---

①重：重要的事情。

②爪：爪牙。

【译文】

做好准备是国家的要务，粮食是国家的财宝，兵器是国家的爪牙，城池是国家用以自守的东西，这三样东西都是一个国家所必须具备的。

国离寇敌则伤①，民见凶饥则亡②，此皆备不具之罪也。

---

①离：同“罹”，遭受。

②见：遭受。

【译文】

国家遇到敌人寇乱就会有损伤，百姓遇到凶年的饥荒就会死亡，这都是准备不足的罪过啊。

食者，圣人之所宝也。故《周书》曰：“国无三年之食者，国非其国也；家无三年之食者，子非其子也。”

【译文】

粮食是圣人视为宝贝的。所以《周书》上说：“国家中没有足够吃三年的粮食，国家就不能成为国家；家中没有储备三年的粮食，子孙就不是那家里的子孙了。”

辞过

凡费财劳力,不加利者,不为也。

【译文】

凡是劳民伤财,又没有更多好处的事,不要做。

其用财节,其自养俭,民富国治。

【译文】

节约财用,自我节俭,百姓就会富强,国家就会得到治理。

俭节则昌,淫佚则亡。

【译文】

节俭就会兴盛,奢侈放纵就会灭亡。

夫妇节而天地和,风雨节而五谷孰①,衣服节而肌肤和。

———

①孰:同“熟”。

【译文】

男女的婚嫁调和了,天下就会和顺,风调雨顺就会五谷丰登,衣服调和就会使身体皮肤舒适。

尚贤上

国有贤良之士众①,则国家之治厚②;贤良之士寡,则国家之治薄③。故大人之务,将在于众贤而已④。

---

①贤良之士：德才兼备的人。

②治厚：治理的功绩大。

③治薄：治理的功绩小。

④将：应当。

【译文】

国家中德才兼备的人众多，那么治理的基础就坚实；德才兼备的人稀少，治理的基础就薄弱。所以天子大臣最重要的事，应当是在于使贤良的人众多。

古者圣王之为政也，言曰：不义不富，不义不贵，不义不亲，不义不近。

【译文】

古时候圣王治理国家，说道：对不义的人不使他们富有，不给他们尊贵，不亲信他们，不接近他们。

上之所以使下者，一物也①；下之所以事上者，一术也②。

---

①一物：指"尚贤"这一种方法。

②一术：指"为义"这一条途径。

【译文】

国君用来驱使下属的，就是"尚贤"这一种方法；下属用来效力于国君的，就是"为义"这一条途径。

古者圣王之为政，列德而尚贤①，虽在农与工肆之人②，有能则举之。

---

①列：行列，位次。德：指有德的人。

②肆：作坊。

【译文】

古时候圣王治理国家，任用有德的人并且崇尚贤能的人，即使是农夫或工匠，有才能就选拔他。

爵位不高，则民弗敬；蓄禄不厚，则民不信；政令不断，则民不畏。

【译文】

如果爵位不高，百姓不会尊敬他；俸禄不丰厚，百姓不会相信他；政令不决断，百姓不会畏惧他。

官无常贵，而民无终贱，有能则举之，无能则下之，举公义，辟私怨[①]。

---

①辟：去除。

【译文】

做官的人没有永远的尊贵，百姓也不是永远不变的低贱，有能力就选拔他，没有能力就罢免他，出于公心，去除私怨。

得士则谋不困，体不劳，名立而功成，美章而恶不生[①]，则由得士也。

①章：显著。

【译文】

拥有贤能的人就能有计谋而不致困难，身体不致劳顿，声名立而功业成，美好彰显而丑恶不生，这都是由于得到了贤能之士。

得意贤士不可不举[①]，不得意贤士不可不举。

①得意：得志。指国家功成治定的时候。

【译文】

国家安定的时候，不可以不选拔贤能之士；国家不安定的时候，也不可以不选拔贤能之士。

夫尚贤者，政之本也。

【译文】

崇尚贤能的人，实在是治理政务的根本。

尚贤中

自贵且智者[①]，为政乎愚且贱者，则治；自愚贱者[②]，为政乎贵且智者，则乱。

①自：由，用。

②愚贱：依上文当为“愚且贱”（孙诒让说）。

【译文】

由高贵而有智慧的人去统治愚蠢而且低下的人，国家就会得到治理；由愚蠢而且低下的人去统治高贵而且有智慧的人，国家就会混乱。

古者圣王甚尊尚贤而任使能[①]，不党父兄[②]，不偏贵富，不嬖颜色[③]。

①能：有才能的人。

②党：袒护，偏袒。

③嬖（bì）：宠爱。颜色：指美貌的女子。

【译文】

古代圣明的君王非常尊重和崇尚贤能的人，并且任命和使用贤者，不袒护父亲兄长，不偏向富贵的人，不宠爱美貌的女子。

贤者举而上之，富而贵之，以为官长；不肖者抑而废之[①]，贫而贱之，以为徒役[②]。

①不肖：不贤。抑：按，向下压。

②徒：被罚服劳役的人。役：仆役，供人役使的人。

【译文】

如果是贤能的人，就推举选拔上来，使他富裕而且尊贵，让他做官长；如果是没有才能的人，就罢免废弃他，使他贫穷而且低贱，让他做奴役。

国家治则刑法正，官府实则万民富。

【译文】

国家得到治理刑法就会公正，国库充足百姓就会富裕。

有一衣裳不能制也，必藉良工[①]；有一牛羊不能杀也，必藉良宰[②]。

①藉：凭借。良：指技术高超。

②宰：指屠宰工。

【译文】

有一件衣服不能缝制，也必定会借助于高明的裁缝；有一头牛羊不能宰杀，也必定会借助于高明的屠夫。

《汤誓》曰[①]："聿求元圣[②]，与之戮力同心[③]，以治天下。"

①《汤誓》：《尚书》篇名。但今本《尚书》无此几句。

②聿（yù）：句首语气词。元：大。

③戮（lù）力：并力，合力。

【译文】

《汤誓》上说："寻找大圣人，和他同心协力来治理天下。"

尚贤下

王公大人有一罢马不能治[①]，必索良医；有一危弓不能张，必索良工。

①罢(pí):疲劳。这里指瘦弱不能任用。

【译文】

王公大人有一匹疲弊的马不能医治,必定寻找高明的兽医;有一张弓坏了不能张开,必定寻找高明的工匠。

惟法其言[①],用其谋,行其道,上可而利天,中可而利鬼,下可而利人,是故推而上之[②]。

①惟:句首语气词。

②推:推举,推荐。

【译文】

以他们的话为法则,采用他们的谋略,推行他们的道术,对上有利于天,中间可以有利于鬼,对下可以有利于百姓,所以把他们推举提拔上来。

有力者疾以助人[①],有财者勉以分人[②],有道者劝以教人[③]。若此则饥者得食,寒者得衣,乱者得治。若饥则得食,寒则得衣,乱则得治,此安生生[④]。

①疾:急速。

②勉:尽力,努力。

③劝:勉力。

④安:犹“乃”(王引之说)。生生:指众生并立。

【译文】

有力量的人抓紧去帮助别人,有财产的人努力地分给别人,有道术的人尽力地教导别人。像这样,那么饥饿的人就可以得到食物,寒冷的人就可以得到衣服,混乱的社会就可以得到治理。如果饥饿的人得到食物,寒冷的人得到衣服,混乱的社会得到治理,那么百姓就能生生不息。

尚同上

上有过则规谏之,下有善则傍荐之[①]。

①傍:与“访”通(孙诒让说)。荐:推荐。

【译文】

上面有了过错就要规劝进谏他,下面有了善行就查访推荐他。

天子唯能壹同天下之义,是以天下治也。

【译文】

天子能够统一全国的道理,所以天下得到治理。

尚同中

凡闻见善者,必以告其上;闻见不善者,亦必以告其上。

【译文】

凡是听到、看到好的事情,一定拿来报告他的上级;听到、看到不好的事情,也一定拿来报告他的上级。

尚同义其上[①],而毋有下比之心。

---

①义：当作“乎”（孙诒让说）。

【译文】

与上面保持一致，不要有勾结下面的想法。

古者之置正长也，将以治民也。譬之若丝缕之有纪，而罔罟之有纲也[1]，将以运役天下淫暴，而一同其义也。

---

①罔罟（gǔ）：渔猎用的网具。

【译文】

古代的时候设立行政长官，是用来治理百姓的。就好比丝线有头绪，渔网有总绳一样，要用以约束天下淫暴的人，统一天下的道义。

若苟上下不同义，赏誉不足以劝善，而刑罚不足以沮暴。

【译文】

如果上下不统一道理，那么奖赏和赞誉就不足以劝人为善，而刑罚不足以阻止暴乱。

古者圣王唯而审以尚同[1]，以为正长，是故上下情请为通[2]。

---

①而：当为“能”。

②请：通“诚”。

【译文】

古代圣明的君王，正是能够审查任用和上面统一的人，让他们做行政长官，所以上下的情意相通。

上有隐事遗利，下得而利之；下有蓄怨积害，上得而除之。

【译文】

上面有没有看到的事和忘记的利益，下面的人就提醒他去做，让他得到利益；下面的人有蓄积的怨恨和祸害，上面的知道了就将它除去。

助之视听者众，则其所闻见者远矣；助之言谈者众，则其德音之所抚循者博矣[①]；助之思虑者众，则其谈谋度速得矣[②]；助之动作者众，即其举事速成矣。

①德音：指天子的诏令。抚循：抚慰，安慰。

②谋：谋划。度：衡量。

【译文】

帮助他听和看的人多，那么所听到和看到的就远了；帮助他说话的人多，那么他的诏令所抚慰的人就多了；帮助他思考的人多，那么他所做谋略和决定的速度就快了；帮助他行动的人多，那么他所做的事就成功得快了。

尚同下

上之为政，得下之情则治，不得下之情则乱。

【译文】

上面的人治理政务，了解下面的实情就能得到治理，不了解下面的实情就会变得混乱。

上之为政，得下之情，则是明于民之善非也。

【译文】

上面的人治理政务，了解下面的实情，那么就是了解百姓的善与不善。

善人赏而暴人罚，则国必治。

【译文】

奖赏行善的人，惩罚作恶的人，那么国家一定能得到治理。

古者天子之立三公、诸侯、卿之宰、乡长家君，非特富贵游佚而择之也[1]，将使助治乱刑政也。

①择：据《尚同中》当为“措”（孙诒让说）。

【译文】

古代天子设立三公、诸侯、卿宰、乡长和家君，不是为了让他们富贵安逸游乐，是要让他们帮助治理政务和刑法。

当尚同之为说也[1]，尚用之天子，可以治天下矣；中用之诸侯，可而治其国矣；小用之家君，可而治其家矣。

①说：主张。

【译文】

尚同的主张，在上用于天子，就可以让天下得到治理；在中用于诸侯，就可以治理好他的国家；在下用于家长，就可以治理好他的家庭。

治天下之国若治一家,使天下之民若使一夫[①]。

①一夫:一个人。

【译文】

治理天下的国家就像治理一个家庭,任用天下的人民就像任用一个人。

一目之视也,不若二目之视也;一耳之听也,不若二耳之听也;一手之操也,不若二手之强也。

【译文】

一只眼睛看东西,比不上两只眼睛看得清楚;一只耳朵听声音,比不上两只耳朵听得清晰;一只手拿东西,比不上两只手的力气大。

凡使民尚同者,爱民不疾[①],民无可使。

①疾:快,急速。

【译文】

凡是要让人同一于上的,爱民之心如果不急切的话,民众就无法驱使。

兼爱上

天下兼相爱则治,交相恶则乱。

【译文】

天下人彼此相爱就会得到治理,相互厌恶就会变得混乱。

兼爱中

天下之人皆不相爱,强必执弱[①],富必侮贫,贵必敖贱[②],诈必欺愚[③]。

①执:执掌,控制。

②敖(ào):通“傲”。

③诈:狡诈的人。

【译文】

天下的人都不相爱,强者必然要欺凌弱者,富者必然要侮辱贫者,高贵者必然要傲视下贱者,狡诈的必然要欺负愚笨的。

凡天下祸篡怨恨,其所以起者,以不相爱生也,是以仁者非之。

【译文】

凡是天下祸乱、篡夺、怨愤、仇恨,之所以会出现,都是因为不相爱而产生的,所以仁义的人认为这样是不对的。

兼相爱、交相利之法将奈何哉?子墨子言:视人之国若视其国,视人之家若视其家,视人之身若视其身。

【译文】

相亲相爱、互相得利要怎样做呢?墨子说:看待别的国家如同看待自己的国家,看待别的家庭如同自己的家庭,看待别人的生命如同自己的生命。

父子相爱则慈孝，兄弟相爱则和调。

【译文】

父子相爱就会带来慈孝，兄弟相爱就会带来和睦。

夫爱人者，人必从而爱之；利人者，人必从而利之；恶人者，人必从而恶之；害人者，人必从而害之。

【译文】

凡是爱人的，人必然随即爱他；利人的，人也随即利他；憎恶人的，人必然随即憎恶他；害人的，人必然也随即害他。

今天下之君子，忠实欲天下之富而恶其贫[①]，欲天下之治而恶其乱，当兼相爱、交相利。

---

①忠：通“中”（孙诒让说）。

【译文】

如今天下的君子，心中实在希望天下富强而憎恶贫困，希望天下得到治理而憎恶祸乱纷纭，那么大家应当都相亲相爱、互相惠利。

兼爱下

仁人之事者，必务求兴天下之利，除天下之害。

【译文】

仁义的人做事，一定追求兴起天下的利益，除去天下的祸害。

今吾本原兼之所生，天下之大利者也；吾本原别之所生，天下之大害者也。

【译文】

现在我推究到“兼”是产生天下的大利益的本源，我推究到“别”是产生天下的大祸害的本源。

言必信，行必果，使言行之合犹合符节也，无言而不行也。

【译文】

说的话一定有信用，行为一定果敢，让言论行为相互符合就像符节一样契合，说出来的话没有不实行的。

有善不敢蔽，有罪不敢赦，简在帝心[1]。万方有罪，即当朕身，朕身有罪，无及万方[2]。

---

①简：存。

②按，此段系《墨子》所引《汤说》，文句与今本《尚书·汤诰》类似。

【译文】

有善行不敢隐瞒，有恶行不敢赦免，这都铭记在上天的心里。如果四方的人有罪过，我愿意承担，我有了罪过，不希望连累四方的人。

非攻中

古者王公大人[1]，情欲得而恶失，欲安而恶危，故当攻战而不可不非。

---

①古者：当为“今者”（王念孙说）。

【译文】

现在的王公大人，如果确实希望有所得而不想失去，想要安定而厌恶危难，那么，对于攻伐征战，就不能不反对。

君子不镜于水而镜于人①。镜于水，见面之容；镜于人，则知吉与凶。

①镜：这里指作为镜子。

【译文】

君子不用水做镜子而用人做镜子。用水做镜子，只能见到人的容貌；用人做镜子，就可以知道吉凶。

节用上

圣王为政，其发令兴事①，使民用财也，无不加用而为者②，是故用财不费，民德不劳③，其兴利多矣。

①兴事：兴办事业。

②加：增益。

③德：通“得”（孙诒让说）。

【译文】

圣明的君王治理政务，他发布命令做事，役使百姓、花费财物，不做不能增加利益的事情，所以财物用度不浪费，百姓不觉得劳苦，他所产生的利益就多了。

去无用之费，圣王之道，天下之大利也。

【译文】

除去没有用的费用，是圣明君王的道术，是天下最大的利益。

节用中

诸加费不加于民利者，圣王弗为。

【译文】

各种只增加费用而不增加百姓利益的事情，圣明的君王是不做的。

节葬下

天下贫则从事乎富之，人民寡则从事乎众之，众而乱则从事乎治之。

【译文】

天下贫穷就做能使天下变得富裕的事情，人口稀少就做能使人口增加的事情，民众动乱就做能把他们管理好的事情。

兴天下之利，除天下之害，令国家百姓之不治也，自古及今未尝之有也。

【译文】

增进天下的利益，除去天下的祸害，反而使国家中的百姓得不到治理的，是从古代到现在都从未有过的。

今唯无以厚葬久丧者为政[①]，国家必贫，人民必寡，刑政必乱。

①无：助词，无实义。

【译文】

现在让主张厚葬久丧的人来治理政治，国家必定会贫穷，人民必定会减少，刑法政治必定会混乱。

上不听治，刑政必乱；下不从事，衣食之财必不足。

【译文】

上面的人不处理政务，刑法政治就一定会混乱；下面的人不从事工作，衣服食物的费用就一定会不足。

无积委[①]，城郭不修，上下不调和，是故大国耆攻之[②]。

①委：积。

②耆（zhǐ）：致使。

【译文】

小国没有储备，城墙修理得不好，全国上下不能协调一致，所以大国出兵去攻打它。

天志上

天亦何欲何恶？天欲义而恶不义。

【译文】

上天所希望和所厌恶的是什么呢？上天希望仁义而厌恶不仁义。

天下有义则生，无义则死；有义则富，无义则贫；有义则治，无义则乱。

【译文】

天下有仁义就能生存，没有仁义就会死亡；有仁义就会富贵，没有仁义就会贫穷；有仁义就会得到治理，没有仁义就会混乱。

顺天意者，兼相爱，交相利，必得赏；反天意者，别相恶，交相贼，必得罚。

【译文】

顺从天意的人，无差别地爱人，相互地给予利益，必定得到赏赐；违背天意的人，互相厌恶，互相残害，必定会得到惩罚。

顺天意者，义政也；反天意者，力政也。

【译文】

顺从上天的意愿，就是用道义来治理政务；违背上天的意愿，就是用暴力来治理政务。

天志中

义不从愚且贱者出，必自贵且知者出。

【译文】

仁义不是从愚蠢而且低贱的人那里来，必定是从富贵并且有智慧的人那里来。

天下有义则治，无义则乱。

【译文】

天下有仁义就能得到治理，没有仁义就会变得混乱。

天子为善，天能赏之；天子为暴，天能罚之。

【译文】

天子做善事，上天就赏赐他；天子做残暴的事，上天就惩罚他。

上强听治，则国家治矣；下强从事，则财用足矣。

【译文】

在上位的勤勉地处理政治，那么国家就能得到治理；下面的人努力工作，那么财用就会充足。

爱人利人，顺天之意，得天之赏者有之[①]；憎人贼人，反天之意，得天之罚者亦有矣。

---

①有之：据文例当为“有矣”。

【译文】

爱人利人，顺从天的意愿，得到上天的赏赐的人是有的；憎恨人残害人，违背天的意愿，因而受到上天惩罚的人也是有的。

今天下之王公大人士君子，中实将欲遵道利民，本察仁义之本，天之意不可不顺也。

【译文】

现在天下的王公大人士人君子，心中确实想要遵循道义来使百姓得利，从根本上考察仁义的本源，那么上天的意愿就不能不顺从。

顺天之意者,义之法也。

【译文】

顺从天的意愿,就是仁义的法则。

天志下

戒之慎之,必为天之所欲,而去天之所恶。

【译文】

警戒啊!谨慎啊!一定要做上天所希望的事情,除去上天所厌恶的事情。

曰:顺天之意何若?曰:兼爱天下之人。

【译文】

问:天的意志是怎么样的呢?回答是:要兼爱天下的人。

今天下之国,粒食之民,杀一不辜者,必有一不祥。

【译文】

现在天下的国家,凡是吃谷物的人民,杀害了一个无辜的人,一定会有一种不吉祥的事情。

明鬼下

鬼神之所赏,无小必赏之;鬼神之所罚,无大必罚之。

【译文】

鬼神的赏赐,不管职位多么小一定要赏赐;鬼神的惩罚,不管职位多么大,也一定要惩罚。

非乐上

利人乎，即为；不利人乎，即止。

【译文】

有利于人的就做，不利于人的就停止。

饥者不得食，寒者不得衣，劳者不得息，三者民之巨患也。

【译文】

饥饿的人得不到食物，寒冷的人得不到衣服，劳累的人得不到休息，这三者是百姓的巨大忧患。

赖其力者生，不赖其力者不生。

【译文】

依靠自己劳力的就能生存，不依靠自己劳力的就不能生存。

君子不强听治，即刑政乱；贱人不强从事，即财用不足。

【译文】

君子不尽力治理政务，那么刑法政治就混乱了；平民不尽力地从事生产，那么财用就不充足。

非命上

义人在上，天下必治。

【译文】

有道义的人在上位，天下一定会得到治理。

非儒下

夫仁人事上竭忠，事亲得孝，务善则美，有过则谏，此为人臣之道也。

【译文】

仁义的人，侍奉上面竭尽忠心，侍奉双亲竭尽孝顺，君主实行善政就赞美，有过错就进谏，这是做人臣下的正道。

不义不处，非理不行。

【译文】

不符合道义的地方就不停留，不符合常理就不做。

经上

仁，体爱也。

【译文】

仁，是以"爱人"为本质。

大取

杀一人以存天下，非杀一人以利天下也；杀己以存天下，是杀己以利天下。

【译文】

杀一个人以保存天下，不能算是杀一个人以使天下得利；杀死自己以保存天下，可以算是杀死自己以使天下得利。

爱人不外己，己在所爱之中。己在所爱，爱加于己。

【译文】

“爱人”并不排除自己，自己也属于所爱之人。所爱之人既包括自己，爱也施加于自己。

圣人恶疾病，不恶危难。

【译文】

圣人厌恶疾病，并不厌恶危难。

正体不动，欲人之利也，非恶人之害也。

【译文】

端正形体，不为外物所动，是为了希望世人获得利益，并非厌恶人间各种危害。

小取

夫辩者，将以明是非之分，审治乱之纪，明同异之处，察名实之理，处利害，决嫌疑。

【译文】

辩论，是要以此明了是非的区别，探明治乱的规律，弄清事物的相同与相异之处，考察名称与实质的道理，判别利害，解决疑惑。

耕柱

今用义为政于国家[①]，人民必众，刑政必治，社稷必安。

①今用义为政于国家:此句下当补“国家必富”四字(吴毓江说)。

【译文】

现在用道义来治理国家的政治,国家一定会富强,人口一定会众多,刑法政治一定会得到治理,社稷一定会得到安定。

所为贵良宝者,可以利民也,而义可以利人。故曰:义,天下之良宝也。

【译文】

所谓珍贵的宝贝,是因为它可以使人们得到利益,而道义也可以使人们得到利益。所以说:道义,是天下珍贵的宝贝。

善为政者,远者近之,而旧者新之[①]。

①旧者新之:言待故旧如新,无厌怠(孙诒让说)。按,此为《墨子》引孔子之语。

【译文】

善于治理政治的人,让远方的人亲近,对待老朋友就像新交一样友好。

言足以复行者[①],常之;不足以举行者,勿常。

①复行:谓可实行。

【译文】

言论足以付诸行动的,就常常说;不足以付诸行动的,就不要常常说。

贵义

万事莫贵于义。

【译文】

万事没有比道义更珍贵的了。

公孟

国乱则治之，国治则为礼乐。国治则从事[1]，国富则为礼乐。

①国治：当为“国贫”（王念孙说）。

【译文】

国家混乱就治理，得到治理就制礼作乐。国家贫穷就去从事生产，国家富裕就制礼作乐。

今鸟闻热旱之忧则高，鱼闻热旱之忧则下，当此虽禹汤为之谋，必不能易矣。

【译文】

现在鸟儿听说要有炎热和干旱的灾难就飞向高处，鱼听说有炎热和干旱的灾难就游向水下，在这个时候即使是让大禹和汤为他谋划，也一定不能改变。

大义，天下之大器也，何以视人必强为之？

【译文】

道义,是天下最重要的东西,为什么要去看别人呢?一定要努力地去做。

政者,口言之,身必行之。

【译文】

政务,嘴上说,身体也必定要实行。

鲁问

窃一犬一彘则谓之不仁,窃一国一都则以为义。

【译文】

偷了一条狗一只猪就被称为不仁义,偷了一个国家一个城市却认为是仁义。

若以翟之所谓忠臣者[①],上有过则微之以谏[②];己有善则访之上[③],而无敢以告。外匡其邪而入其善[④],尚同而无下比,是以美善在上而怨仇在下,安乐在上而忧戚在臣,此翟之所谓忠臣者也。

---

①翟(dí):墨子自称,墨子名翟。

②微:伺察之意。

②访:《尔雅·释诂》:"访,谋也。"此句谓进其谋于上,而不敢以告人(孙诒让说)。

④入:纳。

【译文】

如果按我所说的忠臣，那应该是：上面有过错，就伺机加以进谏；自己有了好的见解就进献给主上，而不敢告诉别人。匡正君主的邪念，而让他进入正道，和上面保持一致而不跟下面结党营私，所以美、善归于主上而怨恨留给臣下，安乐归于主上而忧患留给臣下，这就是我所说的忠臣。

量腹而食，度身而衣。

【译文】

考虑肚子而吃饭，考虑身体而裁制衣服。

凡入国，必择务而从事焉[①]。国家昏乱，则语之尚贤、尚同[②]；国家贫，则语之节用、节葬；国家憙音湛湎[③]，则语之非乐、非命；国家淫僻无礼，则语之尊天、事鬼；国家务夺侵凌，即语之兼爱、非攻。

---

①务：要务。

②语：告诉。

③憙（xǐ）：同“喜”。湛湎：沉于酒。

【译文】

凡是到一个国家，一定要选择紧迫的事情去做。国家混乱，那么就说尚贤和尚同；国家贫穷，那么对他说节用和节葬；国家纵情声色并沉湎于酒，那么就说非乐和非命；国家淫邪无礼，那么就说尊敬上天、侍奉鬼神；国家抢夺侵略，那么就说兼爱和非攻。

往者可知，来者不可知。

【译文】

从前的事情是可以知道的，将来的事情是不可以知道的。

弗钩以爱则不亲[1]，弗揣以恭则速狎，狎而不亲则速离[2]。

---

①钩：这里指招引，吸引。

②狎：侮。

【译文】

不用爱来招引就不会亲近；不用恭敬来抗拒就会轻慢不敬；轻慢而不亲近，就会很快地离心离德。

交相爱，交相恭，犹若相利也。

【译文】

相互兼爱相互恭敬，就好像相互给予利益。

所为功，利于人谓之巧，不利于人谓之拙。

【译文】

所做的东西，有利于人的就叫做巧妙，不利于人的就叫做拙劣。

公输

治于神者[1]，众人不知其功；争于明者[2]，众人知之。

---

①神：事变正在酝酿的隐微阶段。

②争于明:在明处争辩。

【译文】

那些把灾祸在酝酿阶段就解决掉的人,众人不知道他的功劳;那些在明处争辩不已的人,却人人都知晓。

号令

安国之道,道任地始,地得其任则功成,地不得其任则劳而无功。

【译文】

安邦定国之道,从利用地理条件开始,地理条件能得到利用,大功就能告成,地理条件不能获得利用就会劳而无功。

杂守

厉吾锐卒,慎无使顾,守者重下,攻者轻去。

【译文】

激励精兵,千万不要让他们心生顾虑,守城者有不能轻易被攻克的信念,而进攻者的心态还是比较容易选择撤退的。

养勇高奋,民心百倍,多执数少[1],卒乃不殆。

①少:通"赏"。

【译文】

要培养士兵们的勇气和斗志,民心百倍加强,擒敌立功多的人要多次奖赏，士兵们就不会懈怠。

选厉锐卒，慎无使顾，审赏行罚，以静为故，从之以急，无使生虑。

【译文】

挑选精兵，加以激励，千万不要使他们心生顾虑，公正严明地执行赏罚，以平稳静定为常态，以雷厉风行为辅助手段，避免一切可虑之事。

恚高愤[1]，民心百倍，多执数赏，卒乃不怠。

---

①恚(huì)：愤怒。

【译文】

培养军士同仇敌忾的精神，使民心百倍增强，擒敌立功多的人要多次奖赏，士兵们便不致懈怠。

使人各得其所长，天下事当；钧其分职，天下事得；皆其所喜，天下事备；强弱有数，天下事具矣。

【译文】

让人们得以各自发挥出其长处，天下事就能处置妥当；各尽其岗位上应尽的职责，天下事就办得合理；各人都以喜悦的心情致力其事，天下事就能处理得样样完备；强弱各有定数，天下事就万事俱备了。

纵横家

鬼谷子

鬼谷子，相传为战国时期楚国人，因隐居于阳城鬼谷，故称。一般认为，鬼谷子是战国时纵横家的鼻祖，苏秦、张仪的老师。今传《鬼谷子》，大致为鬼谷子及其弟子集体撰著而成。

《鬼谷子》主张敏锐细致地观察人与事，运用权力斗争，以谋得政治局势；还谈论纵横捭阖之术，阐述言谈辩论的技巧。其理论中，丰富体现着道家的“崇阴尚柔”、辩证、无为等思想。全书虽立论高深，文字奇古，但大到如何制定军事、外交政策，小到如何处理人际关系，《鬼谷子》都具有一定的指导意义，堪称一部旷世奇书。

本书选文据中华书局三全本《鬼谷子》。

捭阖

口者,心之门户也;心者,神之主也。志意、喜欲、思虑、智谋,皆由门户出入。

【译文】

口是心意出入的门户,心是精神的居所。心所产生的志意、喜欲、思虑、智谋等,皆由口说出来。

反应

反以观往[①],覆以验来;反以知古,覆以知今。

①反:同"返",返回来。

【译文】

返回去可以看到已往,覆过来可以看到未来;返回去可以看到古代,覆过来可以看到现在。

同声相呼,实理同归。

【译文】

声音相同就会彼此呼应,看法一致就会走到一起。

抵巇

物有自然[①],事有合离。

---

①自然：非人为的，天然。

【译文】

人和事物的发展有时相合，有时背离，就像物自然而生一样，非人力所能够控制。

经起秋毫之末[①]，挥之于太山之本[②]。

---

①经：经始，开始。秋毫之末：即秋天鸟类羽毛的末端，形容最细微的事物。

②挥：动。太山之本：泰山的根基。

【译文】

事物都是常常由细小的状态引起的，如果任其发展下去由小到大就会撼动泰山的根基。

世无可抵，则深隐而待时；时有可抵，则为之谋。

【译文】

时世没有缝隙可利用的，就深深地隐居起来等待时机；如果有缝隙可利用的话，就为之策谋。

忤合

世无常贵，事无常师。

【译文】

世界上没有永久高贵的人，也没有恒一不变的师法对象。

圣人无常与,无不与;无所听,无不听。成于事而合于计谋,与之为主。

【译文】

圣人做事,没有恒久不变的赞同或不赞同,也没有恒久不变的听从或不听从。圣人的行事都是以事情能否获得成功,所出计谋是否切合实际为根本。

忠实无真[1],不能知人。

---

①忠实:忠于实际。真:真诚。

【译文】

为人处事虽然忠于实际但没有真诚的态度,也是不能了解别人的。

揣篇

情变于内者,形见于外[1]。

---

①见:同“现”,显露。

【译文】

人的情感在内心发生变化的,在外表就一定会表现出来。

美生事者[1],几之势也[2]。

---

①美生事:即大的事端生出来。美,大。

②几:几微,事物微小的征兆。

【译文】

大的事端生出来，往往都是有小的征兆。

摩篇

谋莫难于周密，说莫难于悉听，事莫难于必成。

【译文】

计谋最难做到是周详严密，游说最难的是做到让对方全部听从己方的意见，办事最难的是让所做之事一定成功。

物归类，抱薪趋火，燥者先燃；平地注水，湿者先濡[①]。

①濡（rú）：滋润。

【译文】

物都是以类而聚，抱着柴薪走向火，干燥的会率先燃烧；平坦的地面注入水，湿润的地面先积水。

权篇

口可以食，不可以言。

【译文】

口可以用来吃饭，但不能随便说话。

智者不用其所短，而用愚人之所长，不用其所拙，而用愚人之所工[①]，故不困也。

①工：巧，擅长。

【译文】

聪明的人总是避免使用自己的短处，而利用愚笨人的长处，避免使用自己笨拙之处，而利用愚笨人擅长之处，所以不会陷入困境。

介虫之捍也[①]，必为坚厚；螫虫之动也[②]，必以毒螫。

①介虫：带甲壳的虫。捍：捍卫，保卫。

②螫(shì)虫：带毒刺的虫。

【译文】

带有甲壳的虫在保卫自己的时候，一定要用坚固厚实的甲壳；带毒刺的虫在出动攻击的时候，必定要用它的毒刺。

听贵聪，智贵明，辞贵奇。

【译文】

听言贵在听得清楚明白，智慧贵在能明辨事理，言辞贵在出奇制胜。

谋篇

相益则亲，相损则疏。

【译文】

双方有利就相互亲近，双方有害就彼此疏远。

墙坏于其隙，木毁于其节。

【译文】

土墙从有裂缝的地方崩坏，树木从有节的地方折断。

夫仁人轻货[①]，不可诱以利，可使出费[②]；勇士轻难[③]，不可惧以患，可使据危[④]；智者达于数[⑤]，明于理，不可欺以不诚，可示以道理，可使立功，是三才也。

---

①轻货：轻视财物。

②费：经费，财物。

③难（nàn）：祸难，灾难。

④据危：扼守险要的地方。

⑤数：道理。

【译文】

仁义的人看轻财物，不可以用物质利益来诱惑他，但是可使他献出财物，提供经费；勇士看轻灾难，不可以用祸难使他感到恐惧，但是可使他到危险的地方解除祸患；智者通达事理，明白道理，不可以用欺诈的手法来蒙骗他，但可以跟他讲道理，使他立功，这三种人才要各得其用。

愚者易蔽也，不肖者易惧也，贪者易诱也。

【译文】

愚蠢的人容易受到蒙蔽，不肖的人容易使他感到害怕，贪婪的人容易受到引诱。

为强者，积于弱也；为直者，积于曲也；有余者，积于不足也。

【译文】

强大是从弱小一步步积累起来的，平直是削去弯曲积累起来的，有余也是从不足积累起来的。

无以人之所不欲而强之于人，无以人之所不知而教之于人。

【译文】

不要把对方不想要的东西强加给他，不要把对方不知道的强要教给他。

人之有好也，学而顺之；人之有恶也，避而讳之。

【译文】

人家有什么爱好，要学着顺从他；人家有什么厌恶忌讳，要学着避免和替他隐讳。

去之者纵之，纵之者乘之。

【译文】

如果要除掉对方，须先放纵他，待他作恶到一定阶段后，然后再顺理成章除掉他。

事贵制人，而不贵见制于人。制人者，握权也；见制于人者，制命也。

【译文】

做任何事情贵在制约别人，而不是被别人所控制。控制了别人，自己就掌握了主动权，就能操控别人的命运；被别人控制，自己的命运就操控在别人的手里了。

亡不可以为存，而危不可以为安，然而无为而贵智矣[1]。

①无为：顺应规律。

【译文】

虽然消失的东西已不能使之再出现，而已有的危险也不能转危为安，但是在事情处理的过程中，顺应规律、重视智慧仍然是十分必要的。

智用于众人之所不能知，而能用于众人之所不能见。既用，见可，否择事而为之，所以自为也；见不可，择事而为之，所以为人也。

【译文】

智慧要用在众人目前无法察知的地方，才能也要用在众人看不见的地方。智慧和才能的使用贵在隐秘，如果在使用过程中，能够做到隐秘，那么就不要选择应该公开做的事来实施，这是为了实现自己的目的；如果在使用过程中，智慧、才能不能够做到隐秘，那么索性公开自己的谋略主张，用之来做事，向对方显示自己这样做，目的是为了对方。

决篇

度之往事，验之来事，参之平素，可则决之。

【译文】

以过去的事作参考，以未来的事作验证，再参考平常发生的事，就可以决断了。

符言

高山仰之可极[1]，深渊度之可测。

①极：至，到达。

【译文】

山再高，只要我们朝上一步一步地攀登，总是能到达山顶；水再深，只要我们坚持测量，总能够测量出它的深度。

人主不可不周[1]，人主不周，则群臣生乱。

①周：周全，周到。

【译文】

君主考虑事情不能不周到，要善于平衡各方利益；君主一旦做得不周到，那么群臣之间有人就会因照顾不到而生出祸乱。

本经阴符七术

欲多则心散，心散则志衰，志衰则思不达。

【译文】

人的欲望一多，心气就不能集中，心气不能集中那么志就衰减，志衰减就会导致思路堵塞不畅。

事有适然[1]，物有成败，机危之动，不可不察。

---

①适然:偶然。

【译文】

任何事情或事物在运行发展过程中都会有偶然发生,既有可能成功也可能失败,对露出危险的蛛丝马迹,不能不仔细观察。

中经

救拘执[①],穷者不忘恩也。

---

①拘执:被拘禁的人,也泛指处于困境中的人。

【译文】

救人于困境之中,那些被解救的人,就不会忘记你的恩德。

言多必有数短之处。

【译文】

话语多了,必定有很多缺陷。

杂家

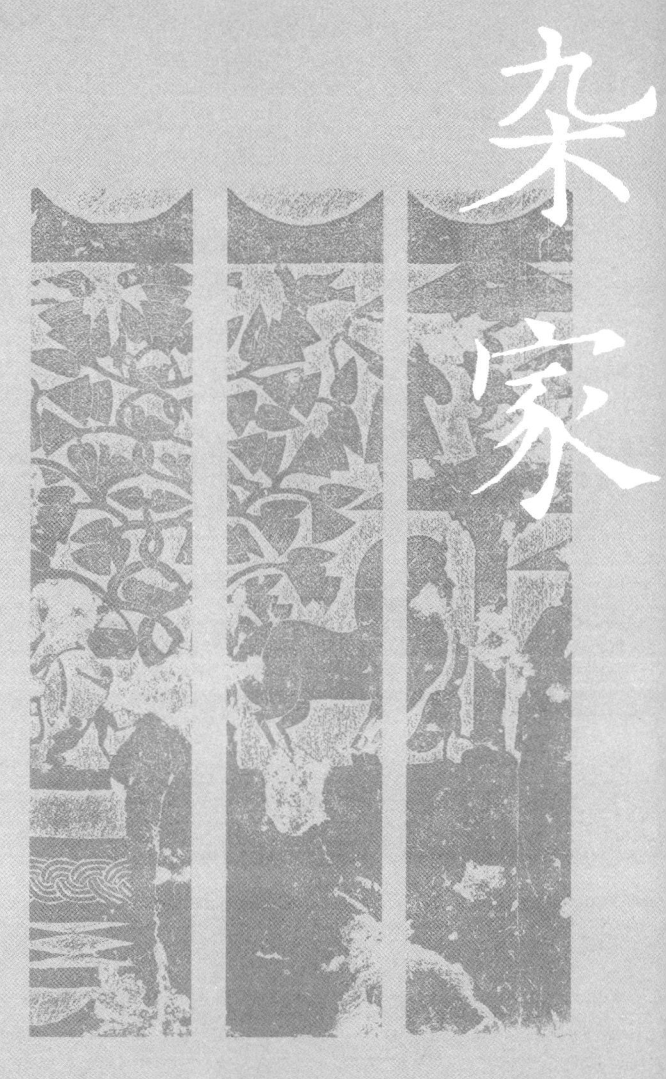

尸子

尸子，名佼，晋人，曾为商鞅的重要谋士，参与商鞅主持的变法活动。商鞅被杀后，尸子担心受到牵连，逃往蜀地，总结自己的政治经验和教训，著成《尸子》一书。其生平事迹略见《史记·孟子荀卿列传》、刘向《别录》及《汉书·艺文志》等。

《尸子》一书，据刘向《别录》记载有二十篇，凡六万余言，后逐渐散失，至南宋全书亡佚。明清时期，学者开始整理、收集散失的《尸子》，今辑本《尸子》存十三篇及若干佚文。《尸子》一书思想驳杂，吸收了道、儒、法、名等各家思想，以为现实政治、人生服务，“天地四方曰宇，往古来今曰宙”的“宇宙”概念最早便见于此书。

本书选文据中华书局三全本《黄帝四经·尸子·关尹子》。

劝学

学不倦，所以治己也；教不厌[①]，所以治人也。

①厌：厌倦，懈怠。

【译文】

努力学习而不知厌倦，是用来修养自身的方法；教诲别人而不知懈怠，是用来教化他人的方法。

夫茧，舍而不治，则腐蠹而弃[①]；使女工缫之[②]，以为美锦[③]，大君服而朝之[④]。身者，茧也，舍而不治，则知行腐蠹；使贤者教之，以为世士[⑤]，则天下诸侯莫敢不敬。

①蠹（dù）：虫名。蛀蚀树木、器物的虫子。这里用作动词，蛀蚀、坏掉的意思。

②缫（sāo）：把蚕茧浸在热水里抽丝。这里泛指抽丝、纺织、刺绣。

③锦：有彩色花纹的丝织品。

④大君：君主。朝之：上朝接见群臣。

⑤世士：社会名士。

【译文】

蚕茧，弃置一旁而不加整理，就会变质坏掉而被抛弃；如果使女工缫丝纺织，就可以制成漂亮的锦绣，那么天子就会穿着它上朝接见百官。每个人的身体，就像蚕茧一样，弃置一旁而不加以修养，那么他就会知识贫乏、行为败坏；如果让贤人教诲他，他就会成为当世名士，天下的诸侯就没有谁敢对他不尊敬。

夫学，身之砺砥也。

【译文】

学习，就是对自身的磨砺。

曾子曰[①]：“父母爱之，喜而不忘；父母恶之，惧而无咎[②]。”

---

①曾子：即曾参，孔子的弟子。字子舆。著名的孝子。

②惧而无咎：感到恐惧但不会责怪父母。咎，责怪。

【译文】

曾子说：“父母爱自己，心情快乐而不忘记父母的爱；父母讨厌自己，深感恐惧而不责怪父母。”

爵列，私贵也；德行，公贵也。

【译文】

爵位，是属于个人的尊贵；美好的德行，是公认的尊贵。

人君贵于一国[①]，而不达于天下[②]；天子贵于一世，而不达于后世；惟德行与天地相弊也[③]。

---

①人君：君主。这里指诸侯国君，与下文的“天子”相对。

②不达于天下：不可能把这种尊贵推行到整个天下。

③与天地相弊：与天地相始终，与天地共存。

【译文】

诸侯国君可以在自己一个国家里显得尊贵，不可能把这种尊贵推行到整个天下；天子可以在自己的统治时期显得尊贵，不可能把这种尊贵延续到后世；只有美好的德行可以与天地相始终。

夫德义也者，视之弗见，听之弗闻，天地以正[①]，万物以遍[②]，无爵而贵，不禄而尊也。

①天地以正：天地因为人们的美德而变得正常。古人认为，人们具有美德，就会影响自然，使大自然日月明亮、四季正常、风调雨顺。即古人常说的天人感应思想。

②万物以遍：万物也因此而普遍得到恩惠。

【译文】

美好的德义，看它看不见，听它听不到，然而天地因为人们的美德而变得正常，万物因为人们的美德而普受恩惠，有美德的人即使没有爵位也会变得高贵，没有俸禄也会受到尊重。

鹿驰走无顾[①]，六马不能望其尘[②]；所以及者[③]，顾也。

①驰走：奔跑。走，跑。顾：回头张望。

②六马：六匹骏马驾的车。古代帝王的车驾用六马。不能望其尘：连鹿扬起的尘土都看不见。比喻被远远地抛在后面。

③及：被赶上。

【译文】

鹿奔跑起来如果不回头张望，就连六匹骏马驾的车也会被远远地抛在后面;鹿之所以能够被追上,是因为它总是回头张望。

未有不因学而鉴道①,不假学而光身者也②。

①鉴:察见,明白。

②假:借助。光身:使自身荣耀。光,光耀,荣耀。

【译文】

没有不通过学习而能够认识大道的,也没有不通过学习而能够使自身荣耀的。

四仪

行有四仪①,一曰志动不忘仁②,二曰智用不忘义,三曰力事不忘忠,四曰口言不忘信③。

①仪:标准,准则。

②志动:立志有所作为。

③信:诚实。

【译文】

做事有四项准则,一是立志有所作为的时候不忘记仁爱,二是使用智谋的时候不忘记正义,三是尽力做事的时候不忘记忠诚,四是开口说话的时候不忘记诚信。

志不忘仁,则中能宽裕;智不忘义,则行有文理①;力不忘忠,则动无废功②;口不忘信,则言若符节③。

---

①文理：条理，秩序。

②无废功：不会徒劳无功。

③符节：古代朝廷用作凭证的信物，君臣各执一半，以验真假。

【译文】

立志的时候不忘记仁爱，心中就能够宽厚待人；使用智慧的时候不忘记正义，行为就能够有条有理；尽力做事的时候不忘记忠诚，行动就不会劳而无功；开口讲话的时候不忘记诚信，说话就会像符节一样被信任。

明堂

古者明王之求贤也，不避远近①，不论贵贱，卑爵以下贤②，轻身以先士③。

---

①远近：指道路的远近，也可理解为关系的亲疏。

②卑爵：看轻爵位。下贤：礼贤下士。

③轻身：看轻自我。先士：把贤士放在首位。

【译文】

古代的圣明君主为了寻求贤士，不考虑道路的远近，也不考虑对方地位的贵贱，看轻爵位而礼贤下士，看轻自身而以贤士为先。

待士不敬，举士不信，则善士不往焉；听言，耳目不瞿①，视听不深，则善言不往焉。

---

①瞿(jù)：通“惧”，恐惧。这里有敬畏的意思。

【译文】

对待贤士不够尊敬，任用贤士却不信任，那么贤士就不会再来了；君主听贤士谈话的态度不够敬畏，精神不够深入专注，那么金玉良言就不会再讲给他听了。

河下天下之川故广[①]，人下天下之士故大[②]。

①下：处于……之下。

②人：这里主要指君主。

【译文】

黄河能够处于天下的百川之下，因此才能变得阔大；君主能够在贤士面前表示谦卑，因此才能够成就伟大的事业。

下士者得贤，下敌者得友，下众者得誉。

【译文】

对士人表示谦卑才能得到贤人，对敌人表示谦卑就能化敌为友，对民众表示谦卑才能赢得美好的名声。

分

爱得分，曰仁；施得分，曰义；虑得分，曰智；动得分，曰适；言得分，曰信。皆得其分，而后为成人[①]。

①成人：完人，德才兼备的人。

【译文】

爱护别人恰如其分，这叫作“仁”；施恩百姓恰如其分，这叫作“义”；思考问题恰如其分，这叫作“智”；行动恰如其分，这叫作“适”；讲话恰如其分，这叫作“信”。处处都能够做到恰如其分，这样就可以成为德才兼备的完人。

明王之治民也，事少而功立，身逸而国治，言寡而令行。事少而功多，守要也[①]；身逸而国治，用贤也；言寡而令行，正名也[②]。

---

①守要：把握住要领。

②正名：辨正名分，确定名分。

【译文】

圣王在治理百姓的时候，事情很少而能建立大功，自身安逸而国家非常安定，讲话不多而政令得以施行。事情很少而能建立大功，那是因为圣王能够把握住治国要领；自身安逸而国家非常安定，那是因为圣王能够任用贤才；讲话不多而政令得以施行，那是因为圣王能够确定臣民的名分。

发蒙

若夫临官[①]，治事者案其法[②]，则民敬事[③]；任士，进贤者保其后[④]，则民慎举；议国，亲事者尽其实[⑤]，则民敬言。

---

①临官：管理百官。临，统理，管理。

②案其法：依法行事。

③敬事：认真做事。敬，认真。

④保其后：保证被举荐者将来不犯错误。

⑤亲事者：亲自办理政事的人。尽其实：完全如实汇报。

【译文】

君主在统理百官的时候，要让治理政事的官员们依法行事，那么民众就能认真做事；在任用人才的时候，要让举荐者必须保证被举荐者将来不犯错误，那么民众就会谨慎地举荐；在议论国事的时候，要让亲自参与政事的官员必须如实汇报，那么民众就会认真对待自己的言论。

陈绳[①]，则木之枉者有罪[②]；措准[③]，则地之险者有罪；审名分，则群臣之不审者有罪[④]。

①陈绳：拉上墨绳。陈，摆出，拉上。绳，木工用来画直线的工具。

②枉：弯曲。

③措准：摆上水平仪。措，拿出，摆上。准，水准，水平仪。

④不审者：不符合审查标准的人。

【译文】

拉上墨绳，那么有缺陷的弯曲木头就显露出来了；摆出水平仪，那么有缺陷的险要不平的地面就显露出来了；审查各自的名分，那么有罪过的不符合审查标准的大臣就显露出来了。

夫爱民，且利之也；爱而不利，则非慈母之德也。好士，且知之也；好而弗知，则众而无用也。力于朝，且治之也；力而弗治，则劳而无功矣。

【译文】

爱护百姓，就要为百姓谋取福利；爱护百姓却不为他们谋取福利，那就不是慈母般的美德。爱好士人，就要了解士人；爱好士人却不能了解他们，士人再多也没有什么用处。在朝廷上勤于政事，就要治理好国家；勤于政事却没有治理好国家，那就是劳而无功。

审一之经[①]，百事乃成；审一之纪[②]，百事乃理。

———

①审一之经：明白统一的原则。审，明白。经，原则。

②纪：纲纪。

【译文】

明白了统一的原则，各种事情都能成功；明白了统一的纲纪，各种事情都能得以治理。

明者不失[①]，则微者敬矣[②]。

———

①明者：社会名人。如高官、名士等。

②微者：不显要的人。指普通百姓。微，不明显。

【译文】

社会名人没有过失，那么普通百姓就会认真做事。

国之所以不治者三：不知用贤，此其一也；虽知用贤，求不能得，此其二也；虽得贤，不能尽[①]，此其三也。

———

①不能尽：不能人尽其用。也即不能完全发挥他们的作用。

【译文】

国家之所以不能治理好的原因有三个：不知道任用贤人，这是第一个原因；虽然知道任用贤人，但求贤却又得不到，这是第二个原因；虽然得到了贤人，但不能完全发挥他们的才智，这是第三个原因。

有大善者，必问孰进之[①]；有大过者，必云孰任之，而行赏罚焉，且以观贤不肖也[②]。

①孰进之：是谁举荐了他。进，推举。

②不肖：不贤良。

【译文】

出现了非常优秀的朝臣，一定要问清楚他是谁举荐的；出现了犯下大错的朝臣，也一定要问清楚他是谁保举的，从而对举荐者进行赏罚，并以此来考察谁贤良、谁不贤良。

虑事而当，不若进贤；进贤而当，不若知贤；知贤又能用之，备矣[①]。

①备：完备，十全十美。

【译文】

考虑事情恰当，不如举荐贤人；举荐贤人恰当，不如理解贤人；理解贤人而又能任用贤人，那就十全十美了。

为人臣者，以进贤为功；为人君者，以用贤为功。

【译文】

作为臣下，要以举荐贤人为功劳；作为君主，当以任用贤人为功劳。

恕

恶诸人[1]，则去诸己；欲诸人[2]，则求诸己。

①恶（wù）：讨厌，不愿意。

②欲诸人：希望别人做到的事情。

【译文】

讨厌别人身上的某些缺点，那么就要去除自己身上的同类缺点；希望别人做到的事情，那么就要求自己做到。

农夫之耨[1]，去害苗者也；贤者之治，去害义者也。

①耨（nòu）：锄地。

【译文】

农夫锄地，要除去妨害禾苗生长的杂草；贤人治理国家，要除去妨害道义的坏人。

虑之无益于义而虑之，此心之秽也[1]；道之无益于义而道之[2]，此言之秽也；为之无益于义而为之，此行之秽也。

①心之秽：心中的污秽。

②道：谈论。

【译文】

如果思考某些事情对道义没有益处却还要去思考它们，那就是内心的污秽；谈论某些道理对道义没有益处却还要去谈论它们，那就是言语的污秽；做某些事情对道义没有益处却还要去做它们，那就是行为的污秽。

虑中义，则智为上；言中义，则言为师；事中义，则行为法。

【译文】

思考能符合道义，那么这样的智慧就是上等智慧；言论符合道义，那么这样的言论就能够成为别人学习的内容；行为符合道义，那么这样的行为就能够成为别人效法的榜样。

射不善而欲教人，人不学也；行不修而欲谈人[①]，人不听也。

---

①谈：谈论，教导。

【译文】

射技不精的人却还想指导别人学习射箭，别人是不愿意向他学习的；自身行为不善却还想教导别人，别人是不会听从他的。

夫骥[①]，惟伯乐独知之[②]，不害其为良马也。行亦然，惟贤者独知之，不害其为善士也。

---

①骥：骏马名。

②伯乐：姓孙名阳，字伯乐。先秦时期善于相马的人。

【译文】

那些骏马，即使只有伯乐一个人知道它们是骏马，那些骏马依旧不失为骏马。善良的行为也是这样，即使只有贤人一个人知道他的善行，此人依然不失为一位善士。

治天下

治天下有四术：一曰忠爱[①]，二曰无私，三曰用贤，四曰度量[②]。度量通[③]，则财足矣；用贤，则多功矣；无私，百智之宗也；忠爱，父母之行也。

①忠爱：真诚地爱护百姓。

②度量：计量长短的标准和计算容积的量器。这里用来比喻法度。

③通：通行无阻。

【译文】

治理天下有四个原则：第一是真诚仁爱，第二是大公无私，第三是任用贤能，第四是确立法度。法度得以通行，那么就能够使财用富足；任用贤能，那么就能够多立功绩；大公无私，是产生众多智慧的根本；真诚仁爱，是父母所具备的品行。

父母之所畜子者[①]，非贤强也，非聪明也[②]，非俊智也，爱之忧之[③]，欲其贤己也[④]。人利之与我利之无择也[⑤]，此父母所以畜子也。然则爱天下，欲其贤己也，人利之与我利之无择也。

①畜子：养育儿女。

②聪明：耳聪目明。耳朵听得清叫作“聪”，眼睛看得清叫作“明”。

③忧之：为儿女担忧。

④贤己：即“贤于己”。超过自己。

⑤人利之与我利之无择也：至于将来是别人获益于儿女还是自己获益于儿女，父母并不在意。无择，没有区别。意思是，父母对儿女的爱护出自天性，并非是为了获得儿女的回报。

【译文】

父母养育孩子，靠的不是贤能强壮，不是耳聪目明，也不是高明的智慧，而是真诚地爱护儿女，处处为儿女担忧，希望儿女将来能够超过自己。至于将来儿女是对别人有用还是对自己有用，父母并不放在心上，这就是父母养育儿女的态度。那么天子爱护天下百姓，也应该希望天下百姓能够超过自己，至于将来这些百姓是对别人有用还是对自己有用，天子不应放在心上。

弱子有疾[①]，慈母之见秦医也[②]，不争礼貌[③]；在囹圄，其走大吏也[④]，不爱资财。视天下若子，是故其见医者[⑤]，不争礼貌；其奉养也，不爱资财。

①弱子：幼子。弱，年少。

②秦医：指先秦时的名医扁鹊，扁鹊原名秦越人。这里用“秦医”代指良医。

③不争礼貌：不计较使用任何礼节。意思是，慈母为了治疗孩子的疾病，对良医行任何礼节都是愿意的。

④走大吏：奔走于高官之间以拯救孩子。

⑤医者：比喻能够救国救民的圣贤。

【译文】

幼小的孩子生了病，慈母去求见良医，不会计较使用任何礼节；孩子被关进监狱，父母奔走于官吏之间设法营救，不会吝惜钱财。天子如果能够把天下百姓视为自己的孩子，那么他在求见能够治国的贤人时，就不会计较使用任何礼节；在奉养贤人时，也不会吝惜钱财。

凡治之道，莫如因智①；智之道，莫如因贤。

---

①因智：使用智慧。因，依靠，使用。

【译文】

大凡治国的方法，最好就是使用智慧；而使用智慧的方法，最好就是任用贤人。

仁意

内举不避亲，外举不避仇。

【译文】

举荐身边有才能的人，即使是亲属也不用回避；举荐关系疏远的人，即使是仇人也不会遗漏。

仁者之于善也，无择也，无恶也，惟善之所在。

【译文】

仁爱的人在观察善良品质的时候，不会对人有所区别，也不会对某人感到讨厌，只看谁具备了善良的品质。

平地而注水，水流湿；均薪而施火，火从燥，召之类也。

【译文】

在平整的地面上倒上水，水就会流向潮湿的地方；在放置均匀的柴草上点着火，火就会向干燥的地方燃烧，这就是同类相召的缘故。

广泽

因井中视星，所视不过数星；自丘上以视，则见其始出，又见其入。非明益也[①]，势使然也[②]。夫私心，井中也；公心，丘上也。故智载于私[③]，则所知少；载于公，则所知多矣。

①非明益也：不是因为视力变好了。明，视力，看得清。

②势使然：地势使他能够这样。然，这样。

③智载于私：出于私心的智慧。也即把智慧用在私心方面。

【译文】

坐在井里看星星，能够看到的不过只有几颗星星；如果站在高山上看星星，不仅能够看到星星刚刚出现的情况，还能够看到星星消失时的景象。这并不是因为视力提高了，而是地势使他能够这样。有了私心，就像坐在井里看星星一样；有了公心，就像站在山上看星星一般。因此出于私心的智慧，所知道的事情就很少；出于公心的智慧，所知道的事情就很多。

处道

孔子曰："欲知则问，欲能则学，欲给则豫[①]，欲善则肄[②]。"

①给（jǐ）：富足。豫：提前。这里指提前劳作。

②肄（yì）：劳苦。

【译文】

孔子说："想要有知识就要多多请教，想要有能力就要勤学苦练，想要丰衣足食就要提前劳作，想要具备善德就要不怕吃苦。"

孔子曰："君者，盂也[①]；民者，水也。盂方则水方，盂圆则水圆。"

①盂：盛液体的敞口器具。

【译文】

孔子说："君主，就好像盘盂一样；民众，就好像水一样。盘盂如果是方形的那么水也就是方形的，盘盂如果是圆形的那么水也就是圆形的。"

君诚服之[①]，百姓自然；卿大夫服之[②]，百姓若逸[③]；官长服之，百姓若流。

①君诚服之：君主如果能够真诚地去做某种事情。服，从事，实行。

②卿：古代高级官爵名。在公之下，大夫之上。大夫：古代高级官爵名。在卿之下，士之上。大夫又分上、中、下三级。

③逸：奔跑。形容百姓非常急切地去效法卿大夫的行为。

【译文】

君主如果能够真诚地去做某件事情，百姓就会自然而然地去效法；卿大夫如果能够真诚地去做某件事情，百姓就会急切地前去追随；一般官员们如果能够真诚地去做某件事情，百姓就会像流水一样跟随在后面。

食，所以为肥也①，壹饭而问人曰："奚若②？"则皆笑之。夫治天下，大事也，今人皆壹饭而问"奚若"者也③。

---

①所以为肥也：是吃胖的方法。所以，……的方法。

②奚若：如何，怎么样。意思是问吃胖没有。

③今人皆壹饭而问"奚若"者也：如今的人们都好像那个吃一顿饭就急着询问"我吃胖没有"的人一样。批评人们过于急躁，希望治国能够立竿见影。

【译文】

吃饭，是把自己变胖的方法，仅仅吃了一顿饭就急着问别人："我吃胖了没有？"别人都会觉得他可笑。治理天下，是大事，当今的人们都好像那个吃一顿饭就急着问人"吃胖没有"的人一样急躁。

神明

政也者，正人者也，身不正则人不从。

【译文】

所谓的政治，就是使人们的品行端正，君主自身不正而百姓就不会服从。

佚文

天地四方曰宇[①],往古来今曰宙[②]。

①宇:空间。

②宙:时间。

【译文】

天地四方形成的空间叫作“宇”,古往今来形成的时间叫作“宙”。

昼动而夜息,天之道也。

【译文】

万物白天活动而夜晚休息,这是大自然的运行规律。

避天下之逆[①],从天下之顺[②],天下不足取也;避天下之顺,从天下之逆,天下不足失也。

①逆:逆势,不利的形势。

②从:顺从,顺应。顺:顺利的形势,有利的形势。

【译文】

避开天下的不利形势,顺应天下的有利形势,很容易就能够取得天下;避开天下的有利形势,却在不利的形势下有所行动,那么就会很容易失去天下。

买马不论足力,而以白黑为仪[①],必无走马矣[②];买玉不论美恶,而以大小为仪,必无良宝矣;举士不论才,而以贵势为仪[3],则伊尹、管仲不为臣矣。

---

①以白黑为仪:以毛色的黑白为标准。仪,标准。

②走马:跑得快的马。走,跑。

③贵势:高贵的地位。

【译文】

买马的人不考察马的脚力如何,而以毛色的黑白为标准,肯定买不到跑得快的马;买玉的人不考察玉质的好坏,而以玉石的大小为标准,肯定买不到美玉;举荐士人不考察他们的才能,而以地位的贵贱为标准,那么就找不到伊尹、管仲这样的贤人做自己的大臣了。

为刑者[1],刑以辅教,服不听也[2]。

---

①为:制定。

②服:征服。

【译文】

制定刑法的人,目的是要用刑法辅助教化,征服那些不服从的人。

悦尼而来远[1]。

---

①尼:同"昵",亲近。这里指近处的人。

【译文】

让近处的人感到高兴,让远方的人前来归附。

天子忘民则灭,诸侯忘民则亡。

【译文】

天子忘记了百姓就会灭亡,诸侯忘记了百姓就会亡国。

好酒忘身。

【译文】

因爱好饮酒而忘记了自身的安危。

障贤者死[1]。

---

①障:阻碍,阻挡。

【译文】

阻碍贤士的人就是死罪。

仲尼曰:"面貌不足观也。先祖,天下不见称也,然而名显天下,闻于四方,其惟学者乎!"

【译文】

孔子说:"一个人的面容长相不值得重视。我的先祖,天下没有人称赞他的相貌美好,然而他名显天下,传扬于四方,这大概就是因为他好学的原因吧!"

家有千金之玉而不知[1],犹之贫也,良工治之,则富弃一国[2];身有至贵而不知[3],犹之贱也,圣人告之,则贵最天下。

---

①金:先秦的黄金重量单位。二十四两(一说二十两)黄金叫作一"金"。

②弇(yǎn):超过,压倒。

③至贵:最可贵的。指可以通过修养、学习而获取的德才。

【译文】

家里藏有价值千金的美玉而自己不知道,这与穷人是一样的,如果让技术精良的玉工对美玉加以雕琢,那么他就会成为国家最富有的人;自身具有最值得珍惜的德才而不知道去修养,这与低贱的人是一样的,如果圣人对他进行教育,他就会成为天下最高贵的人。

子夏曰:“君子渐于饥寒而志不僻[①],侉于五兵而辞不慑[②],临大事不忘昔席之言[③]。”

①渐:严重。僻:邪僻,邪恶。

②侉(kuǎ):汪继培辑注:“宋本作锜。”锜有悬挂之义,此谓面对刑罚。五兵:五种兵器。说法不一,一说指矛、戟、钺、盾、弓矢。这里泛指刑罚。辞:辞气,言辞语调。这里泛指态度、神色。慑:恐惧。

③昔席:平时的讲席。也即平时的讲学。

【译文】

子夏说:“君子饥寒交迫而思想不会变得邪恶,面对酷刑而毫不畏惧,每逢大事都不会忘记平时学习时所讲的话。”

仁则人亲之,义则人尊之,智则人用之也。

【译文】

具有仁爱之心的人,人们都会亲近他;具有道义的人,人们都会尊重他;具有智慧的人,人们都会任用他。

惟善无基[1]，义乃繁滋；敬灾与凶[2]，祸乃不重。

①无基：无限，无尽。

②敬：认真，认真对待。

【译文】

只有不停地行善，道义才能宣扬开去；认真地对待灾难和凶险，灾祸才不会重复发生。

草木无大小，必待春而后生，人待义而后成。

【译文】

草木无论大小，必须等到春天才能够生长，人必须具备了道义才能够有所成就。

众以亏形为辱[1]，君子以亏义为辱。

①亏形：形体、容貌有所欠缺。也即容貌不佳。

【译文】

众人以自己的容貌不佳为耻辱，君子以自己的品德不佳为耻辱。

孔子曰："诎寸而信尺[1]，小枉而大直[2]，吾为之也。"

①诎：通"屈"，收缩。信（shēn）：通"伸"，伸展。

②枉：弯曲。

【译文】

孔子说："如果收缩一寸就能够伸展一尺，先有小小的弯曲而能够伸展得更直,我愿意做这样的事情。”

圣人权福则取重[1],权祸则取轻。

①权:权衡,衡量。

【译文】

圣人衡量各种幸福而取其大者,衡量各种灾祸而取其轻者。

君子量才而受爵[1],量功而受禄。

①量才:指衡量一下自己的才能。

【译文】

君子根据自己的才能去接受君主赐给的爵位,衡量自己的功劳去接受君主赐给的俸禄。

能官者必称事[1]。

①称(chèn)事:把事情办好。称,相称,办好。

【译文】

能够做官的人一定能够把事情办好。

守道固穷[1],则轻王公。

①固穷:甘守贫贱,不失气节。也即穷且益坚的意思。穷,困窘。

【译文】

坚守大道、穷且益坚的人，就会看轻那些王公大人。

荣辱由中出[①]，敬侮由外生[②]。

①中：心中。这里指心中的品德。

②外：外人，别人。

【译文】

是荣耀还是羞辱都是由自己的内在品德决定的，是受尊敬还是受侮辱则是由外人决定的。

言美则响美[①]，言恶则响恶；身长则影长，身短则影短。

①响：回音，回声。

【译文】

说话好听那么回音就好听，说话难听那么回音就难听；身材高大那么身影就长，身材矮小那么身影就短。

慎而言[①]，将有和之；慎而行，将有随之。

①而：你。泛指人们。

【译文】

自己讲话要谨慎，就会有人来应和你；行为要谨慎，就会有人来追随你。

夫龙门[①],鱼之难也;太行[②],牛之难也;以德报怨,人之难也。

①龙门:山名。在今陕西韩城与山西河津之间,相传鱼如果能够跳过龙门,就可变为龙。

②太行:山名。即太行山。是绵延于今山西、河北、河南三省的大山。

【译文】

龙门,是鱼难以跃过的地方;太行,是牛难以攀登的大山;以德报怨,是人难以做到的事情。

厚积不登[①],高台不处。高室多阳,大室多阴,故皆不居。

①厚积:厚厚的积土。

【译文】

厚厚的积土不要去攀登,高高的楼台不要去居住。高处的住室阳气太重,宽大的住室阴气太重,所以都不适宜居住。

人生也,亦少矣[①];而岁往之[②],亦速矣。

①少:时间很少,短暂。

②岁:岁月,时间。

【译文】

人生在世,也非常短暂;而时光的流逝,也实在太快了。

小亡[1],则大者不成也。

①小亡:细节失败了。小,小事,细节。

【译文】

细节失败了,那么大事就无法成功。

见骥一毛[1],不知其状;见画一色,不知其美。

①骥:良马。

【译文】

只看见良马的一根毛,是无法知道它的整个形状的;只看见图画上的一种颜色,是无法了解这幅图画的美好的。

屠者割肉,则知牛长少[1];弓人剺筋[2],则知牛长少;雕人裁骨[3],则知牛长少。各有辨焉。

①长少:老幼。长,年老。少,年幼。

②弓人:做弓的人。剺(lí):割。筋:牛筋。牛筋是做弓用的材料。

③雕人:雕刻牛骨的人。裁:裁制,雕刻。

【译文】

屠宰者在割牛肉的时候,就知道牛的年龄大小;做弓的人在割牛筋的时候,就知道牛的年龄大小;雕刻骨头的人在雕刻牛骨的时候,就知道牛的年龄大小。他们都有各自辨别牛的年龄的方法。

尉缭子

《尉缭子》，相传为战国时尉缭所撰。《汉书·艺文志》在杂家类著录“《尉缭》二十九篇”，又在兵形势家类著录“《尉缭》三十一篇”。有学者认为，该书最初并非一部系统性的专著，其中二十九篇杂采各派学说，另外三十一篇专论军事，因而被归入两家。《隋书·经籍志》列入杂家类。今本《尉缭子》存五卷二十四篇，前十二篇探讨政治观与战争观，后十二篇则论军令与军制。

《尉缭子》主张“武为表，文为里”，即政治是根本，军事是枝干；支持“诛暴乱禁不义”的战争，反对“杀人之父兄，利人之货财，臣妾人之子女”的不义战争；强调依法治军，建立一套严密的军队制度；重视选拔与任用清廉能干的将领。北宋时，《尉缭子》被列为“武经七书”之一。

本书选文据涵芬楼《续古逸丛书》影印宋刊《武经七书》。

兵谈

战胜于外，备主于内[①]。胜备相应，犹合符节[②]，无异故也。

①主：注重，重视。

②符节：古代符信之一种。以金玉竹木等制成，上刻文字，使用时以两半相合为验。

【译文】

能取得对外作战胜利，关键在于国内重视备战。对外战胜敌人与在内做好准备，两者相互应和、彼此关联，就像符节一样两半相合，是没有什么不同的。

夫土广而任则国富[①]，民众而制则国治。富治者，车不发轫，甲不出櫜[②]，而威制天下。

①任：任用，这里作“利用”讲。

②车不发轫（rèn），甲不出櫜（tuó）：意即不动用武力，不使用军队。车不发轫，指不启动战车。车，一作“民”。轫，挡住车轮的木棍。发轫，启程的意思，因车子启动时，需把轫撤走，故称。甲不出櫜，指不取出铠甲。一作“甲不出暴”。櫜，装铠甲的袋子。郑玄曰：“兵甲之衣曰櫜。”

【译文】

土地广大而又得到充分利用，国家就富足；人民众多而又得到有效管理，国家就安定。富足且安定的国家，不必启动战车，不用取出铠甲，仅凭声威就能制服天下。

兵起非可以忿也，见胜则兴，不见胜则止。

【译文】

出兵打仗不可因一时愤怒而意气用事，看到能取胜就采取行动，看到不能取胜就停止发兵。

将者，上不制于天，下不制于地，中不制于人。宽不可激而怒，清不可事以财。夫心狂、目盲、耳聋[①]，以三悖率人者[②]，难矣。

———

①心狂：态度轻狂，不理智。目盲：指目光短浅。耳聋：指听不进意见。

②悖：违背，谬误。率人：率领军队。

【译文】

身为大将，要做到上不受天时的制约，下不受地形的制约，中不受人为因素的制约。要宽容大度，不能受到一点刺激就发怒；要清正廉洁，不能贪财受贿。理智丧失，目光短浅，听不进意见，如果任用以上三种缺点的人去统帅军队，就很难取得胜利了。

制谈

凡兵，制必先定[①]。制先定则士不乱，士不乱则刑乃明[②]。

———

①制：军制。

②刑：刑法，军法。

【译文】

凡是用兵打仗，就应预先制订好各种制度。制度预先制订好了，士卒就不会出现纪律混乱；士卒纪律不混乱，军法就能严明。

民非乐死而恶生也。号令明，法制审[①]，故能使之前。明赏于前，决罚于后[②]，是以发能中利[③]，动则有功。

———

①审：周密，详细。

②决：判决。

③中：符合，获取。

【译文】

士卒并非天生喜欢死亡而厌恶活着。号令严明，法制周密，因此才能让他们在战场上奋勇向前。前有明确的奖赏以资鼓励，后有判决的惩罚以儆效尤，所以出兵就能获胜，行动就能成功。

独出独入者[①]，王霸之兵也。

———

①独出独入：独往独来，形容势不可挡、所向无敌的战斗状态。

【译文】

势不可挡、所向无敌的军队，就是图王称霸之师。

明其制，一人胜之，则十人亦以胜之也；十人胜之，则百千万人亦以胜之也。

【译文】

明确了奖惩制度，一个人取得胜利，就有十个人因制度激励也取得胜利；十个人取得胜利，就有成百成千上万的人因制度激励也取得胜利。

便吾器用，养吾武勇，发之如鸟击，如赴千仞之豁[①]。

①千仞：极言其深。仞，古代长度单位，一仞等于八尺。

【译文】

改善我军的武器装备，培养我军的勇武精神，一旦发兵就像鸷鸟搏击长空一样迅疾凶猛，就像溪水倾泻深谷一样势不可挡。

吾用天下之用为用，吾制天下之制为制。

【译文】

我们要利用天下的资源以壮大我国国力，要借鉴天下的制度以完善我国制度。

战威

气实则斗，气夺则走[①]。

①走：逃走，溃逃。

【译文】

士气旺盛就能勇猛战斗，士气丧失就会溃逃。

刑未加[①]，兵未接，而所以夺敌者五：一曰庙胜之论[②]，二曰受命之论[③]，三曰逾垠之论[④]，四曰深沟高垒之论，五曰举陈加刑之论[⑤]。

①刑：这里指战场上的厮杀。

②庙胜：指朝廷战略决策上的胜利。古人用兵，必先祭于宗庙而后决策。

③受命：指君主对将帅的选拔和任命。

④逾垠：指军队进入敌境。逾，跨过。垠，边际，界限。

⑤举陈加刑：意即布阵交兵。举陈，布阵、列阵。陈，同“阵”。加刑，指进入厮杀战斗。

【译文】

军队还未厮杀，双方还未交锋，就能不战而制敌的途径有以下五种：一是朝廷的战略决策英明，二是选任合适将帅，三是勇于深入敌境，四是修筑坚固工事，五是布阵高明、作战勇猛。

善用兵者，能夺人而不夺于人，夺者心之机也。

【译文】

善于用兵的人，要能夺取战场上的主动权，而不能被敌人夺去主动权，夺取主动权的关键在于将帅的机智聪敏。

令之法，小过无更，小疑无申。

【译文】

下达命令的原则是，有小错误不再更改，有小疑问不再申明。

上无疑令[①]，则众不二听[②]；动无疑事，则众不二志。

①疑：疑惑不清。

②二：两样，不同。

【译文】

上级没有下达让人疑惑不清的命令，民众就不会领会不一；行动起来没有犹豫不决，民众就不会三心二意。

未有不信其心，而能得其力者；未有不得其力，而能致其死战者也。

【译文】

从来没有不赢得士卒衷心信任，但却能让他们甘愿尽力的；也从来没有不能得到士卒尽力，但却能让他们拼死作战的。

国必有礼信亲爱之义，则可以饥易饱；国必有孝慈廉耻之俗，则可以死易生。

【译文】

国家必须具有遵礼、守信、相亲相爱这样的大义，民众才能克服饥饿以换取温饱；国家必须具有孝顺、慈爱、廉洁、知耻这样的风俗，民众才会牺牲自己以换取国家的生存。

战者必本乎率身以励众士[①]，如心之使四肢也。

---

①战者：指带兵作战的将领。

【译文】

将领必须将自己能否发挥表率作用视为根本，以此激励众多武卒，这样领兵作战时就会像头脑指挥四肢一样灵便自如了。

志不励则士不死节[①]，士不死节则众不战。

①死节：为正义献身，这里指士卒为国捐躯。

【译文】

如果战斗精神得不到激励，士卒就不想为国捐躯；士卒不想为国捐躯，部队就不会有作战能力。

励士之道，民之生不可不厚也①；爵列之等②，死丧之亲，民之所营不可不显也③。必也，因民所生而制之，因民所营而显之。

①厚：优厚，优待。

②爵列：爵位。

③营：谋求，追求。

【译文】

激励士气的方法，就是对士卒的生活不能不优待；爵位的等级，丧葬的抚恤，对于士卒所追求的这些不能不重视。必须做到，根据士卒的生活需要来制订保障制度，根据士卒感到荣耀的事情来让他们得到尊显。

务耕者民不饥，务守者地不危，务战者城不围。

【译文】

致力于发展农业生产，老百姓就不会挨饿；致力于城池守备，就不会丢失土地；致力于谋战打赢，城池就不会被围困。

先王专于兵有五焉：委积不多则士不行①，赏禄不厚则民不劝，武士不选则众不强，备用不便则力不壮，刑赏不中则众不畏[2]。务此五者,静能守其所固[3],动能成其所欲[4]。

①委积:指军需储备。

②中:恰当,适宜。

③静:这里指的是防御。

④动:行动,出击。

【译文】

古代君王关注的军事问题有五个:军需储备不充足,军队就无法行动;奖赏和俸禄不优厚,民众就得不到鼓励;士卒不精选,部队就难以加强;武器装备不精良,战斗力就不强大;刑罚与赏赐不适当,民众就不会畏惧。能努力做好以上五点,防御时就能坚固所守的阵地,出击时就能实现预想的胜利。

王国富民,霸国富士[1],仅存之国富大夫,亡国富仓府。所谓上满下漏,患无所救。

①士:指的是武士、兵士。

【译文】

实行王道的国家,富足的是民众;实行霸道的国家,富足的是武士;生存困难的国家,富足的是官僚贵族;趋于灭亡的国家,富足的是国库。这就是人们所说的一个国家一旦上层社会财富过多而下层民众贫困不堪,其亡国的祸患是谁也挽救不了的。

举贤任能,不时日而事利[1];明法审令,不卜筮而事吉[2];贵功养劳,不祷祠而得福[3]。

①时日：占卜问时，选择吉祥时辰。

②卜筮：古代预测吉凶祸福的方法。用龟甲称卜，用蓍草称筮，合称卜筮。

③祷祠：有事祈求鬼神而致祀。

【译文】

选用贤能，无须挑选良辰吉日，办事也能顺利；严明法令，无须占卜祸福，办事也能结果圆满；尊重有功者，厚养操劳者，无须祈祷祭祀也能获得福气。

圣人所贵，人事而已。

【译文】

圣人所重视的，不过只是人的作为罢了。

夫勤劳之师，将必先己。暑不张盖[①]，寒不重衣，险必下步，军井成而后饮，军食熟而后饭，军垒成而后舍，劳佚必以身同之[②]。

①盖：伞。

②佚：安逸。

【译文】

艰苦征战的军队，将帅必须首先以身作则。天热时不撑伞；寒冷时不添衣；在路途艰险的情况下一定下马步行；军井挖好了，等士卒都有水喝了自己才喝；饭煮熟了，等士卒都吃上饭了自己才吃；军营建成了，等士卒都住宿了自己才休息；亲身体会士卒的劳逸，与他们同甘共苦。

攻权

兵以静胜，国以专胜。力分者弱，心疑者背。

【译文】

打仗靠沉着冷静而稳固部队，靠兵力集中而克敌制胜。兵力分散了，部队的势力就会削弱；将领犹疑不决，军心就会动摇。

将帅者心也[①]，群下者支节也[②]。其心动以诚，则支节必力；其心动以疑，则支节必背。夫将不心制，卒不节动，虽胜，幸胜也，非攻权也。

———

①心：心脏。古人把心看作思想的器官。

②支节：四肢关节。支，通“肢”。

【译文】

将帅就像人的思想器官，部下就像人的四肢。心志诚挚，则四肢必定有力；心志犹疑，则四肢必定动作不协调。如果将领指挥部下做不到心志诚挚，那么士卒就不能像四肢行动有力一样具有战斗精神，即使取得了胜利，也是侥幸的胜利，而非出于正确的用兵权谋。

夫民无两畏也。畏我侮敌，畏敌侮我。见侮者败，立威者胜。凡将能其道者，吏畏其将也；吏畏其将者，民畏其吏也；民畏其吏者，敌畏其民也。是故知胜败之道者，必先知畏侮之权。

【译文】

士卒是不会对敌我双方同时产生畏惧心理的。畏惧自己的将领就会轻蔑敌人，畏惧敌人就会轻蔑自己的将领。将领被士卒轻蔑，作战就会失败；将帅在士卒中树立了威信，作战就能取胜。凡是将帅能掌握这些原则，军吏就会畏惧将帅；军吏畏惧将帅，士卒就会畏惧军吏；士卒畏惧军吏，敌人就会畏惧我军士卒。所以要懂得胜败道理，首先必须懂得权衡畏惧和轻蔑两者的关系。

夫不爱说其心者[①]，不我用也；不严畏其心者，不我举也。爱在下顺，威在上立。爱故不二，威故不犯。故善将者爱与威而已。

①说：同“悦”。

【译文】

不爱抚士卒而使其心悦诚服，他们就会不听将领调遣；不严格要求士卒而使其心生畏惧，他们就会不听将领指挥。爱抚能使士卒顺服，威信要让将领树立。爱抚能使士卒不生贰心，威严能使士卒不敢抗命。所以善于领兵的人，只是做到了爱抚士卒与树立威信罢了。

战不必胜，不可以言战；攻不必拔，不可以言攻。

【译文】

打仗没有必胜的信念，就不可轻言作战；进攻没有必胜的决心，就不可轻言进攻。

信在期前，事在未兆。

【译文】

威信应在战争爆发前就能确立，事变要在征兆没有出现时就能预见。

众已聚不虚散，兵已出不徒归。

【译文】

部队已经集中起来了，就不能随便解散；军队已经出动了，就不能无功而返。

求敌若求亡子，击敌若救溺人。

【译文】

寻敌作战要像寻找丢失的孩子一样急切，攻击敌人则要像抢救落水者一样迅猛。

十二陵

威在于不变。惠在于因时。机在于应事①。战在于治气。攻在于意表②。守在于外饰③。无过在于度数④。无困在于豫备⑤。慎在于畏小。智在于治大。除害在于敢断。得众在于下人。

---

①机：机灵，机变。

②意表：意外。

③外饰：指伪装、隐蔽。

④度数：考虑周密。数，周密，细致。

⑤豫：同“预”。

【译文】

立威在于能不随意改变号令。施惠在于能利用好时机。灵活机动在于能适应事物的变化。作战在于能激励士气。进攻在于能出其不意。

防守在于能做好隐蔽。不犯错误在于能考虑周密。不陷入困境在于能预先准备。谨慎在于能防微杜渐。智慧在于能治理大事。消除祸害在于能做到勇敢果断。赢得人心在于能礼贤下士。

悔在于任疑。孽在于屠戮[①]。偏在于多私。不祥在于恶闻己过。不度在于竭民财。不明在于受间。不实在于轻发。固陋在于离贤[②]。祸在于好利。害在于亲小人。亡在于无所守。危在于无号令。

---

①孽:罪恶。

②固陋:指见识浅陋。

【译文】

后悔在于犹疑不决。罪孽在于肆意杀戮。偏斜不公在于私心过重。不吉利在于厌恶听到别人的批评。用度不足在于耗尽民财。不明是非在于受人离间。没有实效在于轻举妄动。见识浅陋在于疏远贤人。招祸在于贪图财利。受害在于亲近坏人。灭亡在于没有做好防守。危险在于号令不明。

武议

凡兵不攻无过之城,不杀无罪之人。夫杀人之父兄,利人之货财,臣妾人之子女,此皆盗也。故兵者,所以诛暴乱禁不义也。

【译文】

凡是用兵,不要进攻没有过错的国家,不要杀害无罪的人。杀害别人的父兄,掠夺别人的财产,奴役别人的子女,这些都是强盗行径。所以,用兵的目的是平定暴乱、禁止不义。

杀一人而三军震者杀之,赏一人而万人喜者赏之。

【译文】

杀掉这个人而能使三军震动的,就杀掉他;赏赐这个人而能让万人高兴的,就赏赐他。

夫提天下之节制①,而无百货之官,无谓其能战也。

---

①提:掌握。节制:调度,指挥。这里指统帅军队的权力。

【译文】

掌握天下军队的大权,却没有设置管理市场的官吏以保障后勤供应,就不能说他善于作战。

良马有策,远道可致;贤士有合①,大道可明。

---

①合:遇合,指得到君主信任。

【译文】

良马得到鞭策,就可以到达远方;贤士得到君主信任,就可以使政治昌明。

兵者凶器也,争者逆德也,将者死官也。故不得已而用之。

【译文】

军队是用来杀人的不祥之器,战争是违背道德的行为,将帅是主宰生死的官吏。所以在不得已的时候才会用兵。

胜兵似水。夫水至柔弱者也,然所触丘陵必为之崩,无异也,性专而触诚也。

【译文】

能打胜仗的军队就像水一样。水是最柔弱的东西,但它冲击的山陵必定会被冲塌。没有别的原因,就在于它属性专一、冲刷持久。

乞人之死不索尊,竭人之力不责礼。

【译文】

要求士卒为你拼死作战,就不要苛求他们对你毕恭毕敬;要求士卒为你竭尽全力,就不要在礼节上对他们求全责备。

将受命之日忘其家,张军宿野忘其亲,援枹而鼓忘其身[①]。

---

①枹(fú):鼓槌。

【译文】

将帅从接受命令、领兵出征的那天开始,就应该忘记自己的家庭;部署军队野外宿营时,就应该忘记自己的亲人;拿起鼓槌敲响战鼓、指挥作战时,就要忘记自身的安危。

原官

好善罚恶,正比法[①],会计民之具也[②]。均地分[③],节赋敛,取与之度也。程工人[④],备器用,匠工之功也。分地塞要,殄怪禁淫之事也[⑤]。守法稽断[⑥]，臣下之节也。明法稽验[⑦]，主上之操也。明主守[⑧]，等轻重[⑨]，臣主之权也。

———

①正：整顿。比法：检查统计户口、财产的法令。

②会计：统计，管理。

③均地分：指均分土地给民众耕种。

④程：定量。

⑤殄：杜绝，消灭。淫：邪恶。

⑥稽断：指检查事务处理的情况。

⑦稽验：查验，检验。

⑧主守：权限，责任范围。

⑨轻重：指等级的尊卑贵贱。

【译文】

奖励良善，惩罚邪恶，整顿比法，这是统计户口民财的办法。均分土地给民众耕种，有节制地征收赋税，这是征收赋税和分配土地的准则。让工人按定额完成任务，准备好各种物资器材，这是提高手工工人效率的途径。划分地区，守卫要地，这是杜绝坏人、禁止邪恶的措施。遵守法律，检查事物处理的情况，这是臣子的职责。申明法度，核查执行的情况，这是国君的操行。明确职责权限，区分尊卑贵贱，这是国君的智慧。

明赏赉[①]，严诛责，止奸之术也。审开塞[②]，守一道[③]，为政之要也。下达上通，至聪之听也。知国有无之数，用其仂也[④]。知彼弱者，强之体也。知彼动者，静之决也。

———

①赉(lài)：赏赐。

②开塞：开启和阻塞。

③一道：指统一的政治原则。

④仂（lè）：余数，零数。

【译文】

奖赏公正，惩罚严格，这是禁止奸邪的手段。审察开启和阻塞的事项，遵守统一的政治原则，这是治理国家的要领。上情下达，下情上通，这是最有效的信息传输。了解国家有多少财政收入，这是用其富余部分以节省开支的依据。了解哪些环节薄弱，这是国家强盛的根本。了解哪些地方会发生动乱，这是国家安定的关键。

治本

往世不可及，来世不可待，求己者也。

【译文】

过去的时代已追赶不上，未来的时代则等待不到，现在只能靠自己去创造了。

野物不为牺牲[①]。

---

①牺牲：古代用于祭祀的牲畜的总称。

【译文】

不要将野生动物用作祭品。

欲生于无度，邪生于无禁。

【译文】

贪欲产生于没有法度,邪恶产生于没有禁令。

太上神化[①],其次因物[②],其下在于无夺民时,无损民财。

①太上:最上,最好,最高明。神化:神妙地潜移默化。

②因物:因势利导。

【译文】

最高明的政治是神妙地潜移默化老百姓的思想,其次是对老百姓因势利导,再次是不侵占农时,不损耗民财。

禁必以武而成[①],赏必以文而成[②]。

①武:指武力和刑罚。

②文:指思想教化。

【译文】

禁止邪恶必须靠武力和刑罚才能成功,奖励良善则必须靠思想教化才能成功。

战权

兵贵先,胜于此,则胜彼矣;弗胜于此,则弗胜彼矣。

【译文】

用兵贵在先发制人,在这方面胜过敌人,就能战胜敌人;在这方面不如敌人,就战胜不了敌人。

精诚在乎神明[①],战权在乎道之所极[②]。

①精诚:精准的判断,指精通战争法则,能料敌制胜。

②权:谋略,权谋。

【译文】

精通军事奥秘表现于将领用兵的出神入化,掌握军事谋略表现于将领对战争规律的洞悉。

先王之所传闻者,任正去诈,存其慈顺,决无留刑。

【译文】

古代圣王之所以被后人传颂,是因为他们能任用正直的人,摒弃奸邪的人,安抚那些慈祥和顺的人,毫不留情地惩治应当处决的人。

知道者,必先图不知止之败,恶在乎必往有功[①]?

①恶:同“乌”,何,哪里。

【译文】

懂得战争规律的人,一定会事先考虑到因不知适可而止而导致的失败,他哪里会指望只要前往攻敌就一定会成功呢?

凡夺者无气,恐者不守,败者无人,兵无道也。意往而不疑则从之,夺敌而无败则加之,明视而高居则威之,兵道极矣。

【译文】

凡是丧失了战争主导权的就会没有士气,凡是遇敌惶恐不安的就会守不住阵地，凡是打了败仗的是因为不会选人用人，这些都是不懂用兵规律的表现。决定出击并且毫不迟疑，就发兵攻敌；能使敌人处于被动地位而自己立于不败之地，就下令进攻；对敌情明察秋毫而又居高临下，就以威势震慑敌人。这些都是精通用兵规律的表现。

重刑令

明制度于前，重威刑于后。

【译文】

先申明各种法令制度，而后再使用严酷的刑法进行威慑。

将令

军无二令，二令者诛，留令者诛，失令者诛。

【译文】

军中只能由将军发号施令，擅自发号施令的要杀掉，延误命令的要杀掉，遗失命令的要杀掉。

兵教下

兵有五致：为将忘家，逾垠忘亲[①]，指敌忘身，必死则生，急胜为下。

①逾垠：指军队进入敌境。逾，跨过。垠，边际，界限。

【译文】

用兵打仗要达到以下五个方面的要求：担任将领要忘掉家庭，出国作战要忘掉父母，与敌交战要忘掉自我，怀抱必死的决心反而能存活下来，急于求胜是不可取的下策。

赏如山，罚如谿。太上无过，其次补过，使人无得私语。

【译文】

奖赏良善要像高山一样无可动摇，惩罚邪恶要像溪水一样无可阻遏。执行赏罚最好的情况是不犯错，其次是及时纠错，这样就不会让人们在背后议论纷纷了。

凡兴师必审内外之权，以计其去。

【译文】

凡是兴兵打仗，必须弄清楚敌我双方形势的变化，以此作为自己进退的根据。

兵令上

兵者，以武为植[①]，以文为种[②]。武为表，文为里。能审此二者，知胜败矣。文所以视利害、辨安危，武所以犯强敌、力攻守也。专一则胜[③]，离散则败[④]。

---

①植：支柱。

②文：文治，文德。种：根基，根本。

③专一：指全军上下团结统一。

④离散:指离心离德。

【译文】

用兵打仗,当以武力为支柱,以文德为根基。武力是表象,文德是实质。能够清楚这两者的关系,就可以预知胜败了。文德是用来观察利害、辨明安危的,武力是用来进攻强敌、守卫国家的。军队上下团结统一就能胜利,离心离德就会失败。

吕氏春秋

《吕氏春秋》，又称《吕览》，由战国时秦相吕不韦召集诸门客集体编纂而成。该书以“法天地”为纲，“上揆之天，下验之地，中审之人”，分为十二纪、八览、六论，形成了贯通天、地、人三才的结构体系。

《吕氏春秋》今存一百六十篇，兼采战国以来儒、道、墨、法、兵、农、名、阴阳、纵横等各家学说，内容涉及自然、社会、政治、个人修养等诸多方面，通过博采众家之长，探求治乱存亡之因，吸取经验教训，以为借鉴。书中保存了大量古史旧闻以及天文、历算、音律、农业等资料，具有不可忽视的学术与文献价值。

本书选文据中华书局三全本《吕氏春秋》。

孟春纪

孟春

无变天之道，无绝地之理，无乱人之纪[①]。

①“无变”三句：是说发布政令要顺应天地人三者的规律法则。纪，纲纪。

【译文】

发布政令不要违背自然的规律，不要无视土地的条件，不要扰乱人世的纲纪。

本生

始生之者，天也；养成之者，人也。

【译文】

最初创造出生命的是天，养育生命并使它成长的是人。

立官者，以全生也。

【译文】

天子设立职官，正是用以保全生命啊。

物也者，所以养性也[①]，非所以性养也[②]。

①性：生命。

②以性养:用生命供养外物。

【译文】

外物本应是供养生命的,不该损耗生命去追求它。

圣人之于声色滋味也,利于性则取之,害于性则舍之,此全性之道也。

【译文】

圣人对于声音、颜色、滋味这些东西,有利于生命的就取用,有害于生命的就舍弃,这是保全生命的方法。

万物章章[①],以害一生,生无不伤;以便一生[②],生无不长。故圣人之制万物也,以全其天也。

---

①章章:繁盛的样子。

②便:利。

【译文】

万物繁盛茂美,如果用来伤害一个生命,这个生命没有不被伤害的;如果用来长养一个生命,这个生命没有不成长的。所以圣人制约万物,是用以保全自己的生命。

上为天子而不骄,下为匹夫而不惛[①]。

---

①惛(mèn):通“闷”,忧闷。

【译文】

上做天子而不骄傲,下做百姓而不忧闷。

贵富而不知道，适足以为患，不如贫贱。

【译文】

富贵而不懂得养生之道，恰恰足以成为祸患，与其这样，还不如贫贱。

肥肉厚酒，务以自强，命之曰“烂肠之食”。

【译文】

吃肥肉，喝醇酒，极力勉强自己吃喝，这种酒肉应该叫做“腐烂肠子的食物”。

重己

今吾生之为我有，而利我亦大矣。

【译文】

如今我的生命属于我所有，而给我带来的利益也是极大的。

是其所谓非，非其所谓是，此之谓大惑。

【译文】

把错误的东西当作是正确的，把正确的东西当作是错误的，这种情况叫做“大惑”。

夫死殃残亡，非自至也，惑召之也。

【译文】

死亡、灾祸、残破、灭亡，这些东西都不是自己找上来的，而是惑乱所招致的。

凡生之长也，顺之也；使生不顺者，欲也，故圣人必先适欲。

【译文】

大凡生命长久都是顺应它的天性的缘故，使生命不顺的是欲望，所以圣人一定首先节制欲望，使之适度。

室大则多阴，台高则多阳；多阴则蹷[①]，多阳则痿[②]。

①蹷（jué）：这里指寒蹷，是一种手足逆冷的病症，古人认为是阴气盛所致。

②痿：一种肢体萎弱无力的病症，古人认为主要是阳气盛而五脏内热所致。蹷、痿之疾都会使人肢体不能活动。

【译文】

房屋过大，阴气就会过盛；台过高，阳气就会过盛。阴气过盛就会生蹷疾，阳气过盛就会得痿病。

味不众珍，衣不燀热[①]。

①燀（dǎn）：通“亶”，厚。

【译文】

饮食不求丰盛珍异，衣服不求过厚过暖。

圣王之所以养性也，非好俭而恶费也，节乎性也。

【译文】

圣王用来养生的方法，并不是喜好节俭，厌恶糜费，而是调节性情使它适度啊。

贵公

昔先圣王之治天下也，必先公。公则天下平矣[①]。平得于公。

①平：指政治清明安定。

【译文】

从前，先代圣王治理天下，一定把公正无私放在首位。做到公正无私，天下就安定了。天下获得安定是由于公正无私。

有得天下者众矣，其得之以公，其失之必以偏。

【译文】

曾经取得天下的人是相当多的了，如果说他们取得天下是由于公正无私，那么他们丧失天下必定是由于偏颇有私。

天下，非一人之天下也，天下之天下也。阴阳之和，不长一类；甘露时雨，不私一物；万民之主，不阿一人。

【译文】

天下不是某一个人的天下，而是天下人的天下。阴阳相和，不只长养一种物类；甘露时雨，不偏私某一种生物；万民之主，不偏袒某一个人。

天地大矣，生而弗子，成而弗有，万物皆被其泽，得其利，而莫知其所由始。

【译文】

天地是多么伟大啊，生育人民而不把他们视为自己的子孙，成就万物而不占为己有；万物都承受它的恩泽，得到它的好处，然而却没有哪一个知道这些是从哪里来的。

处大官者，不欲小察[①]，不欲小智。

①欲：应该。小察：在小处苛求。

【译文】

居于高位的人，不应该在小处苛求，不应该玩弄小聪明。

大匠不斫，大庖不豆[①]，大勇不斗，大兵不寇。

①豆：古代食器，这里用如动词，置豆。

【译文】

高超的木匠不去亲自动手砍削，高超的厨师不去亲自排列食器，大勇之人不去亲自格斗厮杀，正义之师不去劫掠为害。

人之少也愚，其长也智。

【译文】

人年幼的时候愚昧，岁数大了聪明。

智而用私，不若愚而用公。

【译文】

如果聪明而用私，不如愚昧而行公。

日醉而饰服[①]，私利而立公，贪戾而求王[②]，舜弗能为。

①饰：通“饬(chì)”，整顿。服：指丧服制度。据礼，居丧不饮酒食肉。

②戾(lì)：贪暴。王(wàng)：成就王业。

【译文】

天天醉醺醺的却要整饬丧纪，自私自利却要树立公正，贪婪残暴却要称王天下，这样即使舜也办不到。

去私

天无私覆也，地无私载也，日月无私烛也①，四时无私行也。行其德而万物得遂长焉②。

①烛：照明。

②遂：成。

【译文】

天覆盖万物，没有偏私；地承载万物，没有偏私；日月普照万物，没有偏私；春夏秋冬更迭交替，没有偏私。天地、日月、四季施行恩德，于是万物得以成长。

外举不避雠，内举不避子。

【译文】

推举外人不回避仇敌，推举家人不回避儿子。

杀人者死，伤人者刑。

【译文】

杀人者处死，伤人者受刑。

夫禁杀伤人者，天下之大义也。

【译文】

严禁杀人、伤人，这是天下的大义。

忍所私以行大义[1]，钜子可谓公矣[2]。

---

①忍：忍心，这里是忍心杀掉的意思。

②钜子：相当于“大师”，战国时墨家对本学派有重大成就的人的称呼，也作“巨子”。

【译文】

遵循天下的大义忍心杀掉自己心爱的儿子，钜子可算得上公正无私了。

诛暴而不私，以封天下之贤者，故可以为王伯。

【译文】

他们诛杀暴君，自己却不占有他的土地，而是把它分封给有德之人，所以能够成就王霸之业。

仲春纪

仲春

无作大事[1]，以妨农功。

①大事：指战争。

【译文】

不要兴兵征伐，以免妨害农事。

贵生

圣人深虑天下，莫贵于生。夫耳目鼻口，生之役也[①]。耳虽欲声，目虽欲色，鼻虽欲芬香，口虽欲滋味，害于生则止。

①役：役使。

【译文】

圣人深思熟虑天下的事，认为没有什么比生命更宝贵。耳目鼻口是受生命支配的。耳朵虽然想听乐音，眼睛虽然想看彩色，鼻子虽然想嗅芳香，嘴巴虽然想尝美味，但只要对生命有害就会被禁止。

惟不以天下害其生者也，可以托天下。

【译文】

只有不因天下而危害自己生命的人，才可以把天下托付给他。

帝王之功，圣人之余事也，非所以完身养生之道也。

【译文】

帝王的功业是圣人闲暇之余的事，并不是用来全身养生的方法。

凡圣人之动作也，必察其所以之与其所以为。

【译文】

大凡圣人有所举动的时候，必定明确知道所要达到的目的和达到目的所应采用的手段。

辱莫大于不义。

【译文】

在耻辱当中没有比不义更大的了。

耳闻所恶，不若无闻；目见所恶，不若无见。

【译文】

耳朵听到讨厌的声音，就不如什么也没听到；眼睛看到讨厌的东西，就不如什么也没见到。

情欲

天生人而使有贪有欲。欲有情，情有节。圣人修节以止欲，故不过行其情也。

【译文】

天生育人而使人有贪心有欲望。欲望产生感情，感情具有节度。圣人修节度以克制欲望，所以不会放纵自己的感情。

圣人之所以异者，得其情也。由贵生动，则得其情矣；不由贵生动，则失其情矣。

【译文】

圣人之所以不同于一般人，是由于他们能够控制情欲使它适度。从尊生出发而行动，情欲就会适度；不从尊生出发而行动，情欲就会放纵。

万物之形虽异，其情一体也。故古之治身与天下者，必法天地也。

【译文】

万物形状虽然各异，但它们的本性是一样的。所以，古代修养身心与治理天下的人一定效法天地。

功虽成乎外，而生亏乎内。

【译文】

在外虽然功成名就，可是自身生命却已损耗。

当染

凡为君，非为君而因荣也，非为君而因安也，以为行理也。

【译文】

大凡做君主，不是为了获得显荣，也不是为了获得安适，而是为了实施大道。

古之善为君者，劳于论人而佚于官事[①]，得其经也。

---

①论：选择。

【译文】

古代善于做君主的人把精力花费在选贤任能上，而对于官署政事则采取安然置之的态度，这是掌握了做君主的正确方法。

孔墨之后学显荣于天下者众矣，不可胜数，皆所染者得当也。

【译文】

孔墨后学在天下显贵尊荣的太多了，数也数不尽，这都是由于所受的熏染得当啊。

功名一作由道

水泉深则鱼鳖归之，树木盛则飞鸟归之，庶草茂则禽兽归之，人主贤则豪杰归之。

【译文】

水泉深广，鱼鳖就会游向那里；树木繁盛，飞鸟就会飞向那里；百草茂密，禽兽就会奔向那里；君主贤明，豪杰就会归依他。

强令之笑不乐；强令之哭不悲；强令之为道也，可以成小[①]，而不可以成大。

---

①小：这里指虚名。

【译文】

强制出来的笑不快乐，强制出来的哭不悲哀，强制命令这种做法只可以成就虚名，而不能成就大业。

大寒既至，民暖是利[①]；大热在上，民清是走[②]。故民无常处，见利之聚[③]，无之去。欲为天子，民之所走，不可不察。

---

①民暖是利：等于说“民利暖”。下句“民清是走”等于说“民走清”。

②走：奔向。

③见利之聚：等于说“聚见利”。聚于见利之处。下句“无之去”等于说“无去(利)”。

【译文】

严寒到了，人民就追求温暖；酷暑临头，人民就奔向清凉。因此，人民没有固定的居处，他们总是聚集在可以看到利益的地方，离开那些没有利益的地方。想要做天子，对于人民奔走的原因不可不仔细察辨。

贤不肖不可以相分[①]，若命之不可易，若美恶之不可移。桀、纣贵为天子，富有天下，能尽害天下之民，而不能得贤名之[②]。

①不可以相分：“不”字误衍。分，分给。

②不能得贤名之：意思是，不能获得贤明之名。谥法：贼人多杀曰桀，残义损善曰纣。

【译文】

贤明的名声与不肖的名声不能由别人给予，这就像命运不可更改，美恶不可移易一样。桀纣贵为天子，富有天下，能遍害天下的人，却不能为自己博得一个好名声。

名固不可以相分，必由其理。

【译文】

名声本来就不能由别人给予，它只能遵循一定的途径获得。

季春纪

尽数

圣人察阴阳之宜，辨万物之利以便生①，故精神安乎形，而年寿得长焉。

①便生：给生命带来益处。便，利。

【译文】

圣人能洞察阴阳变化的合宜之处，能辨识万物的有利一面，以利于生命，因此，精神安守在形体之中，寿命能够长久。

毕数之务，在乎去害。

【译文】

终其天年的要务在于避害。

大甘、大酸、大苦、大辛、大咸，五者充形则生害矣。大喜、大怒、大忧、大恐、大哀，五者接神则生害矣。大寒、大热、大燥、大湿、大风、大霖、大雾①，七者动精则生害矣。故凡养生，莫若知本，知本则疾无由至矣。

①霖：霖雨，连下几天的大雨。

【译文】

过甜、过酸、过苦、过辣、过咸，这五种东西充满形体，那么生命就受到危害了。过喜、过怒、过忧、过恐、过哀，这五种东西和精神交接，那么生命就受到危害了。过冷、过热、过燥、过湿、过多的风、过多的雨、过多的雾，这七种东西摇动人的精气，那么生命就受到危害了。所以，凡是养生，没有比懂得这个根本更重要的了，懂得了根本，疾病就无从产生了。

精气之来也，因轻而扬之，因走而行之，因美而良之，因长而养之，因智而明之。

【译文】

精气到来，依附在轻盈的形体上就使它飞翔，依附在可以跑动的形体上就使它行走，依附在具有美好特性的形体上就使它精美，依附在具有生长特性的形体上就使它繁茂，依附在具有智慧的形体上就使它聪明。

流水不腐，户枢不蝼[①]，动也。

①户枢(shū)：门上的转轴。蝼(lóu)：蝼蛄，天蝼。秦、晋之间谓之“蠹(dù)”。这里用如动词，生虫蛀蚀。

【译文】

流动的水不会腐恶发臭，转动的门轴不会生虫朽烂，这是由于不断运动的缘故。

形不动则精不流，精不流则气郁。

【译文】

形体不活动，体内的精气就不运行；精气不运行，气就滞积。

凡食，无强厚[①]，烈味重酒，是之谓疾首。

---

①强厚:指味道浓烈厚重的食物,即下文的“烈味”“重酒”。

【译文】

凡饮食,不要滋味过浓,不要吃厚味,不要饮烈酒,厚味烈酒是导致疾病的开端。

食能以时[①],身必无灾。

---

①时:高诱注:“时,节也,不过差,故身无灾疾也。”

【译文】

饮食能有节制,身体必然没灾没病。

凡食之道,无饥无饱,是之谓五藏之葆[①]。

---

①五藏(zàng):即五脏,指脾、肾、肺、肝、心。葆(bǎo):安。古医家以“胃为五藏之本”,认为“五藏皆禀气于胃”。所以这里说“食之道,无饥无饱,是之谓五藏之葆”,意思是要使胃得到调和,胃调和,五脏就安适了。

【译文】

饮食的原则,要保持不饥不饱的状态,这样五脏就能得到安适。

口必甘味,和精端容,将之以神气[①],百节虞欢[②],咸进受气。

---

①将:养。神气:即精气,精神。

②百节:指周身关节。本书《达郁》篇说,“凡人三百六十节”,说“百节”,称其全数。虞:娱,舒适。

【译文】

要吃可口的食物;进食的时候,要精神和谐,仪容端正,用精气将养,这样,周身就舒适愉快,都受到了精气的滋养。

饮必小咽,端直无戾。

【译文】

饮食一定要小口下咽,坐要端正,不要扭曲歪斜。

夫以汤止沸,沸愈不止,去其火则止矣。

【译文】

用滚开的水阻止水的沸腾,沸腾越发阻止不住,撤去下面的火,沸腾自然就止住了。

先己

凡事之本,必先治身,啬其大宝[①]。

---

①啬(sè):爱惜。大宝:此指身体。

【译文】

大凡做事的根本,一定要首先治理自身,爱惜自己的身体。

精气日新,邪气尽去,及其天年。此之谓真人[①]。

①真人：道家称存养本性的得道之人。

【译文】

精气日益增长，邪气完全除去，就会终其天年。这样的人叫做“真人”。

先圣王成其身而天下成，治其身而天下治。

【译文】

先代圣王成就了自身，天下自然成就；端正了自身，天下自然太平安定。

善响者不于响于声，善影者不于影于形，为天下者不于天下于身。

【译文】

改善回声的，所致力之处不在于回声，而在于产生回声的声音；改善影子的人，所不致力之处不在于影子，而在于产生影子的形体；治理天下的人，所不致力之处不在于天下，而在于自身。

反其道而身善矣；行义则人善矣；乐备君道而百官已治矣[①]，万民已利矣。三者之成也，在于无为[②]。

①备：通“服”，实施。

②无为：道家提倡的处世原则，即顺应自然，不求有所作为。

【译文】

回心向道，自身就可以达到美好的境界了；行为合宜，就会受到他人的称赞了；乐施君道，百官就能治理好了，万民就能获得好处了。这三方面的成功，都在于实现无为。

无为之道曰胜天①，义曰利身，君曰勿身②。

①胜天：听凭天道，任其自然。胜，等于说“任”，听凭的意思。天，天道。道家庄周学派认为“无为为之之谓天”（见《庄子·天地》），意思是，任其自然，不要有半点人为，这样对待一切，就可以说符合天道了。

②义曰利身，君曰勿身：这二句并承上文省“无为之”三字，按句意当是“无为之义曰利身，无为之君曰勿身”。

【译文】

无为之道就是听任天道，无为之义就是要利于自身，无为之君凡事不亲自做。

勿身督听①，利身平静，胜天顺性。

①督：正。这里是使……正的意思。

【译文】

不亲自做就不会偏听，利于自身就会平和清静，听任天道就会顺应天性。

顺性则聪明寿长，平静则业进乐乡①，督听则奸塞不皇②。

①乡：通“向”，趋向。

②皇：通“惶”，惶惑。

【译文】

顺应天性就会聪明长寿；平和清静就会事业发展，百姓乐于归依；不偏听就会奸邪闭塞，不至惶惑。

上失其道，则边侵于敌；内失其行，名声堕于外。

【译文】

君主不行君道，边境就会遭受侵犯；在国内丧失德行，国外的名声就会败坏。

百仞之松，本伤于下而末槁于上；商、周之国，谋失于胸，令困于彼。

【译文】

百仞高的松树，下面树根受了伤，上面的枝叶必然干枯；商、周两代末世，国君心中计谋无当，政令在外自然难于推行。

心得而听得，听得而事得，事得而功名得。

【译文】

内心得当听闻就得当，听闻得当政事就会处理得当，政事处理得当，所获功名就会得当。

处不重席，食不贰味①。

①贰味：重（chóng）味，多种菜肴。

【译文】

居处不用两层席，吃饭不吃两样菜。

亲亲长长，尊贤使能。

【译文】

亲近亲族，敬爱长者，尊重贤人，任用能士。

欲胜人者，必先自胜；欲论人者，必先自论；欲知人者，必先自知。

【译文】

想要制服别人的人，一定先要克制自己；想要评论别人的人，一定先要评论自己；想要了解别人的人，一定先要了解自己。

丘陵成而穴者安矣，大水深渊成而鱼鳖安矣，松柏成而涂之人已荫矣。

【译文】

丘陵生成了，穴居的动物就安身了；大水深渊生成了，鱼鳖就安身了；松柏茂盛了，行人就在树荫下歇凉了。

得之于身者得之人[①]，失之于身者失之人。

---

①得之人：等于说“得之于人”。下句“失之人”等于说“失之于人”。

【译文】

自身有所得的人，在别人那里也会有所得；自身有所失的人，在别人那里也会有所失。

不出于门户而天下治者，其唯知反于己身者乎！

【译文】

不出门却把天下治理得很好，这恐怕只有懂得返回到自身修养的国君才能做到吧！

论人

主道约，君守近。太上反诸己，其次求诸人。

【译文】

做君主的方法很简单，君主要遵守的原则就在近旁。首先是向自身求得，其次是向别人寻求。

其索之弥远者[①]，其推之弥疏[②]；其求之弥强者，失之弥远。

———

①之：代上文“主道”“君守”。

②推：这里是离开、远离的意思。

【译文】

越向远处寻求的，离开它就越远；寻求它越花力气的，失掉它就越远。

无以害其天则知精，知精则知神，知神之谓得一[①]。

———

①一：指道。道家把“一”看作数之始，物之极，故称“一”为道。

【译文】

自己的天性不受到损害，就能够知道事物的精微；知道事物的精微，就能够懂得事理的玄妙；懂得事理的玄妙就叫做得道。

凡论人，通则观其所礼，贵则观其所进，富则观其所养，听则观其所行，止则观其所好，习则观其所言，穷则观其所不受，贱则观其所不为。喜之以验其守，乐之以验其僻，怒之以验其节，惧之以验其特，哀之以验其人①，苦之以验其志。八观六验，此贤主之所以论人也。

———

①人：通“仁”。

【译文】

大凡衡量、评定人：如果他显达，就观察他礼遇的都是什么人；如果他尊贵，就观察他举荐的都是什么人；如果他富有，就观察他赡养的都是什么人；如果他听言，就观察他采纳的都是什么；如果他闲居在家，就观察他喜好的都是什么；如果他学习，就观察他说的都是什么；如果他困窘，就观察他不接受的都是什么；如果他贫贱，就观察他不做的都是什么。使他高兴，借以检验他的节操；使他快乐，借以检验他的邪念；使他发怒，借以检验他的气度；使他恐惧，借以检验他的品行；使他悲哀，借以检验他的爱心；使他困苦，借以检验他的意志。以上八种观察和六项检验，就是贤明的君主用以衡量、评定人的方法。

论人者，又必以六戚四隐①。何谓六戚？父、母、兄、弟、妻、子。何谓四隐？交友、故旧、邑里、门郭②。

———

①四隐：指四种亲近的人。隐，私。

②门郭：当作门郎。指左右亲近的人。

【译文】

衡量、评定别人又一定用六戚、四隐。什么叫六戚？即父、母、兄、弟、妻、子六种亲属。什么叫四隐？即朋友、熟人、乡邻、亲信四种亲近的人。

圜道

天道圜[①]，地道方[②]。

①圜：通“圆”，指周而复始，运而不穷。

②地道：关于地的道理、法则。方：端平正直。

【译文】

天道圆，地道方。

精气一上一下，圜周复杂[①]，无所稽留[②]，故曰天道圜。

①杂：通“匝”，循环终始。

②稽：留止。

【译文】

精气一上一下，环绕往复，循环不已，无所留止，所以说天道圆。

万物殊类殊形，皆有分职，不能相为[①]，故曰地道方。

①相为：互相替代。

【译文】

万物异类异形，都有各自的名分、职守，不能互相代替，所以说地道方。

主执圜，臣处方，方圜不易，其国乃昌。

【译文】

君主掌握圆道，臣下处守方道，方道圆道不颠倒改变，这样国家才能昌盛。

云气西行，云云然[①]，冬夏不辍；水泉东流，日夜不休。

①云云然：云气周旋回转的样子。

【译文】

云气西行，纷纭回转，冬夏不止；水泉东流，日夜不停。

唯而听[①]，唯止；听而视，听止：以言说一[②]。

①唯：本是应答之词，这里作"应答"讲。

②说一：专精于一官、一窍。说，通"锐"（依许维遹说）。

【译文】

应答时若要听，应答就会停止；倾听时若要看，倾听就会停止：这就说一心不能二用。

令者，人主之所以为命也，贤不肖、安危之所定也。

【译文】

君主把号令当作生命来看待，臣下的贤与不肖、国家的安危都由它决定。

人之有形体四枝[①]，其能使之也，为其感而必知也[②]。感而不知，则形体四枝不使矣。

①枝：通"肢"。

②感：触动。

【译文】

人有形体四肢，人所以能够支使它们，是由于它们受到触动必定有感觉。如果受到触动而没有感觉,那么形体四肢就不会听从支使了。

有之而不使,不若无有。

【译文】

有臣下却不听从支配,不如没有。

先王之立高官也,必使之方,方则分定,分定则下不相隐。

【译文】

先王设立高官,一定要使他遵循臣道;做到遵循臣道,职分才能确定;职分确定了,臣下就不会有隐私壅蔽其上。

百官各处其职、治其事以待主,主无不安矣;以此治国,国无不利矣;以此备患,患无由至矣。

【译文】

百官各守其职,治理分内的事,以此侍奉君主,君主就没有不安宁的了;以此治理国家,国家就没有不兴旺的了;以此防备祸患,祸患就无从降临了。

孟夏纪

劝学一作观师

先王之教,莫荣于孝,莫显于忠。

【译文】

先王的政教中,没有什么比孝更荣耀的了,没有什么比忠更显达的了。

不知理义，生于不学。

【译文】

不懂得理义，是由于不学习的缘故。

学者师达而有材，吾未知其不为圣人。

【译文】

从师学习的人，如果他的老师通达而自己又有才能，我没听说过这样的人不成为圣人的。

尊师则不论其贵贱贫富矣。

【译文】

尊重老师就不会计较他们的贵贱、贫富了。

师之教也，不争轻重尊卑贫富，而争于道。

【译文】

老师施行教诲的时候，不计较学生的轻重、尊卑、贫富，而看重他们是否能接受理义。

圣人生于疾学①，不疾学而能为魁士名人者②，未之尝有也。

①疾：努力，尽力。

②魁（kuí）士：贤能之士。魁，大，杰出。

【译文】

圣人是在努力学习中产生的，不努力学习而能成为贤士名人的，未曾有过。

疾学在于尊师。

【译文】

努力学习关键在于尊重老师。

往教者不化，召师者不化；自卑者不听，卑师者不听。

【译文】

应召去教的老师不可能教化他人，呼唤老师来教的人不可能受到教化；自卑的老师不会被人听信，轻视老师的人不会听从教诲。

凡说者，兑之也[①]，非说之也。

①兑：悦。

【译文】

凡说教，应该使对方心情舒畅，而不是硬性说教。

为师之务，在于胜理[①]，在于行义。

①胜理：依循事理。

【译文】

做老师的要务在于依循事理，在于施行道义。

师必胜理行义然后尊。

【译文】

老师一定要依循事理，施行道义，然后才能尊显。

尊师

凡学，非能益也，达天性也。能全天之所生而勿败之，是谓善学。

【译文】

凡学习，并不是能给人另增加什么，而是使人通达天性。能够保全天赋予人的本性而不使它受到伤害，这就叫做善于学习。

凡学，必务进业，心则无营[①]。

①营：通“荧(yíng)”，惑乱。

【译文】

凡学习，一定务求增进学业，这样心中就没有疑惑了。

得之无矜[①]，失之无惭。

①矜：自负贤能。

【译文】

有所得不要自夸，有所失不要惭愧。

生则谨养，谨养之道，养心为贵[①]。

①养心：这里指使老师心情愉快。《礼记·祭统》中说：“养则观其顺也”，古人认为奉养尊亲，当以顺其心为贵。

【译文】

老师活着的时候要小心奉养，小心奉养的方法，让老师心情愉快最重要。

君子之学也，说义必称师以论道[①]，听从必尽力以光明。

①义：通“议”。论：这里是阐明的意思。

【译文】

君子学习，谈论道理一定称引老师的话来阐明道义，听从教诲一定尽心竭力去发扬光大。

背叛之人，贤主弗内之于朝[①]，君子不与交友。

①内(nà)：接纳。

【译文】

有背叛行为的人，贤明的君主不接纳他们在朝为臣，君子不跟他们交往为友。

教也者，义之大者也；学也者，知之盛者也[①]。义之大者，莫大于利人，利人莫大于教。知之盛者，莫大于成身，成身莫大于学。

①知(zhì)：才智。这个意义后来写作“智”。盛：大。

【译文】

教育人是一件非常仁义的事，学习是一件非常聪明的事。仁义的事没有比给人带来利益更大的了,而给人带来利益最大的,没有什么能超过教育。聪明的事没有比修养身心更大的了,而修养身心最重要的,没有什么能超过学习。

诬徒一作诋役

达师之教也,使弟子安焉、乐焉、休焉、游焉、肃焉、严焉[1]。

---

①游:优游,悠闲自得。

【译文】

通达事理的老师施行教育,能使学生安心、快乐、安闲、从容、庄重、严肃。

人之情,不能乐其所不安,不能得于其所不乐。

【译文】

人之常情,不喜欢自己所不安心的事物,不能从自己所不喜欢的事物中有所得。

为之而乐矣,奚待贤者?虽不肖者犹若劝之[1]。为之而苦矣,奚待不肖者?虽贤者犹不能久。

---

①劝:努力从事。

【译文】

一件事如果做起来就感到快乐,不用说贤人,即使不肖的人仍然会努力去做。一件事如果做起来就感到痛苦,不用说不肖的人,即使贤人同样不能持久。

王者有嗜乎理义也[1]，亡者亦有嗜乎暴慢也。所嗜不同，故其祸福亦不同。

---

①有：这里有“专”的意思。

【译文】

成就王业的人专喜好理义，国破家亡的人专喜好暴慢。他们的喜好不同，因此他们所得到的祸福也不同。

人之情，恶异于己者。

【译文】

人之常情，总是憎恶跟自己心志不合的人。

人之情，不能亲其所怨，不能誉其所恶，学业之败也，道术之废也，从此生矣。

【译文】

人之常情，总是不能亲近自己所怨恨的人，不能称颂自己所憎恶的人，学业的败坏，道术的废弃，就由此产生了。

视徒如己，反己以教，则得教之情矣[1]。所加于人，必可行于己。

---

①情：真情，这里指教育的真谛。

【译文】

看待学生如同自己一样，设身处地施行教育，这样就掌握教育的真谛了。凡施加给别人的，自己一定能够做到。

人之情，爱同于己者，誉同于己者，助同于己者，学业之章明也[①]，道术之大行也，从此生矣。

①章：彰明。

【译文】

人之常情，总是喜爱跟自己心志相同的人，称颂跟自己心志相同的人，帮助跟自己心志相同的人，学业的彰明，道术的弘扬，就由此产生了。

用众一作善学

物固莫不有长，莫不有短。

【译文】

事物本来无不有长处，无不有短处。

善学者，假人之长以补其短[①]。

①假：凭借，利用。

【译文】

善于学习的人，能借用别人的长处来弥补自己的短处。

无丑不能[①]，无恶不知[②]。丑不能，恶不知，病矣[③]。不丑不能，不恶不知，尚矣[④]。

①丑：以……为耻。

②恶(è)：与“丑”义同，用如意动。

③病：困窘。

④尚：上。

【译文】

不要把不能看作羞耻，不要把不知看作耻辱。以不能为耻，以不知为辱，就会陷入困境。不把不能看作羞耻，不把不知看作耻辱，这是最高明的。

戎人生乎戎、长乎戎而戎言[①]，不知其所受之；楚人生乎楚、长乎楚而楚言，不知其所受之。今使楚人长乎戎，戎人长乎楚，则楚人戎言，戎人楚言矣。

①戎：古代泛指我国西部的少数民族。

【译文】

戎人生在戎地，长在戎地，就说戎人的语言，自己却不知是从谁那里学来的；楚人生在楚地，长在楚地，就说楚人的语言，自己却不知是从谁那里学来的。假如让楚人在戎地生长，让戎人在楚地生长，那么楚人就说戎人的语言，戎人就说楚人的语言了。

凡君之所以立，出乎众也。立已定而舍其众，是得其末而失其本。得其末而失其本，不闻安居。

【译文】

大凡君主的确立，都是凭借着众人的力量。君位一经确立就舍弃众人，这是得到细枝末节而丧失了根本。凡是得到细枝末节而丧失了根本的君主，从未听说过他的统治会安定稳固。

夫以众者，此君人之大宝也。

【译文】

依靠众人，这是统治百姓的根本大法。

仲夏纪

大乐

浑浑沌沌[①]，离则复合，合则复离，是谓天常。

①浑浑沌沌：古人想象中世界生成以前的元气状态。

【译文】

混混沌沌，离而复合，合而复离，这就叫做自然的永恒规律。

天地车轮[①]，终则复始，极则复反，莫不咸当。

①轮：转动。

【译文】

天地像车轮一样转动，到尽头又重新开始，到终极又返回，无不恰到好处。

四时代兴，或暑或寒，或短或长，或柔或刚[①]。

①柔:柔和。这里指万物生发的春夏二季。刚:刚厉。这里指万物肃杀的秋冬二季。

【译文】

春夏秋冬四季更迭出现,有的季节炎热,有的季节寒冷;有的季节白天短,有的季节白天长;有的季节属柔,有的季节属刚。

万物所出,造于太一,化于阴阳。

【译文】

万物的产生,从太一开始,由阴阳生成。

天下太平,万物安宁,皆化其上[①],乐乃可成。

①上:当作“正”。

【译文】

天下太平,万物安宁,一切都归化于正道,音乐才可以创作完成。

平出于公,公出于道。

【译文】

平和产生于公正,公正产生于道。

凡乐,天地之和、阴阳之调也。

【译文】

凡音乐都是天地和谐、阴阳调和的产物。

欲与恶，所受于天也，人不得与焉[①]，不可变，不可易。

①与（yù）：参与。

【译文】

人的欲望和憎恶是从天那里禀承下来的，人不能参与其事，这不可变更，不能改易。

欢欣生于平，平生于道。

【译文】

欢欣从平和中产生，平和从道中产生。

侈乐

凡古圣王之所为贵乐者，为其乐也。

【译文】

古代圣王之所以重视音乐，是因为它能使人快乐。

乐不乐者，其民必怨，其生必伤。

【译文】

音乐不能使人快乐，人民必定生怨，生命必定受到伤害。

能以久处其适，则生长矣。

【译文】

能够使生命长久地处于适中的环境，生命就长久了。

制乎嗜欲无穷，则必失其天矣。

【译文】

如果被无穷的嗜欲所牵制，就必定危害身心了。

夫嗜欲无穷，则必有贪鄙悖乱之心、淫佚奸诈之事矣。

【译文】

嗜欲无穷无尽，那就必然会产生贪婪、卑鄙、犯上作乱的思想，产生淫邪放纵、奸佞欺诈的事情了。

适音一作和乐

心必和平然后乐。

【译文】

心情必须平和然后才能愉快。

乐之务在于和心，和心在于行适。

【译文】

愉快的关键在于心情平和，心情平和的关键在于行为合宜适中。

人之情：欲寿而恶夭，欲安而恶危，欲荣而恶辱，欲逸而恶劳。

【译文】

人的本性是，希望长寿而厌恶短命，希望安全而厌恶危险，希望荣誉而厌恶耻辱，希望安逸而厌恶烦劳。

胜理以治身，则生全以[1]，生全则寿长矣。胜理以治国，则法立，法立则天下服矣。故适心之务在于胜理。

①以：通“矣”。

【译文】

依循事物的情理修身养性，天性就保全了；天性得以保全，寿命就长久了。依循事物的情理治理国家，法度就建立了；法度建立起来，天下就服从了。所以，使心情适中的关键在于依循事物的情理。

乐无太，平和者是也。

【译文】

音乐各方面都不要过分，平正和谐才合宜。

治世之音安以乐，其政平也；乱世之音怨以怒，其政乖也；亡国之音悲以哀，其政险也。

【译文】

太平盛世的音乐安宁而快乐，是由于它的政治安定；动乱时代的音乐怨恨而愤怒，是由于它的政治乖谬；濒临灭亡的国家的音乐悲痛而哀愁，是由于它的政治险恶。

凡音乐，通乎政而移风平俗者也，俗定而音乐化之矣。

【译文】

大凡音乐，与政治相通，并起着移风易俗的作用，风俗的形成是音乐潜移默化的结果。

有道之世，观其音而知其俗矣，观其俗而知其政矣，观其政而知其主矣[1]。

①“观其”句：此句前原脱“观其俗而知其政矣”。

【译文】

政治清明的时代，考察它的音乐就可以知道它的风俗了，考察它的风俗就可以知道它的政治了，考察它的政治就可以知道它的君主了。

先王之制礼乐也，非特以欢耳目、极口腹之欲也，将教民平好恶、行理义也。

【译文】

先王制定礼乐的目的，不仅仅是用来使耳目欢愉，尽力满足口腹的欲望，而是要教导人们端正好恶、实施理义啊。

古乐

乐所由来者尚也，必不可废。有节，有侈，有正，有淫矣。贤者以昌，不肖者以亡。

【译文】

音乐的由来相当久远了，定然不可废弃。其中有的适中合宜，有的奢侈放纵，有的纯正，有的淫邪。贤人因音乐而发达昌盛，不肖的人因音乐而国灭身亡。

禹立，勤劳天下，日夜不懈。

【译文】

禹立为帝，为天下辛勤操劳，日夜不怠。

季夏纪

音初

凡音者，产乎人心者也。

【译文】

大凡音乐，是从人的内心产生出来的。

感于心则荡乎音，音成于外而化乎内。

【译文】

心中有所感受，就会在音乐中表现出来，音乐表现于外而化育于内。

闻其声而知其风，察其风而知其志，观其志而知其德。

【译文】

听到某一地区的音乐就可以了解它的风俗，考察它的风俗就可以知道它的志趣，观察它的志趣就可以知道它的德行。

盛衰、贤不肖、君子小人皆形于乐，不可隐匿。

【译文】

兴盛与衰亡、贤明与不肖、君子与小人都会在音乐中表现出来，不可隐藏。

土弊则草木不长[①]，水烦则鱼鳖不大[②]，世浊则礼烦而乐淫。

①弊：坏，恶劣。

②烦：搅扰。这里指水浑。

【译文】

土质恶劣草木就不能生长，水流浑浊鱼鳖就不能长大，社会黑暗就会礼仪烦乱、音乐淫邪。

君子反道以修德，正德以出乐，和乐以成顺。乐和而民乡方矣[①]。

①乡：通“向”，向往。方：道义。

【译文】

君子回归正道修养品德，端正品德以创作音乐，追求音乐和谐以使做事成就顺遂。音乐和谐了，人民就向往道义了。

制乐

欲观至乐，必于至治。

【译文】

想要欣赏最完美的音乐，必定要有最完美的政治。

其治厚者其乐治厚[①]，其治薄者其乐治薄，乱世则慢以乐矣[②]。

---

①其乐治厚：疑当作“其乐厚”，下句“其乐治薄”疑当作“其乐薄”。

②慢以乐：当作“乐以慢”。慢，怠慢，轻忽。以，通“已”，已经。

【译文】

国家治理美善的，它的音乐就美善；国家治理粗疏的，它的音乐就粗疏；至于乱世，音乐已经流于轻慢了。

祥者福之先者也[①]，见祥而为不善，则福不至。妖者祸之先者也[②]，见妖而为善，则祸不至。

---

①祥：吉凶的征兆。这里指吉兆。

②妖：怪异、反常的事物。

【译文】

吉祥的事物是福的先兆，但是如果遇到吉兆却做不善的事，福就不会降临。怪异的事物是灾祸的先兆，但是如果遇到怪异而做善事，灾祸就不会降临。

岁害则民饥，民饥必死。为人君而杀其民以自活也，其谁以我为君乎[①]？

---

①我：此处指宋景公，春秋宋国国君，名栾。

【译文】

农业收成受到损害，百姓就会遭受饥荒，百姓遭受饥荒必死。作为国君却杀害自己的百姓以求使自己活下去，那谁还会把我当作国君呢？

明理

凡生，非一气之化也；长，非一物之任也；成，非一形之功也[1]。

①形：形体，指物。

【译文】

万物的诞生，不是阴、阳二气之中一种气能够化育的；万物的生长，不是一种物能够承担的；万物的形成，不是一种东西的功劳。

众正之所积，其福无不及也；众邪之所积，其祸无不逮也[1]。

①逮：及，至。

【译文】

大量正气积聚的地方，福没有不降临的；大量邪气积聚的地方，祸没有不发生的。

孟秋纪

荡兵一作用兵

天子之立也出于君，君之立也出于长，长之立也出于争。

【译文】

天子的设置是在有君主的基础上产生的，君主的设置是在有首领的基础上产生的，首领的设置是在有争斗的基础上产生的。

家无怒笞[①]，则竖子、婴儿之有过也立见；国无刑罚，则百姓之相侵也立见；天下无诛伐，则诸侯之相暴也立见[②]。

---

①怒：斥责。笞(chī)：用鞭、杖、竹板抽打。

②暴：侵侮。

【译文】

家中如果没有训斥责打，僮仆、小儿犯过错的事就会立刻出现；国中如果没有刑罚，百姓互相侵夺的事就会立刻出现；天下如果没有征伐，诸侯互相侵犯的事就会立刻出现。

夫兵不可偃也，譬之若水火然，善用之则为福，不能用之则为祸；若用药者然，得良药则活人，得恶药则杀人。义兵之为天下良药也亦大矣。

【译文】

战争是不可废止的，它就像水和火一样，善于利用它就会造福于人，不善于利用它就会造成灾祸；又像用药给人治病一样，用良药就能把人救活，用毒药就能把人杀死。正义的战争正是治理天下的大大的良药啊！

兵诚义，以诛暴君而振苦民，民之说也，若孝子之见慈亲也，若饥者之见美食也。

【译文】

如果战争确实符合正义，用来诛杀暴君而拯救苦难的人民，那么人民对它的喜悦，就像孝子见到了慈爱的父母，像饥饿的人见到了甘美的食物。

振乱

凡为天下之民长也，虑莫如长有道而息无道[①]，赏有义而罚不义。

①长(zhǎng)：使发展壮大。

【译文】

凡给天下百姓做君主的，考虑施政大计莫如扶植有道而消除无道，奖赏正义而惩罚不义。

攻无道而伐不义，则福莫大焉，黔首利莫厚焉。

【译文】

攻击无道、讨伐不义，自己获福没有比这更大的了，人民得利没有比这更多的了。

禁塞

为善者赏，为不善者罚。

【译文】

对行善的人给予奖赏，对作恶的人给予惩罚。

兵苟义，攻伐亦可，救守亦可；兵不义，攻伐不可，救守不可。

【译文】

军队如果是正义之师，那么攻伐可以，救守也可以；军队如果是不义之师，那么攻伐不行，救守也不行。

怀宠

义理之道彰，则暴虐、奸诈、侵夺之术息也。

【译文】

理义之道彰明了，暴虐、奸诈、侵夺之类的行径就会止息。

仲秋纪

论威

人情欲生而恶死，欲荣而恶辱。

【译文】

人的本性都是想要生存而厌恶死亡，喜欢荣耀而厌恶耻辱。

凡军，欲其众也；心，欲其一也。三军一心，则令可使无敌矣。

【译文】

凡军队，人数应该众多，军心应该一致。三军思想一致，就可以使号令畅行无阻了。

其令强者其敌弱[①]，其令信者其敌诎[②]。

①强：这里是不可冲犯的意思。

②信：通“伸”，这里是畅行无阻的意思。诎（qū）：通“屈”，屈服。

【译文】

号令不可冲犯的军队,它的敌手必然软弱;号令畅行无阻的军队,它的敌手必然屈服。

凡兵,天下之凶器也①;勇,天下之凶德也②。

①凶器:兵器是杀伤人的工具,所以古称兵器为凶器。凶,杀伤人。

②凶德:勇武作为古代的一种道德,是体现在战争中的,而战争必杀伤人,所以古称勇武为凶德。

【译文】

凡兵器都是天下的凶器,勇武是天下的凶德。

凡兵,欲急疾捷先。

【译文】

凡用兵打仗,应该行动迅速,先发制人。

夫兵有大要①,知谋物之不谋之不禁也②,则得之矣。

①大要:指最关键之处。

②"知谋"句:懂得算计敌人考虑不到以及不防备的地方,即懂得"攻其无备,出其不意"(《孙子兵法·始计》)。物,这里指敌方。第二个"之"字作连词用,相当于"与"。

【译文】

用兵有它的关键,如果懂得攻其无备,出其不意,那就掌握了用兵的关键了。

简选

凡兵势险阻，欲其便也；兵甲器械，欲其利也；选练角材[①]，欲其精也；统率士民[②]，欲其教也。

①角材：指武士。角，较量。

②士民：指士卒。

【译文】

凡战争形势、山川险阻，用兵的人都希望它对自己有利；兵甲器械，都希望它锋利坚固；选拔、训练武士，都希望他们精锐强壮；统率士卒，都希望他们训练有素。

决胜

夫兵有本干[①]：必义，必智，必勇。

①本干：植物的根和干，喻事物的主体。

【译文】

用兵之道有它的根本：一定要符合正义，一定要善用智谋，一定要勇猛果敢。

夫民无常勇，亦无常怯。有气则实，实则勇；无气则虚，虚则怯。

【译文】

人民没有永恒不变的勇敢，也没有永恒不变的怯弱。士气饱满就内心充实，充实就会勇敢；士气丧失就内心空虚，空虚就会怯弱。

勇则战，怯则北。

【译文】

勇敢就能奋力作战，怯弱就会临阵逃跑。

军大卒多而不能斗，众不若其寡也。

【译文】

军队庞大，士兵众多，如果不能战斗，人多还不如人少。

夫众之为福也大，其为祸也亦大。

【译文】

人数众多造福大，但如果带来灾祸，为害也大。

凡兵，贵其因也。因也者，因敌之险以为己固，因敌之谋以为己事。能审因而加[①]，胜则不可穷矣。

---

①加：指加兵于敌。

【译文】

凡用兵，贵在善于凭借。所谓凭借是指利用敌人的险阻作为自己坚固的要塞，利用敌人的谋划达到自己的目的。能够明察所凭借的条件再采取行动，那胜利就不可穷尽了。

夫兵，贵不可胜。不可胜在己，可胜在彼。

【译文】

用兵打仗,贵在不可被敌战胜。不可被敌战胜,根本原因在于己方,能够战胜敌人,根本原因在于敌方。

凡兵之胜,敌之失也。胜失之兵,必隐必微,必积必抟[①]。

---

①抟(zhuān):古"专"字。专一,集中。

【译文】

凡用兵获胜,都是敌人犯有过失的缘故。战胜犯有过失的军队,一定要隐蔽,一定要潜藏,一定要蓄积力量,一定要集中兵力。

爱士一作慎穷

衣人以其寒也,食人以其饥也。

【译文】

给人衣穿是因为人们在受冻,给人饭吃是因为人们在挨饿。

饥寒,人之大害也;救之,义也。

【译文】

挨饿受冻是人的大灾,拯救挨饿受冻的人是正义的行为。

君君子则正,以行其德;君贱人则宽,以尽其力。

【译文】

给君子做国君就要公正无私,借以让他们施行仁德;给卑贱的人做国君就要宽容厚道,借以让他们竭尽全力。

行德爱人，则民亲其上；民亲其上，则皆乐为其君死矣。

【译文】

君主施行仁德，爱抚人民，人民就爱戴他们；人民如果爱戴他们的君主，那就都乐意为他们去死了。

凡敌人之来也，以求利也。

【译文】

凡敌人来犯，都是为了追求利益。

敌得生于我，则我得死于敌；敌得死于我，则我得生于敌。

【译文】

如果敌人从我们这里获得生存，那我们就要死在敌手；如果敌人死在我们手下，那我们就从敌人那里获得了生存。

季秋纪

顺民

先王先顺民心，故功名成。夫以德得民心以立大功名者，上世多有之矣。失民心而立功名者，未之曾有也。

【译文】

先王首先顺依民心，所以功成名就。依靠仁德博取民心而建立大功、成就美名的，古代大有人在。失去民心而建立功名的却不曾有过。

取民之所说而民取矣，民之所说岂众哉？此取民之要也。

【译文】

只要做人民所喜欢的事，就是得民心了，人民所喜欢的事难道会很多吗？这是取得民心的关键。

凡举事，必先审民心，然后可举。

【译文】

凡行事，一定要先考察民心，然后才可去做。

知士

能使士待千里者[1]，其惟贤者也。

---

①待：当为“得”字之误。

【译文】

能够使士施展千里马的本领的，大概只有贤人吧。

审己

凡物之然也，必有故。

【译文】

大凡物之所以这样，必有原因。

水出于山而走于海，水非恶山而欲海也，高下使之然也。

【译文】

水从山中流出奔向大海，并不是水厌恶山而向往海，而是山高海低的形势使它这样的。

精通

圣人南面而立，以爱利民为心。

【译文】

圣人面南为君，要有爱民利民之心。

德也者，万民之宰也。

【译文】

品德是万民的主宰。

夫月形乎天，而群阴化乎渊；圣人行德乎己，而四荒咸饬乎仁。

【译文】

月相变化显现于天空，各种属阴之物都随着变化于深水之中；圣人修养自己的品德，四方荒远之地的人民都随着整饬自己，归向仁义。

君子诚乎此而谕乎彼，感乎己而发乎人，岂必强说乎哉？

【译文】

君子心中有所感，就会在外面表现出来，自己心中有所感，就可以影响到他人，哪里一定要极力用言辞来表述呢？

父母之于子也，子之于父母也，一体而两分，同气而异息，若草莽之有华实也[①]，若树木之有根心也。虽异处而相通，隐志相及，痛疾相救，忧思相感，生则相欢，死则相哀，此之谓骨肉之亲。

①莽：密生的草，也泛指草。

【译文】

无论父母对于子女来说，还是子女对于父母来说，实际都是一个整体而分为两处，精气相同而呼吸各异，就像草莽有花有果，树木有根有心一样。虽在异处却可彼此相通，潜藏于心中的志向互相联系，有病痛互相救护，有忧思互相感应，对方活着心里就高兴，对方死了心里就悲哀，这就叫做骨肉之亲。

神出于忠而应乎心，两精相得，岂待言哉？

【译文】

这种天性出于至诚，而彼此心中互相应和，两方精气相通，难道还要靠言语吗？

孟冬纪

节丧

审知生，圣人之要也；审知死，圣人之极也[①]。

①极：通“亟”，急务。

【译文】

洞察生命，是圣人的要事；洞察死亡，是圣人的急务。

知生也者，不以害生，养生之谓也；知死也者，不以害死，安死之谓也[1]。

①安死：使死者安宁。

【译文】

洞察生命，目的在于不以外物伤害生命，即为了养生；洞察死亡，目的在于不以外物损害死者，即为了安死。

凡生于天地之间，其必有死，所不免也。

【译文】

凡生活于天地间的事物，它们必然要有死亡，这是不可避免的。

孝子之重其亲也，慈亲之爱其子也，痛于肌骨，性也。

【译文】

孝子尊重他们的父母，慈亲疼爱他们的子女，尊重、疼爱之心深入肌骨，这是天性。

今世俗大乱，之主愈侈其葬[1]，则心非为乎死者虑也，生者以相矜尚也。

①之主：当作“人主”。

【译文】

如今社会风气大坏，君主行葬越来越奢侈，他们心中不是为死者考虑，而是活着的人借以彼此夸耀，争出人上。

侈靡者以为荣，俭节者以为陋，不以便死为故[1]，而徒以生者之诽誉为务。

①便：利。故：事。

【译文】

把奢侈浪费的行为看作光荣，把俭省节约的行为看作鄙陋，不把利于死者当回事，只是一心考虑活着的人的毁谤、赞誉。

父虽死，孝子之重之不怠；子虽死，慈亲之爱之不懈。

【译文】

父母虽然死了，孝子对父母的尊重不会懈怠；子女虽然死了，慈亲对他们的疼爱不会减弱。

民之于利也，犯流矢，蹈白刃，涉血盩肝以求之[1]。

①涉（dié）血：流血。涉，意同“喋”。盩（zhōu）肝：这里指残杀。盩，引击。

【译文】

百姓对于利，冒着飞箭，踩着利刃，流血残杀去追求它。

国弥大，家弥富，葬弥厚。

【译文】

国越大，家越富，陪葬的器物就越丰厚。

死者弥久，生者弥疏。

【译文】

死者死去的时间越久远，活着的人对他的感情就越疏远。

安死

人之寿，久之不过百，中寿不过六十。

【译文】

人的寿命，长的不超过百岁，一般的不超过六十岁。

自古及今，未有不亡之国也。

【译文】

从古到今，没有不灭亡的国家。

先王之葬，必俭，必合，必同。

【译文】

先王安葬死者，一定要做到俭，一定做到合，一定做到同。

夫爱人者众，知爱人者寡。

【译文】

爱人的人很多，但真正懂得爱人的人很少。

凡斗争者，是非已定之用也。

【译文】

凡争斗，都是是非确定以后才采用的手段。

异宝

知以人之所恶为己之所喜,此有道者之所以异乎俗也。

【译文】

懂得把别人所厌恶的东西当作自己所喜爱的东西,这就是有道之人之所以不同于世俗的原因。

其知弥精,其所取弥精;其知弥粗,其所取弥粗。

【译文】

智慧越精深,所取的东西就越珍贵;智慧越低下,所取的东西就越粗陋。

异用

万物不同[①],而用之于人异也,此治乱、存亡、死生之原[②]。

———

①不:据通篇文意当为衍文(依陈昌齐说)。

②原:同"源",根本。

【译文】

万物对任何人都是同样的,但人们使用它们却各有不同,这是治乱、存亡、死生的根本所在。

国广巨,兵强富,未必安也;尊贵高大[①],未必显也:在于用之。

———

①尊贵高大:当与《不侵》篇中的"尊贵富大"义同。

【译文】

国土广大，兵力强盛，未必安定；尊贵富有，未必显赫：关键在于如何使用它们。

有天下者，天下之主也；有一国者，一国之主也。

【译文】

抚有天下的人是天下之主，抚有一国的人是一国之主。

圣人于物也无不材[①]。

---

①材：用如动词，以……为材。

【译文】

在圣人看来，物没有没用的。

仲冬纪

至忠

至忠逆于耳，倒于心[①]，非贤主其孰能听之？

---

①倒：逆。

【译文】

至忠之言不顺耳，逆人心，如果不是贤明的君主，谁能听取它？

夫恶闻忠言，乃自伐之精者也[①]。

①精：这里是尤甚的意思。

【译文】

厌恶听取忠言，正是自我毁灭行为中最为严重的。

人知之不为劝，人不知不为沮，行无高乎此矣。

【译文】

不因为别人知道自己就受到鼓励，也不因为别人不知道自己就感到沮丧，德行没有比这更高尚的了。

夫忠于治世易，忠于浊世难。

【译文】

在太平盛世做到忠容易，在乱世做到忠很难。

忠廉

士议之不可辱者①，大之也②。大之则尊于富贵也，利不足以虞其意矣③。

①议：通"义"，名节。

②大：用如意动，以……为大。

③虞：通"娱"，使……快乐。

【译文】

士的名节不可受到屈辱，这是由于士十分珍视名节。珍视名节，就会把它看得比富贵还尊贵，利禄就不足以使士的心情快乐了。

诚辱则无为乐生。

【译文】

假如受到羞辱,就不再活得快乐。

苟便于主利于国,无敢辞违,杀身出生以徇之[①]。

①出生:舍弃生命。徇:通“殉”,为某种目的而献身。

【译文】

只要有利于君主、有利于国家的事,决不会推辞,一定杀身舍生为君为国献身。

士患不勇耳,奚患于不能?

【译文】

士只担忧自己不够勇敢罢了,哪里用得着担忧事情做不成?

夫不仁不义,又且已辱,不可以生。

【译文】

作为士,不仁不义,而且又已受辱,决不可再活在世上。

临大利而不易其义。

【译文】

面对大利而不改变气节。

廉,故不以贵富而忘其辱。

【译文】

正因为廉洁，所以不因富贵而忘记自己的耻辱。

当务

所贵辨者，为其由所论也[1]；所贵信者，为其遵所理也；所贵勇者，为其行义也；所贵法者，为其当务也。

①所：当是衍文。下文“所理”中的“所”字也当是衍文。

【译文】

雄辩之可贵在于它遵从道理，诚实之可贵在于它遵循理义，勇敢之可贵在于它伸张正义，法度之可贵在于它合于时务。

长见

智所以相过[1]，以其长见与短见也。

①过：超过。这里是有差异的意思。

【译文】

人们的智慧之所以彼此有差异，是由于有的人具有远见，而有的人目光短浅。

今之于古也，犹古之于后世也；今之于后世，亦犹今之于古也。

【译文】

今天跟古代的关系，就像是古代跟将来的关系一样；今天跟将来的关系，也就像是今天跟古代的关系一样。

审知今则可知古，知古则可知后，古今前后一也。

【译文】

清楚地了解今天，就可以了解古代，了解古代就可以推知将来，古今前后是一脉相承的。

夫悖者之患，固以不悖为悖。

【译文】

大凡行事荒谬的人的弊病，就是把不荒谬当成荒谬。

季冬纪

士节

士之为人，当理不避其难[①]，临患忘利，遗生行义，视死如归。

①当：面对。理：义。

【译文】

士的为人，面对正义不避危难，面临祸患忘却私利，舍生行义，视死如归。

贤主劳于求人,而佚于治事[1]。

———

①佚(yì):通"逸",安逸。

【译文】

贤明的君主把精力花费在访求贤士上,而对治理政事则采取超脱的态度。

于利不苟取,于害不苟免。

【译文】

对于利不苟且取用,对于祸不苟且求免。

介立一作立意

以贵富有人易,以贫贱有人难。

【译文】

靠富贵拥有追随者容易,靠贫贱拥有追随者很难。

人心之不同,岂不甚哉?

【译文】

人心不同,难道不是差异十分明显吗?

诚廉

石可破也,而不可夺坚;丹可磨也[1],而不可夺赤。

---

①丹:朱砂。

【译文】

石头可以破开,然而不可改变它坚硬的性质;朱砂可以磨碎,然而不可改变它朱红的颜色。

性也者,所受于天也,非择取而为之也。

【译文】

本性这个东西是从上天那里承受下来的,不是可以任意择取制造的。

其于人也,忠信尽治而无求焉;乐正与为正[①],乐治与为治;不以人之坏自成也,不以人之庳自高也[②]。

---

①与:因,就。

②庳(bì):低下。

【译文】

对于百姓,讲求忠信,尽心治理,而无所求;百姓乐于公正,就帮助他们实现公正,百姓乐于太平,就帮助他们实现太平;不利用别人的失败使自己成功,不利用别人的卑微使自己高尚。

人之情,莫不有重,莫不有轻。有所重则欲全之,有所轻则以养所重。

【译文】

人之常情,无不有所重,无不有所轻。有所重就会保全它,有所轻就会拿它来保养自己所珍视的东西。

不侵

天下轻于身，而士以身为人[①]。

①以身为（wèi）人：为他人献出生命。

【译文】

天下比自身轻贱，而士却甘愿为他人献身。

贤主必自知士，故士尽力竭智，直言交争[①]，而不辞其患。

①争：诤谏。

【译文】

贤明的君主一定是亲自了解士，所以士能竭尽心力，直言相谏，而不避其祸。

尊贵富大不足以来士矣，必自知之然后可。

【译文】

尊贵富有不足以招来士，君主一定要亲自了解士，然后才行。

序意一作廉孝

天曰顺，顺维生；地曰固，固维宁；人曰信，信维听。三者咸当，无为而行。

【译文】

天要顺行，顺行才能生万物；地要牢固，牢固万物才得安宁；人要诚信，诚信才能被听用。天地人三者都得当，就可以无为而行了。

行数[1]，循其理，平其私。

①行数：当作“行其数”。

【译文】

行天之道，顺地之理，人就可以去掉私心了。

夫私视使目盲，私听使耳聋，私虑使心狂。三者皆私设，精则智无由公[1]。

①精：甚。

【译文】

带着私心去看，就会使眼睛盲无所见；带着私心去听，就会使耳朵聋无所闻；带着私心去考虑问题，就会使心狂乱。眼睛、耳朵和心都为私而施用，严重了就会使思想不能公正。

智不公，则福日衰，灾日隆。

【译文】

思想不公正，那么福就会一天天衰减，灾就会一天天兴盛。

有始览

有始

天地合和，生之大经也。

【译文】

天地交合，是万物生成的根本。

夫物合而成，离而生。

【译文】

万物都是由于天地交合而形成的，通过分离而产生的。

知合知成，知离知生，则天地平矣[①]。

①平：成，形成。

【译文】

知道交合而形成，知道分离而产生，那么就知道天地形成的道理了。

天地万物，一人之身也，此之谓大同。

【译文】

天地万物，如同一个人的身体，这就叫高度同一。

天斟万物[①]，圣人览焉，以观其类。

①斟：聚积。

【译文】

上天聚积万物，圣人考察万物，从而了解它们的类别。

应同旧作名类

类固相召[①]，气同则合，声比则应[②]。

---

①固：当作“同”。

②比：并，这里是“同”的意思。

【译文】

物类相同的就互相招引，气味相同的就互相投合，声音相同的就互相响应。

同则来，异则去。

【译文】

志同道合就在一起，否则就离开。

君虽尊，以白为黑，臣不能听；父虽亲，以黑为白，子不能从。

【译文】

君主虽然尊贵，如果把白当成黑，臣子就不能听从；父亲虽然亲近，如果把黑当成白，儿子也不能依从。

同气贤于同义，同义贤于同力，同力贤于同居，同居贤于同名。

【译文】

同气胜过同义，同义胜过同力，同力胜过同居，同居胜过同名。

其智弥粗者，其所同弥粗；其智弥精者，其所同弥精。

【译文】

智慧越是低劣的人，与之相应的就越是低劣；智慧越是精微的人，与之相应的就越是精微。

凡兵之用也，用于利，用于义。攻乱则服[①]，服则攻者利；攻乱则义，义则攻者荣。

①服：指被攻之国归服。

【译文】

凡是用兵作战，都是用于有利的地方，用于符合道义的地方。攻打混乱的国家就容易使之屈服，敌国屈服，那么进攻的国家就得利；攻打混乱的国家就符合道义，符合道义，那么进攻的国家就荣耀。

凡人之攻伐也，非为利则固为名也。

【译文】

大凡人们进攻讨伐别的国家，不是图利就是图名。

去尤

世之听者，多有所尤[①]。多有所尤，则听必悖矣。

①尤：通“囿”，局限。

【译文】

世上凭着听闻下结论的人，大多有所局限。大多有所局限，那么凭听闻下的结论必定是谬误的了。

所以尤者多故，其要必因人所喜，与因人所恶。

【译文】

受局限有很多的原因，其关键必定在于人有所喜爱和有所憎恶。

知美之恶，知恶之美，然后能知美恶矣。

【译文】

知道了漂亮可以被认为是丑陋，丑陋可以被认为是漂亮，然后就能知道什么是漂亮，什么是丑陋了。

听言

听言不可不察，不察则善不善不分。

【译文】

听到话不可不考察，不考察，那么好和不好就不能分辨。

善不善不分，乱莫大焉。

【译文】

好和不好不能分辨，祸乱没有比这更大的了。

《周书》曰[1]：“往者不可及，来者不可待，贤明其世，谓之天子。”

---

①《周书》：古逸书。

【译文】

《周书》中说：“逝去的不可追回，未来的不可等待，能使世道贤明的，就叫做天子。”

善不善本于利，本于爱，爱利之为道大矣。

【译文】

区分好和不好的关键在于利，在于爱，爱和利作为原则来说是太大了。

功先名，事先功，言先事。

【译文】

功绩先于名声，事情先于功绩，言论先于事情。

不知事，恶能听言[①]？不知情，恶能当言[②]？

---

①恶(wū)：何。

②当：相合，相称。

【译文】

不了解事情的实质，怎么能听取言论？不了解内情，怎么能使言论与事实相符？

凡人亦必有所习其心，然后能听说。不习其心，习之于学问。

【译文】

大凡人也一定要修养自己的心性，然后才能正确听取别人的意见。不修养自己的心性，也要研习学问。

谨听

通乎己之不足，则不与物争矣。

【译文】

弄懂了自己所不懂的东西，就能不与外物相争了。

愉易平静以待之，使夫自得之；因然而然之，使夫自言之。

【译文】

贤主用欢悦平和的态度对待有道之士，使他们各得其所；一切都顺其自然，让他们尽情讲话。

人主之性，莫过乎所疑[①]，而过于其所不疑；不过乎所不知，而过于其所以知。

①莫过乎所疑：不会在自己有所怀疑的地方犯错误。

【译文】

君主的常情，是不会在有所怀疑的地方犯错，反而会在无所怀疑的地方犯错；不会在有所不知的地方犯错，反而会在已经知道的地方犯错。

虽不疑，虽已知，必察之以法，揆之以量，验之以数[①]。

①数：术数，古人关于天文、历算、占卜等方面的学问。

【译文】

即使是不怀疑的，即使是已经知道的，也一定要用法令加以考察，用度量加以测定，用术数加以验证。

太上知之，其次知其不知。不知则问，不能则学。

【译文】

最上等的是无所不知，次一等的是知道自己有所不知。不知就要问，不会就要学。

《周箴》曰[①]："夫自念斯学，德未暮。"

---

①《周箴》：古逸书。

【译文】

《周箴》中说："自己经常想着要学习，修养道德就不算晚。"

不知而自以为知，百祸之宗也。

【译文】

不知道却自以为知道，这是各种祸患的根源。

名不徒立，功不自成。

【译文】

名誉不会平白无故地树立，功劳不会自然而然地建成。

主贤世治，则贤者在上；主不肖世乱，则贤者在下。

【译文】

君主贤明，世道太平，那么贤德之人就在上位；君主不贤明，世道混乱，那么贤德之人就在下位。

务本

宗庙之本在于民，民之治乱在于有司[①]。

---

①有司：古代官府分曹理事，各有专司，所以把主管某方面事务的官吏叫"有司"。这里指百官。

【译文】

宗庙的根本在于人民，人民治理得好坏在于百官。

今有人于此，修身会计则可耻[①]，临财物资尽则为己[②]，若此而富者，非盗则无所取。

---

①会计：计量财物数量。此指廉洁理财。

②尽：通"赆"，财货。

【译文】

假如有这样一个人，认为修养自身、廉洁理财是可耻的，面对钱财就要据为己有，像这样而富足的，除非偷盗，否则无法取得财富。

诈诬之道，君子不由。

【译文】

欺骗、诈取的方法，君子不采用。

论人无以其所未得，而用其所已得，可以知其所未得矣。

【译文】

评论人不要根据他未能做到的事，而要根据他已经做到的事，这样就可以知道他尚未能做到的事情了。

谕大

务在事，事在大。

【译文】

事业的成功在于做，做的关键在于目标远大。

空中之无泽陂也[①]，井中之无大鱼也，新林之无长木也。

①空：通“孔”，小洞穴。陂（bēi）：池。

【译文】

孔穴中没有池沼，水井中没有大鱼，新林中没有大树。

凡谋物之成也，必由广大众多长久，信也。

【译文】

凡是谋划事情取得成功的，必定是着眼于广大、众多、长久，这是确定无疑的。

天下大乱[①]，无有安国[②]；一国尽乱，无有安家[③]；一家皆乱，无有安身。

①天下：指天子统辖的范围。

②国：指诸侯统辖的范围。

③家：指大夫统辖的范围，即采邑。

【译文】

天下大乱了，就没有安定的国家；整个国家都乱了，就没有安定的采邑；整个采邑都乱了，就没有平安的个人。

小之定也必恃大，大之安也必恃小。

【译文】

小的想要获得安定必定依赖大的，大的想要获得安定必定依赖小的。

孝行览

孝行

凡为天下，治国家，必务本而后末。

【译文】

凡是统治天下，治理国家，必先致力于根本，而把非根本的东西放在后边。

务本莫贵于孝。

【译文】

致力于根本，没有比孝道更重要的了。

夫执一术而百善至、百邪去、天下从者，其惟孝也！

【译文】

掌握一种原则因而所有的好事都会出现，所有的坏事都能去掉，普天之下都会顺从，大概只有孝道吧！

爱其亲，不敢恶人；敬其亲，不敢慢人。

【译文】

热爱自己的亲人，不敢厌恶别人；尊敬自己的亲人，不敢怠慢别人。

事君不忠，非孝也；莅官不敬，非孝也。

【译文】

侍奉君主不忠诚，不是孝顺；居官不谨慎，不是孝顺。

《商书》曰[①]："刑三百，罪莫重于不孝。"

---

①《商书》：当为古逸书。

【译文】

《商书》上说："刑法三百条，罪过没有比不孝顺更重的了。"

和颜色，说言语[①]，敬进退，养志之道也。

---

①说：同"悦"，喜悦。

【译文】

面色和悦，言语动听，举止恭敬，这是顺从父母意志的方法。

父母全而生之，子全而归之，不亏其身，不损其形，可谓孝矣。

【译文】

父母完好地把儿子生下来，儿子要完好地把身体归还父母，不亏损自己的身子，不毁坏自己的形体，这可以叫做孝顺了。

民之本教曰孝，其行孝曰养。

【译文】

人民根本的教养是孝顺，实行孝道就是奉养。

养可能也，敬为难；敬可能也，安为难；安可能也，卒为难。

【译文】

奉养父母是可以做到的，从内心对父母恭敬就比较难做到了；从内心对父母恭敬是可以做到的，使父母安宁就比较难做到了；使父母安宁是可以做到的，能始终如一就比较难做到了。

父母既没[1]，敬行其身，无遗父母恶名，可谓能终矣。

---

①没：同“殁”，死。

【译文】

父母死了以后，自己行为谨慎，不要带给父母坏名声，可以叫做能善始善终了。

本味

求之其本，经旬必得；求之其末，劳而无功。

【译文】

做事情从根本做起，经过短时间必定有收获；从枝节做起，就会劳而无功。

功名之立，由事之本也，得贤之化也。

【译文】

功名的建立，是由于抓住了事物的根本，得到了贤人的教化。

贤主之求有道之士，无不以也；有道之士求贤主，无不行也。相得然后乐[1]。

---

①相得：指贤主得有道之士、有道之士得贤主。

【译文】

贤明的君主为求得有道之士，没有什么办法不可使用；有道之士为归依贤明的君主，没有什么事不能做。贤明的君主和有道之士各如其愿，然后彼此都很快乐。

不谋而亲，不约而信。

【译文】

事先不谋划就能亲密无间，不约定就能恪守信用。

凡味之本，水最为始。

【译文】

调和味道的根本，首先在于用水。

调和之事，必以甘酸苦辛咸，先后多少，其齐甚微[1]，皆有自起。

---

①齐（jì）：同“剂”，剂量，调剂。

【译文】

调和味道，必定要用甜酸苦辣咸，先放后放，放多放少，调料的剂量很小，这些都有一定的规定。

审近所以知远也，成己所以成人也。

【译文】

审察近的就可以了解远的，自己具备了大道就可以教化别人。

圣人之道要矣[1]，岂越越多业哉[2]？

①要：约，简约。

②越越：用力的样子。业：事。

【译文】

圣人的办法很简约，哪里用得着费力去做许多事情呢？

首时一作胥时

圣人之于事，似缓而急[1]，似迟而速，以待时。

①缓：迟，这里指无为。急：速，这里指成功。

【译文】

圣人做事情，好像很迟缓，无所作为，而实际却很迅速，能够成功，这是为了等待时机。

有汤武之贤，而无桀纣之时，不成；有桀纣之时，而无汤武之贤，亦不成。

【译文】

有商汤、周武王那样的贤德，而没有桀、纣无道那样的时机，就不能成功；有桀、纣无道那样的时机，而没有商汤、武王那样的贤德，也不能成功。

圣人之见时，若步之与影不可离。

【译文】

圣人与时机的关系，就像步行时影与身不可分离一样。

有道之士未遇时，隐匿分窜[1]，勤以待时。

①分窜：各自逃匿。

【译文】

有道之士没有遇到时机，就到处隐匿藏伏起来，甘受劳苦，等待时机。

圣人之所贵，唯时也。

【译文】

圣人所看重的，只是时机。

人虽智而不遇时，无功。

【译文】

人即使有智慧，但如果遇不到时机，也不能建立功业。

事之难易，不在小大，务在知时。

【译文】

事情的难易，不在于大小，关键在于掌握时机。

天不再与，时不久留，能不两工，事在当之。

【译文】

上天不会给人两次机会，时机不会长期停留，人的才能不会在做事时两方面都同时达到精巧，事情的成功在于适逢其时。

义赏

春气至则草木产，秋气至则草木落。

【译文】

春气到来草木就生长，秋气到来草木就凋零。

使之者至，物无不为；使之者不至，物无可为。古之人审其所以使，故物莫不为用。

【译文】

支配者一出现，万物没有不随之变化的；支配者不出现，万物没有可以变化的。古人能够审察支配者的情况，所以万物没有不被自己利用的。

善教者，义以赏罚而教成，教成而赏罚弗能禁。

【译文】

善于进行教化的人，根据道义施行赏罚，因而教化能够成功；教化成功了，赏罚就不起作用了。

赏罚之所加，不可不慎。

【译文】

施加赏罚，不可不慎重啊。

繁战之君，不足于诈。

【译文】

作战频繁的君主，对于诡诈之术从不感到满足。

竭泽而渔，岂不获得？而明年无鱼；焚薮而田[①]，岂不获得？而明年无兽。

---

①薮（sǒu）：指沼泽地。田：同“畋”，打猎。

【译文】

把池塘弄干了来捕鱼，怎能不获得鱼？可是第二年就没有鱼了；把沼泽地烧光了来打猎，怎能不获得野兽？可是第二年就没有野兽了。

诈伪之道，虽今偷可[①]，后将无复，非长术也。

---

①偷：苟且。

【译文】

诈骗的方法，即使现在可以苟且使用，以后也不能再使用了，这不是长久之计。

临难用诈，足以却敌；反而尊贤，足以报德。

【译文】

遇到危难使用诈术，足以打退敌人；回来以后尊崇贤人，足以报答恩德。

成乎诈，其成毁，其胜败。

【译文】

靠诈术成功，即便成功了，最终也必定毁坏；即便胜利了，最终也必定失败。

众诈盈国，不可以为安，患非独外也。

【译文】

各种诈术充满国家，国家不可能安定，祸患不只是来自国外啊。

长攻

凡治乱存亡，安危强弱，必有其遇，然后可成。

【译文】

凡治和乱，存和亡，安和危，强和弱，一定是有相应的机遇，然后才能形成。

义兵不攻服，仁者食饥饿[1]。

---

①食（sì）饥饿：给饥饿的人粮食吃。

【译文】

正义的军队不攻打已经归服了的国家，仁德的人给饥饿的人粮食吃。

慎人一作顺人

功名大立，天也。为是故，因不慎其人，不可。

【译文】

能显赫地建立功名，靠的是天意。因为这个缘故，就不慎重地对待人为的努力，是不行的。

信贤而任之，君之明也；让贤而下之，臣之忠也。

【译文】

信任贤人而任用他，这是君主的英明；让位给贤人而自己甘居贤人之下，这是臣子的忠诚。

谋无不当，举必有功。

【译文】

谋略无不得当，做事必定成功。

人主之欲求士者，不可不务博也。

【译文】

君主中想要寻求贤士的人，不可不广泛地去寻求。

君子达于道之谓达，穷于道之谓穷。

【译文】

君子在道义上通达叫做通达，在道义上困窘叫做困窘。

内省而不疚于道，临难而不失其德，大寒既至，霜雪既降，吾是以知松柏之茂也。

【译文】

反省自己，在道义上不感到内疚；面临灾难，不丧失自己的品德；严寒到来，霜雪降落以后，我因此知道松柏的旺盛。

古之得道者，穷亦乐，达亦乐，所乐非穷达也。

【译文】

古代得道的人，困窘时也高兴，显达时也高兴，高兴的不是困窘和显达。

遇合

时不合，必待合而后行。

【译文】

时机不合适，一定要等待合适的时机然后再行动。

君子不处幸，不为苟，必审诸己然后任，任然后动。

【译文】

君子不存侥幸心理，不做苟且之事，一定慎重考虑自己的能力然后再担当职务，担当职务然后再行动。

凡能听说者，必达乎论议者也。

【译文】

凡是能听从劝说的人，一定是通晓议论的人。

凡举人之本，太上以志，其次以事，其次以功。

【译文】

大凡举荐人的根本，最上等的是凭道德，其次是凭事业，其次是凭功绩。

必己一作本知，一作不遇

外物不可必。

【译文】

外物不可依仗。

物物而不物于物，则胡可得而累？

【译文】

主宰外物而不为外物所主宰，又怎么可能受祸害？

成则毁，大则衰，廉则剉[①]，尊则亏，直则骫[②]，合则离，爱则隳[③]，多智则谋，不肖则欺，胡可得而必？

---

①廉：锋利。剉(cuò)：缺损。

②骫(wěi)：指骨头弯曲。

③隳(huī)：毁坏，废弃。

【译文】

成功了就会毁坏，强大了就会衰微，锋利了就会缺损，尊崇了就会损伤，直了就会弯曲，聚合了就会离散，受到宠爱就会被废弃，智谋多就会受算计，不贤德就会受欺侮，这些怎么可以依仗？

君子之自行也，敬人而不必见敬，爱人而不必见爱。

【译文】

君子自己的作为，是尊敬别人而不一定被别人尊敬，热爱别人而不一定被别人热爱。

君子必在己者，不必在人者也。必在己，无不遇矣。

【译文】

君子依仗在于自己的东西，不依仗在于别人的东西。依仗在于自己的东西，就能无所不通了。

慎大览

慎大

贤主愈大愈惧，愈强愈恐。

【译文】

贤明的君主，领土越广大越感到恐惧，力量越强盛越感到害怕。

胜其敌则多怨，小邻国则多患。多患多怨，国虽强大，恶得不惧？恶得不恐？

【译文】

战胜敌国，就会招致很多怨恨；侵削邻国，就会招致很多憎恶。怨恨的多了，憎恶的多了，国家即使强大，怎么能不恐惧？怎么能不害怕？

贤主于安思危，于达思穷，于得思丧。

【译文】

贤明的君主在平安的时候就想到危险，在显赫的时候就想到困窘，在有所得的时候就想到有所失。

江河之大也，不过三日；飘风暴雨①，日中不须臾。

---

①飘风：旋风。这句是本《老子》“飘风不终朝，骤雨不终日”之意，用以说明强大之物不易持久。

【译文】

长江黄河涨水，不超过三天就会退落；疾风暴雨，不能整天刮整天下。

夫忧所以为昌也，而喜所以为亡也。

【译文】

忧虑是昌盛的基础，喜悦是灭亡的前提。

胜非其难者也，持之其难者也。

【译文】

取得胜利不是困难的事，保持住胜利才是困难的事。

善持胜者，以术强弱。

【译文】

善于保持住胜利的人，有办法使弱小变成强大。

权勋

利不可两，忠不可兼。不去小利，则大利不得；不去小忠，则大忠不至。故小利，大利之残也；小忠，大忠之贼也。圣人去小取大。

【译文】

利不可两得，忠不可兼备。不抛弃小利，大利就不能得到；不抛弃小忠，大忠就不能实现。所以小利是大利的祸害，小忠是大忠的祸害。圣人抛弃小的，选取大的。

凡听说所胜不可不审也，故太上先胜[1]。

①先：当作“无”。

【译文】

凡听取劝说自己过分行为的意见不可不慎重啊，所以最好不要有过分的欲望。

下贤

得道之人，贵为天子而不骄倨，富有天下而不骋夸，卑为布衣而不瘁摄[1]，贫无衣食而不忧慑。

①瘁摄：失意屈辱，这里是感到失意屈辱的意思。

【译文】

得道的人，尊贵到做天子而不骄横傲慢，富足到有天下而不放纵自夸，卑下到当平民而不感到失意屈辱，贫困到无衣食而不忧愁恐惧。

以天为法，以德为行，以道为宗，与物变化而无所终穷。

【译文】

以天为法则，以德为品行，以道为根本，随万物变化而没有穷尽。

桃李之垂于行者，莫之援也；锥刀之遗于道者，莫之举也。

【译文】

桃李下垂到路上，也没有谁去摘；锥刀丢在道上，也没有谁去拾。

礼士莫高乎节欲，欲节则令行矣。

【译文】

礼遇士人没有比节制自己的欲望更好的了，欲望受到节制，命令就可以执行了。

报更

士其难知，唯博之为可，博则无所遁矣。

【译文】

贤士是很难了解的，只有广泛地寻求才可以，广泛地寻找，就不会失掉了。

善说者，陈其势，言其方，见人之急也，若自在危厄之中，岂用强力哉？

【译文】

善于劝说的人，陈述形势，讲述主张，看到别人危急，就像自己处于危难之中一样，这样，哪里用得着极力劝说呢？

顺说

善说者若巧士，因人之力以自为力，因其来而与来，因其往而与往，不设形象，与生与长，而言之与响[①]。

①而:如。

【译文】

善于劝说的人像灵巧的人一样,借用别人的力量而把它当作自己的力量,顺着他的来势加以引导,顺着他的去势加以推动,不露形迹,随着他的出现而出现,随着他的发展而发展,如同言语与回声一样相随。

因则贫贱可以胜富贵矣,小弱可以制强大矣。

【译文】

能因势利导,那么贫贱的就可以胜过富贵的,弱小的就可以制服强大的了。

苟虑害人,人亦必虑害之;苟虑危人,人亦必虑危之。

【译文】

如果谋划害别人,别人也必定谋划害自己;如果谋划让别人遭到危险,别人也必定谋划让自己遭到危险。

不广

智者之举事必因时,时不可必成,其人事则不广①。

①广:通“旷”,废弃。

【译文】

明智的人做事情一定要凭借时机,时机不一定能得到,但人为的努力却不可废弃。

用武则以力胜，用文则以德胜。文武尽胜，何敌之不服？

【译文】

用武就凭力量取胜，用文就凭仁德取胜。用文用武都能取胜，什么样的敌人能不归服？

贵因

三代所宝莫如因，因则无敌。

【译文】

夏商周三代最宝贵的东西莫过于顺应、凭借外物了，顺应、凭借外物就能所向无敌。

因则功，专则拙。

【译文】

顺应、凭借外物，就能成功；专凭个人的力量，就会失败。

察今

古之命多不通乎今之言者，今之法多不合乎古之法者。

【译文】

古代的名称与现在的叫法大多不相通，现在的法度与古代的法度大多不相合。

凡先王之法，有要于时也①。

---

①要于时：与时代相合。要，合。

【译文】

凡是先王的法度，都是与当时的时势相符合的。

察己则可以知人，察今则可以知古。

【译文】

考察自己就可以知道别人，考察现在就可以知道古代。

有道之士，贵以近知远，以今知古，以所见知所不见。

【译文】

通晓事理的人，他们的可贵之处在于由近的推知远的，由现在的推知古代的，由见到的推知见不到的。

审堂下之阴[①]，而知日月之行，阴阳之变；见瓶水之冰，而知天下之寒，鱼鳖之藏也。

---

①阴：指日影、月影。

【译文】

观察堂屋下面的阴影，就可以知道日月运行的情况，阴阳变化的情况；看到瓶里的水结的冰，就知道天下已经寒冷，鱼鳖已经潜藏了。

治国无法则乱，守法而弗变则悖，悖乱不可以持国。

【译文】

治理国家没有法度就会出现混乱，死守法度不加改变就会发生谬误，出现谬误和混乱，是不能保守住国家的。

世易时移，变法宜矣。

【译文】

社会变化了，时代发展了，变法是应该的了。

凡举事必循法以动，变法者因时而化，若此论则无过务矣。

【译文】

凡是做事情一定要依照法度行动，变法的人要随着时代而变化，如果懂得这个道理，那就没有错误的事了。

因时变法者，贤主也。

【译文】

顺应时代变法的，是贤明的君主。

良剑期乎断，不期乎镆铘[①]；良马期乎千里，不期乎骥骜[②]。

---

①镆铘（mò yé）：宝剑名。

②骥骜（jì' ào）：千里马名。

【译文】

好剑期求它能砍断东西，不一定期求它是镆铘那样的宝剑；好马期求它能行千里远，不一定期求它是骥骜那样的宝马。

先识览

先识

凡国之亡也，有道者必先去，古今一也。

【译文】

凡是国家濒于灭亡的时候，有道之人一定会先离开，古今都是一样的。

地从于城，城从于民，民从于贤。

【译文】

土地的归属取决于城邑的归属，城邑的归属取决于人民的归属，人民的归属取决于贤人的归属。

贤主得贤者而民得，民得而城得，城得而地得。

【译文】

贤明的君主得到贤人辅佐，人民自然就得到了；得到人民，城邑自然就得到了；得到城邑，土地自然就得到了。

天生民而令有别，有别，人之义也①，所异于禽兽麋鹿也，君臣上下之所以立也。

---

①人之义：指人伦。

【译文】

上天生下人来就让男女有别，男女有别，这是人伦大义，是人与禽兽麋鹿不同的地方，是君臣上下所以确立的基础。

国之兴也，天遗之贤人与极言之士[①]；国之亡也，天遗之乱人与善谀之士。

①极言：尽言，敢于把所有的话都说出来。

【译文】

国家将兴盛的时候，上天给它降下贤人和敢于直言相谏之人；国家将灭亡的时候，上天给它降下乱臣贼子和善于阿谀谄媚之徒。

有道者之言也，不可不重也。

【译文】

有道之人的话，不可以不重视啊。

莫之必[①]，则信尽矣；莫之誉，则名尽矣；莫之爱，则亲尽矣；行者无粮，居者无食，则财尽矣；不能用人、又不能自用，则功尽矣。

①必：相信。

【译文】

没有人信任他，那么信义就丧尽了；没有人赞誉他，那么名声就丧尽了；没有人喜爱他，那么亲人就丧尽了；行路的人没有干粮、居家的人没有食物，那么财物就丧尽了；不能任用人，又不能发挥自己的作用，那么功业就丧尽了。

观世

周公旦曰[①]："不如吾者，吾不与处，累我者也；与我齐者，吾不与处，无益我者。”惟贤者必与贤于己者处。

①周公旦：西周初年政治家，周文王之子，周武王之弟。

【译文】

周公旦说：“不如我的人，我不跟他在一起，这是牵累我的人；跟我一样的人，我不跟他在一起，这是对我没有益处的人。”只有贤人一定跟超过自己 的人在一起。

有道之士，必礼必知，然后其智能可尽也。

【译文】

对于有道之士，一定要礼遇他们，一定要了解他们，然后才可以让他们把智慧才能全部献出来。

君子屈乎不己知者[①]，而伸乎己知者。

①不己知：不了解自己。

【译文】

君子在不了解自己的人面前可以忍受屈辱，在已经了解自己的人面前就要挺胸做人。

俗人有功则德[①]，德则骄。

①德：用如动词，自认为有德。

【译文】

世俗之人有功劳就自以为对别人有恩德，自以为对别人有恩德就傲慢。

受人之养而不死其难，则不义。

【译文】

接受了人家的供养，却不为他遭难而死，就是不义。

知接

智者，其所能接远也；愚者，其所能接近也。

【译文】

聪明的人，他们的智力所及范围很远；愚笨的人，他们的智力所及范围很近。

自以为智，智必不接。

【译文】

自作聪明的人，离聪明就很远了。

智无由接，而自知弗智，则不闻亡国，不闻危君。

【译文】

如果君主智力达不到，而自知智力不及，那样就不会有灭亡的国家，不会有处于险境的君主了。

居者无载，行者无埋。

【译文】

家居的人不用准备外出时车上装载的东西，行路的人不用准备家居时需要埋藏的东西。

悔过

力则多矣，然而寡礼，安得无疵？

【译文】

力气虽然是很大了，然而缺少礼仪，这样的军队怎么能不遭挫折？

乐成

事治之立也，人主贤也。

【译文】

事业之所以成功，全在于君主贤明啊。

壹于为，则无败事矣。

【译文】

专心去做，就没有做不成的事了。

诚能决善，众虽喧哗，而弗为变。功之难立也，其必由讻讻邪[①]！

①讻讻（xiōng xiōng）：喧闹声。

【译文】

如果真能对善行做出决断，那么众人即使喧哗，也不会因此而改变。功业之所以难于建立，大概一定是由于众人的吵吵闹闹吧！

中主以之讻讻也止善，贤主以之讻讻也立功。

【译文】

一般的君主因为众人的吵吵闹闹就停止了行善，贤明的君主却在众人的吵吵闹闹之中建立起功业。

察微

治乱存亡，其始若秋毫。察其秋毫，则大物不过矣。

【译文】

治乱存亡，它们刚刚出现的时候就像秋毫那样。能够明察秋毫，大事就不会出现过失了。

凡持国，太上知始，其次知终，其次知中。三者不能，国必危，身必穷。

【译文】

凡是要守住国家，最上等的是洞察事情的开端，其次是预见到事情的结局，再次是随着事情的发展了解它。这三样都做不到，国家一定危险，自身一定困窘。

凡战必悉熟偏备[①]，知彼知已，然后可也。

---

①悉：全，都。偏：通“遍”。

【译文】

凡作战一定要熟悉全部情况，做好全面准备，知己知彼，然后才可以作战。

不达乎人心，位虽尊，何益于安也？

【译文】

不了解人心，地位即便尊贵，对安全又有什么益处呢！

去宥

人之老也，形益衰而智益盛。

【译文】

人到了年老的时候，身体越来越衰弱，可是智慧越来越旺盛。

细人之言，不可不察也。

【译文】

对地位卑贱的人所说的话不可不明察啊。

激矢则远①，激水则旱②。

---

①激矢：这里指奋力向后引箭。

②激水：阻遏水流。旱：通“悍”，猛。

【译文】

奋力向后拉箭，箭就射得远；阻遏水流，水势就猛。

夫不可激者，其唯先有度。

【译文】

不可被激怒的，大概只有心中早有准则的人吧。

凡人必别宥然后知[1]，别宥则能全其天矣[2]。

①宥：通“囿”，局限，蔽碍。

②天：指身体。

【译文】

凡是人一定要能够区分什么是蔽塞，然后才能知道事物的全貌；能够区分什么是蔽塞，就能保全自身了。

正名

名正则治[1]，名丧则乱[2]。

①名：与“形”“实”相对，指名称或名分。

②名丧：指名分不正。

【译文】

名分合宜国家就治理得好，名分不正国家就混乱。

说淫则可不可而然不然，是不是而非不非。

【译文】

言辞浮夸失实就会以不可为可，以不然为然，以不是为是，以不错为错。

凡乱者，刑名不当也[1]。

①刑：通“形”，形体。这里有实际的意思。

【译文】

凡是混乱，都是由于名实不符造成的。

夫贤不肖，善邪辟，可悖逆，国不乱，身不危，奚待也？

【译文】

把不肖当成贤明，把邪僻当成善良，把悖逆当成可行，像这样，国家不混乱，自身不危殆，还等什么呢？

事亲则孝，事君则忠，交友则信，居乡则悌。

【译文】

侍奉双亲很孝顺，侍奉君主很忠诚，结交朋友很守信用，住在乡里敬爱兄长。

大夫见侮而不斗①，则是辱也。

①大夫：当作“夫士”（依许维遹说）。

【译文】

士受到侮辱却不争斗，这就是耻辱。

审分览

审分

凡人主必审分①，然后治可以至，奸伪邪辟之涂可以息②，恶气苛疾无自至③。

---

①分(fèn):名分,职分。

②涂:途径。这个意义后来写作“途”。

③苛疾:恶疾,重病。无自:无从。

【译文】

凡是君主,一定要明察君臣的职分,然后国家的安定才可以实现,奸诈邪僻的渠道才可以堵塞,浊气恶疾才无法出现。

夫治身与治国,一理之术也。

【译文】

修养自身与治理国家,其方法道理是一样的。

以众地者[①],公作则迟,有所匿其力也;分地则速,无所匿迟也。

---

①地:用如动词,耕种土地。

【译文】

用许多人耕种土地,共同耕作就缓慢,这是因为人们有办法藏匿自己的力气;分开耕作就迅速,这是因为人们无法藏匿力气,无法缓慢耕作。

凡为善难,任善易[①]。

---

①任善:任用善人,即任用做善事的人。

【译文】

凡是亲自去做善事就困难,任用别人做善事就容易。

正名审分，是治之辔已。

【译文】

辨正名称，明察职分，这就是治理臣子们的“缰绳”。

按其实而审其名，以求其情；听其言而察其类，无使放悖。

【译文】

依照实际审察名称，以便求得真情；听其言论而考察其所行之事，不要让它们放纵悖逆。

夫名多不当其实，而事多不当其用者，故人主不可以不审名分也。

【译文】

名称有很多不符合实际，所行之事有很多不切合实用的，所以君主不可不辨明名分。

不正其名，不分其职，而数用刑罚，乱莫大焉。

【译文】

不辨正他们的名称，不区别他们的职分，却频繁地使用刑罚，惑乱没有比这更大的了。

名不正，则人主忧劳勤苦，而官职烦乱悖逆矣。

【译文】

名分不正，君主就忧愁劳苦，百官就混乱悖逆了。

至治之务，在于正名。

【译文】

国家大治需要做的事情，在于辨正名分。

君守

得道者必静，静者无知，知乃无知[①]，可以言君道也。

①乃：若。

【译文】

得道的人一定清静，清静的人什么都不知道，知道就像不知道一样，这样就可以跟他谈论当君主的原则了。

既静而又宁，可以为天下正[①]。

①正：主。

【译文】

既清静又安宁，就可以当天下的主宰了。

其出弥远者，其知弥少。

【译文】

那些出去越远的人，他们知道的就越少。

不出者，所以出之也；不为者，所以为之也。

【译文】

不出门，正是为了达到出门的效果；不做事，正是为了实现做事的目的。

东海之极，水至而反；夏热之下，化而为寒。

【译文】

东海那样远，水流到那里还会回来；过了夏天的炎热以后，就会渐渐变得寒冷。

天无形[1]，而万物以成；至精无象[2]，而万物以化；大圣无事，而千官尽能。

---

①天无形："天"上当有"昊"(hào)字(依王念孙说)。昊天，即天。昊，元气博大的样子。

②象：当作"为"(依王念孙说)。

【译文】

广漠的上天虽没有形象，可是万物靠了它才能生成；最精微的元气虽没有作为，可是万物靠了它才能化育；非常圣明的人虽不做事，可是却让所有官吏都把才能使出来。

善为君者无识[1]，其次无事。

---

①识：通"职"，官职。

【译文】

善于当君主的人不担当任何官职，其次是不做具体的事情。

夫一能应万，无方而出之务者[1]，唯有道者能之。

---

①"无方"句：即无方而务出之，指没有方法却能做成事情。

【译文】

能以不变应万变、不用任何方法却能做成事情的，只有有道之人才能这样。

人主好以己为，则守职者舍职而阿主之为矣[1]。阿主之为，有过则主无以责之，则人主日侵[2]，而人臣日得。

①阿：曲从，迎合。

②侵：侵夺，这里是受损害的意思。

【译文】

君主喜欢亲自做事，那么担当官职的人就会放弃自己的职责去曲从君主所做的事了。曲从君主所做的事，有了过错，君主也就无法责备他，这样，君主就会一天天受损害，臣子就会一天天得志。

作者忧[1]，因者平。

①忧：当作“扰”（依王念孙说）。扰：纷乱。

【译文】

创造的人忙乱，靠别人创造的人平静。

任数

凡官者，以治为任[1]，以乱为罪。

①任：胜任。

【译文】

凡是任用官吏,把治理得好看成能胜任,把治理得混乱看成有罪。

凡耳之闻也藉于静[①],目之见也藉于昭[②],心之知也藉于理。

①藉(jiè):凭借,依靠。

②昭:明亮。

【译文】

耳朵能听见是凭借着寂静,眼睛能看见是凭借着光明,内心能知道是凭借着义理。

不至则不知,不知则不信。

【译文】

不能达到就不能知道,不能知道就不会相信。

去听无以闻则聪,去视无以见则明,去智无以知则公。去三者不任则治,三者任则乱。

【译文】

去掉听觉使之无法听见,那么听觉就灵敏了;去掉视觉使之无法看见,那么目光就敏锐了;去掉智慧使之无法知道,那么内心就公正无私了。去掉这三种东西不使用,就治理得好;使用这三种东西,就治理得乱。

十里之间,而耳不能闻;帷墙之外,而目不能见;三亩之宫,而心不能知。

【译文】

十里远的范围，耳朵就不能听到；帷幕墙壁的外面，眼睛就不能看见；三亩大的宫室里的情况，心就不能知道。

至智弃智，至仁忘仁，至德不德。

【译文】

最大的聪明是丢掉聪明，最大的仁慈是忘掉仁慈，最高的道德是不要道德。

无言无思，静以待时，时至而应，心暇者胜。

【译文】

不说话，不思虑，静静地等待时机，时机到来再行动，内心闲暇的人就能取胜。

古之王者，其所为少，其所因多。因者，君术也；为者，臣道也。为则扰矣，因则静矣。

【译文】

古代称王的人，他们所做的事很少，所凭借的却很多。善于凭借，是当君主的方法；亲自做事，是当臣子的准则。亲自去做就会忙乱，善于凭借就会清静。

君道无知无为，而贤于有知有为，则得之矣。

【译文】

当君主的原则是无知无为，却胜过有知有为，这样就算掌握了当君主的方法了。

勿躬

人之意苟善，虽不知，可以为长。

【译文】

人的心意如果好，即使不懂得什么，也可以当君长。

用则衰，动则暗，作则倦。

【译文】

君主思虑臣子职权范围内的事，心志就会衰竭；亲自去做臣子职权范围内的事，思想就会昏昧；亲自去做臣子该做的事，体力就会疲惫。

圣王之所不能也，所以能之也；所不知也，所以知之也。

【译文】

圣贤君王有所不能，因此才有所能；有所不知，因此才有所知。

不杀不辜，不诬无罪。

【译文】

不杀无辜之人，不冤屈无罪之人。

人主知能不能之可以君民也，则幽诡愚险之言无不职矣，百官有司之事毕力竭智矣。

【译文】

君主如果知道自己能做什么与不能做什么是可以治理人民的，那么隐蔽诈伪欺骗危险的言论就没有不能识别的了，各种官吏对自己主管的事情就会尽心竭力了。

夫君人而知无恃其能勇力诚信，则近之矣。

【译文】

治理人民如果懂得不要依仗自己的才能、勇武、有力、诚实、守信，那就接近于君道了。

知度

明君者，非遍见万物也，明于人主之所执也。

【译文】

能明察的君主，不是普遍地明察万事万物，而是明察君主所应掌握的东西。

有术之主者，非一自行之也[1]，知百官之要也。

①一：一概。

【译文】

有道术的君主，不是一切都亲自去做，而是要明了治理百官的根本。

至治之世，其民不好空言虚辞，不好淫学流说[1]。

①淫学：指邪僻的学说。流说：流言，指无稽之谈。

【译文】

政治最完美的社会，人民不好说空话假话，不好邪说流言。

有职者安其职，不听其议；无职者责其实，以验其辞。

【译文】

对有职位的人就要求他们安于职位，不听他们的议论；对没有职位的人就要求他们的实际行动，用以检验他们的言论。

君服性命之情，去爱恶之心，用虚无为本，以听有用之言。

【译文】

君主依照天性行事，去掉爱憎之心，以虚无为本，来听取有用之言。

治天下之要，存乎除奸[①]；除奸之要，存乎治官；治官之要，存乎治道；治道之要，存乎知性命。

①存：存在，在。

【译文】

治理天下的关键在于除掉奸邪，除掉奸邪的关键在于治理官吏，治理官吏的关键在于研习道术，研习道术的关键在于懂得天性。

人主自智而愚人，自巧而拙人，若此则愚拙者请矣[①]，巧智者诏矣[②]。

①请：请示，此指凡事都向君主请示。

②巧智者：指人主。诏：上告下，教导。

【译文】

君主认为自己聪明而认为别人愚蠢，认为自己灵巧而认为别人笨拙，这样，愚蠢笨拙的人就要请求指示了，灵巧聪明的人就要发布指示了。

有道之主，因而不为，责而不诏，去想去意，静虚以待，不伐之言①，不夺之事，督名审实，官使自司，以不知为道，以奈何为宝②。

①伐：当为“代”字之误（依王念孙说）。

②奈何：与下文的“若何”义同，如何，怎样。宝：原作“实”，据毕沅说改。

【译文】

有道术的君主，依靠臣子做事，自己却不亲自去做。要求臣子做事有成效，自己却不发布指示。去掉想象，去掉猜度，静静地等待时机。不代替臣子讲话，不抢夺臣子的事情做。审察名分和实际，官府之事让臣子自己管理。以不求知为根本，把询问臣子怎么办作为法宝。

人主之患，必在任人而不能用之，用之而与不知者议之也。

【译文】

君主的弊病，一定是委任人官职却不让他做事，或者让他做事却与不了解他的人议论他。

绝江者托于船，致远者托于骥，霸王者托于贤。

【译文】

横渡长江的人靠的是船，到远处去的人靠的是千里马，成就王霸大业之人靠的是贤人。

非其人而欲有功，譬之若夏至之日而欲夜之长也，射鱼指天而欲发之当也[1]。

①当:这里是射中的意思。

【译文】

不任用贤人却想要建立功业,这就好像在夏至这一天却想让夜长,射鱼时冲着天却想射中一样。

慎势

权钧则不能相使[1],势等则不能相并[2],治乱齐则不能相正[3]。

①钧:通“均”,相同。

②并:兼并。

③齐:同。

【译文】

权力相同就不能役使对方,势力相等就不能兼并对方,治乱相同就不能匡正对方。

小大、轻重、少多、治乱,不可不察,此祸福之门也[1]。

①门:门径,途径。

【译文】

对大小、轻重、多少、治乱,不可不审察清楚,这是通向祸福的门径。

义博利则无敌，无敌者安。

【译文】

道义和利益扩大了，那就没有人与之为敌了；没有人与之为敌的人就安全。

以大畜小吉，以小畜大灭，以重使轻从，以轻使重凶。

【译文】

用大的役使小的就吉祥，用小的役使大的就会灭亡，用权势重的役使权势轻的就顺从，用权势轻的役使权势重的就不吉祥。

天下之民穷矣苦矣。民之穷苦弥甚，王者之弥易。

【译文】

天下的人民很贫穷很困苦了。人民贫穷困苦越厉害，称王的人成就王业就越容易。

凡王也者，穷苦之救也。

【译文】

凡是称王的，都是挽救人民的贫穷困苦啊。

因其势也者令行[1]，位尊者其教受，威立者其奸止，此畜人之道也。

———

①因其势也者令行：当作“因其势也。因势者其令行”（参毕沅说）。

【译文】

能因势利导的，命令就能执行；地位尊贵的，教化就能被接受；威严树立的，奸邪就能制止。这就是治理人的原则。

有知小之愈于大、少之贤于多者，则知无敌矣。

【译文】

有知道小可以超过大、少可以胜过多的人，就知道怎样才能无人与之抗衡了。

疑生争[①]，争生乱。

①疑：通“拟”，相比拟，即僭越。

【译文】

僭越就会产生争夺，争夺就会产生混乱。

治天下及国，在乎定分而已矣。

【译文】

治理天下及国家，只在于确定职分罢了。

不二

听群众人议以治国[①]，国危无日矣。

①群众人：即众人。

【译文】

听从众人的议论来治理国家，国家很快就会遇到危险。

有金鼓，所以一耳也；同法令，所以一心也。

【译文】

军队里设置锣鼓，是为了用来统一士兵的听闻；法令一律，是为了用来统一人们的思想。

一则治，异则乱；一则安，异则危。

【译文】

统一就治理得好，不统一就治理得混乱；统一就平安，不统一就危险。

执一

王者执一，而为万物正[①]。

①正：主。

【译文】

称王的人掌握住根本，就能成为万物的主宰。

军必有将，所以一之也；国必有君，所以一之也；天下必有天子，所以一之也；天子必执一，所以抟之也[①]。

①抟：通“专”。

【译文】

军队一定要有将帅，这是为了统一军队的行动；国家一定要有君主，这是为了统一全国的行动；天下一定要有天子，这是为了统一天下的行动；天子一定要掌握住根本，这是为了使权力集中。

一则治，两则乱。

【译文】

统一就能治理好天下，不统一就会天下大乱。

为国之本，在于为身。

【译文】

治理国家的根本，在于修养自身。

圣人之事，广之则极宇宙，穷日月，约之则无出乎身者也。

【译文】

圣人所做的事情，往大处说可以大到天地四方、日月所能照到之处，往简要处说只在于修养自身。

变化应求而皆有章，因性任物而莫不宜当。

【译文】

万物的变化应和，都是有规律的，根据其本性来使用万物，就没有什么不恰当不合适的。

凡能全国完身者，其唯知长短嬴绌之化邪[①]！

①赢绌：增减，伸屈，进退。

【译文】

凡是能够保全国家和自身不被灭亡的，大概只有知道长短伸屈的变化才能做到吧！

审应览

审应

人主出声应容[①]，不可不审。

①出声：说话。应容：脸上做出反应。

【译文】

君主对自己的言语神态，不可不慎重。

凡主有识，言不欲先。人唱我和，人先我随。以其出为之入，以其言为之名，取其实以责其名，则说者不敢妄言，而人生之所执其要矣[①]。

①执：掌握。要：根本。

【译文】

凡是有见识的君主，言谈时都不愿先开口。别人倡导，自己应和；别人先做，自己随着。根据他外在的表现，考察他的内心；根据他的言论，考察他的名声；根据他的实际，推求他的名声。这样，游说的人就不敢胡言乱语，而君主就能掌握住根本了。

兼爱天下，不可以虚名为也，必有其实。

【译文】

要想广泛地去爱天下人，不可以靠虚名实现，一定要有实际。

无礼慢易而求敬，阿党不公而求令[①]，烦号数变而求静，暴戾贪得而求定，虽黄帝犹若困。

———

①阿党：阿私，偏袒一方。令：善，好。

【译文】

傲慢无礼却想受到尊敬，结党营私处事不公却想得到好名声，号令烦难屡次变更却想平静，乖戾残暴贪得无厌却想安定，即使是黄帝也会束手无策的。

凡听必反诸己，审则令无不听矣。

【译文】

凡是听到某种意见一定要反躬自求，能详察，那么命令就没有不被听从的了。

重言

人主之言，不可不慎。

【译文】

君主说话，不可不慎重。

圣人听于无声，视于无形。

【译文】

圣人能在无声之中有所闻，能在无形之中有所见。

精谕

同恶同好，志皆有欲，虽为天子，弗能离矣。

【译文】

听者与说者好恶相同，志欲一样，即使是天子，也不能把他们隔断。

至言去言，至为无为。

【译文】

最高境界的言语是抛弃言语，最高境界的作为是无所作为。

言不足以断小事[①]，唯知言之谓者可为[②]。

①言不足以断小事："小"字当为衍文（依陶鸿庆说）。

②可为：当作"为可"（依王念孙说）。

【译文】

单凭言语不足以决断事情，只有懂得了言语的真实含意才可以决断事情。

离谓

言者以谕意也。

【译文】

言语是为了表达意思的。

惑者之患，不自以为惑。故惑惑之中有晓焉[1]，冥冥之中有昭焉[2]。

---

①惑惑：迷惑。

②冥冥：昏暗。

【译文】

困惑之人的祸患，是自己不感到困惑。所以得道之人能在困惑之中悟出事物的道理，能在昏暗之中看到光明的境界。

辨而不当理则伪[1]，知而不当理则诈。

---

①辨：通“辩”，善辩。

【译文】

如果善辩但却不符合事理就会奸巧，如果聪明但却不符合事理就会狡诈。

理也者，是非之宗也[1]。

---

①宗：根本。

【译文】

事理，是判断是非的根本。

凡事人,以为利也。

【译文】

凡是侍奉人,都是为了谋利。

夫辞者,意之表也。

【译文】

言辞,是思想的外在表现。

淫辞

凡言者以谕心也。

【译文】

凡是言语,都是为了表达思想的。

言心相离,而上无以参之[①],则下多所言非所行也,所行非所言也。

---

①参:检验,考察。

【译文】

言语和思想相背离,可是在上位的却无法考察,那么在下位的就多有言语与行动不相符、行为与言语不相符的情况。

言行相诡,不祥莫大焉。

【译文】

言语行动互相背离,没有什么比这更不吉祥的了。

不屈

察而以达理明义，则察为福矣；察而以饰非惑愚[1]，则察为祸矣。

①惑愚：惑弄愚笨的人。

【译文】

明察如果用来通晓事理弄清道义，那么明察就是福了；明察如果用来掩饰错误愚弄蠢人，那么明察就是祸了。

凡自行不可以幸为，必诚。

【译文】

大凡自己做事，不可以凭侥幸之心去行动，一定要诚恳。

具备

夫立功名亦有具，不得其具，贤虽过汤、武，则劳而无功矣。

【译文】

建立功名也要有条件，不具备条件，即使贤德超过了商汤、周武王，那也会劳而无功。

凡立功名，虽贤，必有其具，然后可成。

【译文】

凡是建立功名，即使贤德，也必定要具备条件，然后才可以成功。

诚有诚乃合于情,精有精乃通于天。

【译文】

诚而又诚才合乎真情,精而又精才与天性相通。

凡说与治之务莫若诚。

【译文】

凡是劝说别人与治理政事,要做的事没有比赤诚更重要的了。

听言哀者,不若见其哭也;听言怒者,不若见其斗也。

【译文】

听别人说的话很悲哀,不如看到他哭泣;听别人说的话很愤怒,不如看到他搏斗。

说与治不诚,其动人心不神。

【译文】

劝说别人与治理政事不赤诚,那就不能感化人心。

离俗览

离俗

民之情,贵所不足,贱所有余。

【译文】

人之常情,是以不足的东西为贵,以有余的东西为贱。

非其义,不受其利;无道之世,不践其土。

【译文】

不符合义,就不接受利益;不符合道义的社会,就不踏上它的土地。

以爱利为本,以万民为义。

【译文】

把爱和利作为根本,把为万民谋利作为义的准则。

人主之欲得廉士者,不可不务求。

【译文】

君主中那些希望得到廉正之士的人,不可不努力寻求。

高义

君子之自行也,动必缘义,行必诚义。

【译文】

君子自身的所作所为,举动必须遵循义的原则,行为必须忠于义的原则。

赏不当,虽与之必辞;罚诚当[①],虽赦之不外[②]。度之于国[③],必利长久。

---

①诚:如果。

②不外:不敢推却,指不敢不受惩罚。外,摒弃,推却掉。

③度(duó):衡量。

【译文】

如果不该受赏，那么即使赏给自己，也一定谢绝；如果应该受罚，那么即使赦免自己，也不躲避惩罚。用这种原则考虑国家大事，一定会对国家有长远的利益。

君子当功以受禄。

【译文】

君子有功因而接受俸禄。

凡人不可不熟论。

【译文】

大凡对于人不可不仔细考察。

人主之患，存而不知所以存，亡而不知所以亡。

【译文】

君主的弊病是，保存住国家却不知道为什么会保存住，丧失掉国家却不知道为什么会丧失掉。

不私其亲，不可谓孝子；事君枉法，不可谓忠臣。

【译文】

不偏爱自己的父亲，不可以叫做孝子；侍奉君主而违法曲断，不可以叫做忠臣。

上德

为天下及国，莫如以德，莫如行义。以德以义，不赏而民劝，不罚而邪止。

【译文】

治理天下和国家，莫过于用德，莫过于行义。用德用义，不靠赏赐人民就会努力向善，不靠刑罚邪恶就能制止。

用民

凡用民，太上以义，其次以赏罚。

【译文】

凡是使用人民，最上等的是靠义，其次是靠赏罚。

民无常用也，无常不用也，唯得其道为可。

【译文】

人民并不永远被使用，也不永远不被使用，只有掌握了正确的方法，人民才可以被使用。

民之不用，赏罚不充也[①]。

①充：充实。

【译文】

人民不被使用，是因为赏罚力度不够。

民之用也有故，得其故，民无所不用。

【译文】

人民被使用是有原因的，懂得了这原因，人民就会听凭使用了。

壹引其纪[①]，万目皆起[②]；壹引其纲[③]，万目皆张。

---

①纪：丝缕的头绪，引申为事物的端绪。

②目：网上的孔眼，引申而有细目义。

③纲：提网的总绳，引申为事物的总要。

【译文】

一拿起丝缕的头绪，千头万绪就都捋清了；一提起网子的总绳，众多网眼就都张开了。

三代之道无二，以信为管[①]。

---

①管：枢要，准则。

【译文】

夏、商、周三代的法则没有别的，就是把信用作为准绳。

威不可无有，而不足专恃。

【译文】

威严不可以没有，也不足以专门依仗。

爱利之心谕[①]，威乃可行。

---

①谕：知晓，这里是被知晓的意思。

【译文】

爱和利的心被人晓喻了，威严才可以施行。

适威

《周书》曰[①]："民，善之则畜也[②]，不善则雠也[③]。"

①《周书》：古逸书。

②畜：通"慉（xù）"，喜爱，爱护。

③雠：仇。

【译文】

《周书》上说："百姓，善待他们，他们就喜爱君主；不善待他们，他们就和君主成为仇人。"

不善则不有[①]。有必缘其心，爱之谓也。有其形不可谓有之。

①不有：指不能得到人民拥护。

【译文】

不善待百姓，就不能得到百姓拥护。得到百姓拥护，必须让百姓从内心里拥护，这就是所说的爱戴了。只占有百姓的躯体不能叫做得到百姓拥护。

古之君民者，仁义以治之，爱利以安之，忠信以导之，务除其灾，思致其福。

【译文】

古代当君主的人，用仁和义治理百姓，用爱和利使百姓安定，用忠和信引导百姓，致力于为民除害，思考着为民造福。

骤战则民罢[①]，骤胜则主骄。以骄主使罢民，然而国不亡者，天下少矣。骄则恣，恣则极物[②]；罢则怨，怨则极虑。

①罢（pí）：疲劳，疲惫。

②极：尽。这里用如动词，用尽。

【译文】

多次作战，百姓就疲惫；多次胜利，君主就骄傲。用骄傲的君主役使疲惫的百姓，这样国家却不灭亡的，天下太少了。骄傲就会放纵，放纵就会用尽所欲之物；疲惫就会怨恨，怨恨就会用尽巧诈之心。

民进则欲其赏，退则畏其罪。

【译文】

百姓前进是希望得到赏赐，后退是害怕受到惩处。

礼烦则不庄，业烦则无功，令苛则不听，禁多则不行。

【译文】

礼节繁琐就不庄重，事情繁琐就不能成功，命令严苛就不被听从，禁令多了就行不通。

为欲

人之欲多者，其可得用亦多；人之欲少者，其得用亦少；无欲者，不可得用也。

【译文】

欲望多的人，可以使用的地方也就多；欲望少的人，可以使用的地方也就少;没有欲望的人,就无法使用了。

善为上者,能令人得欲无穷,故人之可得用亦无穷也。

【译文】

善于当君主的人,能够让人们无穷无尽地满足欲望,所以人们也就可以无穷无尽地被役使。

欲不正,以治身则夭,以治国则亡。

【译文】

欲望不正当,用它来治理自身,就会夭亡;用它来治理国家,就会亡国。

执一者至贵也,至贵者无敌。

【译文】

执守根本的人是最尊贵的,最尊贵的人没有对手。

争术存,因争;不争之术存,因不争。

【译文】

存在着争夺的条件,就争夺;不存在争夺的条件,就不争夺。

凡治国[①],令其民争行义也;乱国,令其民争为不义也。

———

①治国:治理得好的国家。

【译文】

凡是安定的国家,都是让人们争着做符合道义的事;混乱的国家,都是让人们争着做不符合道义的事。

强国，令其民争乐用也；弱国，令其民争竞不用也。

【译文】

强大的国家，都是让人们争着乐于为君主所使用；弱小的国家，都是让人们争着不为君主所使用。

贵信

凡人主必信，信而又信，谁人不亲？

【译文】

凡是君主一定要诚信，诚信而又诚信，谁能不亲附？

天行不信，不能成岁；地行不信，草木不大。

【译文】

天的运行不遵循规律，就不能形成岁时；地的运行不遵循规律，草木就不能长大。

君臣不信，则百姓诽谤[1]，社稷不宁。处官不信，则少不畏长，贵贱相轻。赏罚不信，则民易犯法，不可使令。交友不信，则离散郁怨，不能相亲。百工不信，则器械苦伪[2]，丹漆染色不贞[3]。

---

①诽谤：批评议论，指责。

②苦（gǔ）：粗劣。伪：作假。

③丹漆：二者均为颜料。丹，红色。漆，黑色。贞：纯正。

【译文】

君臣不诚信，那么百姓就会批评指责，国家就不得安宁。当官不诚信，那么年轻的就不敬畏年长的，地位尊贵的和地位低下的就会互相轻视。赏罚不诚信，那么百姓就会轻易犯法，不可以役使。结交朋友不诚信，那么就会离散怨恨，不能互相亲近。各种工匠不诚信，那么器物就会粗劣作假，丹和漆等颜料就不纯正。

夫可与为始，可与为终，可与尊通，可与卑穷者，其唯信乎！

【译文】

可以跟它一块开始，可以跟它一块终止，可以跟它一块尊贵显达，可以跟它一块卑微穷困的，大概只有诚信吧！

信而又信，重袭于身[①]，乃通于天。

---

①重袭：重叠。

【译文】

诚信而又诚信，诚信重叠于身，就能与天意相通。

举难

君子责人则以人[①]，自责则以义。责人以人则易足，易足则得人；自责以义则难为非，难为非则行饰[②]。

---

①以人：指按一般人的标准。

②饰：通“饬”，端正，严整。

【译文】

君子按照一般的标准要求别人，按照义的标准要求自己。按照一般的标准要求别人就容易得到满足，容易得到满足就能受到人民拥护；按照义的标准要求自己就难以做错事，难以做错事行为就严正。

责人以义则难瞻[①]，难瞻则失亲；自责以人则易为，易为则行苟。

①难瞻：义不可通，疑当作“难赡”（依毕沅校说），难以满足要求。赡，供之使足。

【译文】

按照义的标准要求别人就难以满足，难以满足就连最亲近的人也会失去；按照一般的标准要求自己就容易做到，容易做到行为就苟且。

尺之木必有节目[①]，寸之玉必有瑕璹[②]。

①节目：树木枝干交接之处为节，文理纠结不顺的部分为目。

②瑕璹（tì）：玉上的斑点。

【译文】

一尺长的树木必定有节结，一寸大的玉石必定有瑕疵。

先王知务之不可全也，故择务而贵取一也[①]。

①务：事务。取一：指取其长处。

【译文】

先王知道事物不可能十全十美，所以对事物的选择只看重其长处。

救溺者濡[1]，追逃者趋。

①濡（rú）：沾湿。

【译文】

援救溺水之人的人要沾湿衣服，追赶逃跑之人的人总要奔跑。

凡听于主，言人不可不慎。

【译文】

凡是言论被君主听从的人，谈论别人不可不慎重。

疏贱者知，亲习者不知，理无自然[1]。

①无自：无从。然：这样。

【译文】

对疏远低贱的人了解，对亲近熟悉的人却不了解，没有这样的道理。

以私胜公，衰国之政也。

【译文】

把私利放在公利之上，这是衰微国家的政治。

以人之小恶，亡人之大美，此人主之所以失天下之士也已。

【译文】

因为人家的小毛病，忘掉人家的大优点，这是君主失掉天下杰出人才的原因。

人固难全，权而用其长者，当举也。

【译文】

人本来就难以十全十美，衡量以后用其所长，这是举荐人才的恰当做法。

恃君览

恃君

群之可聚也，相与利之也。

【译文】

人们可以聚集，是因为彼此都能使对方得利。

君道立则利出于群，而人备可完矣。

【译文】

为君的原则确立了，那么利益就会从群聚中产生出来，而人事方面的准备就可以齐全了。

置君非以阿君也[①]，置天子非以阿天子也。

---

①阿(ē)：私。

【译文】

立国君不是为了让国君谋私利，立天子不是为了让天子谋私利。

忠臣廉士，内之则谏其君之过也，外之则死人臣之义也。

【译文】

忠臣和廉正之士，对内就要敢于谏止自己国君的过错，对外就要敢于为维护臣子的道义而献身。

忠臣察则君道固矣。

【译文】

忠臣被了解，那么为君之道就牢固了。

长利

天下之士也者，虑天下之长利，而固处之以身若也[①]。

①固处之以身若也：王念孙校本改“若”为“者”，应是。这句意思是，必定要身体力行。

【译文】

天下杰出的人士，考虑的是天下长远的利益，而自己必定要身体力行。

利虽倍于今，而不便于后，弗为也；安虽长久，而以私其子孙，弗行也。

【译文】

即使对现在有加倍的利益，只要对后世不利，也不去做；即使能长久安定，只要这些是为自己的子孙谋利，也不去做。

善者得之，不善者失之，古之道也。

【译文】

做好事的人得天下，干坏事的人失天下，这是自古以来的规律。

知分

达乎死生之分，则利害存亡弗能惑矣。

【译文】

通晓死生之义，那么利害存亡就不能使人迷惑了。

有所达则物弗能惑。

【译文】

通晓理义，那么外物就不能使人迷惑了。

命也者，就之未得，去之未失。

【译文】

命这东西，靠近它未必能得到，离开它未必能失去。

生不足以使之，则利曷足以使之矣？死不足以禁之，则害曷足以禁之矣？

【译文】

就连生存都不能驱使一个人，那么利益又怎么足以驱使他呢？连死亡都不足以禁止一个人，那么祸害又怎么足以禁止他呢？

凡使贤不肖异:使不肖以赏罚,使贤以义。

【译文】

役使贤德之人和不肖之人方法不同:役使不肖之人用赏罚,役使贤德之人用道义。

召类

乱则用,治则止。治而攻之,不祥莫大焉;乱而弗讨,害民莫长焉。

【译文】

对发生混乱的国家就用兵,对治理得好的国家就不用兵。一个国家治理得很好却去攻打它,没有比这更不吉祥的了;一个国家发生混乱却不去讨伐它,对人民的残害没有比这更大的了。

爱恶循义,文武有常,圣人之元也[①]。

———

①元:这里是根本的意思。

【译文】

喜爱或厌恶都遵循义的原则,用文或用武都有常规,这是圣人的根本。

事适于时者,其功大。

【译文】

做事适应时令,取得的功效就大。

贤者能得民,仁者能用人。

【译文】

贤明的人能得民心，仁慈的人别人能为他出力。

从义断事，则谋不亏；谋不亏，则名实从之。

【译文】

按照义的原则决断事情，那么谋划就不会失当；谋划不失当，那么名声和实利就会跟着到来。

达郁

肌肤欲其比也[①]，血脉欲其通也，筋骨欲其固也，心志欲其和也，精气欲其行也。

---

①比：致密，细密。

【译文】

肌肤应该让它细密，血脉应该让它通畅，筋骨应该让它强壮，心志应该让它平和，精气应该让它运行。

水郁则为污，树郁则为蠹[①]，草郁则为蒉[②]。

---

①蠹（dù）：蛀虫。

②蒉：当为“菑”（zī，今作“甾”）之误（依毕沅校说），本指树木植立而死，这里指草枯死。

【译文】

水闭结就会变污浊，树闭结就会生蛀虫，草闭结就会干枯死。

治川者决之使导，治民者宣之使言。

【译文】

治水的人应该排除阻塞，使水畅流；治理人民的人应该引导人民，让人民尽情讲话。

夫厚于味者薄于德，沈于乐者反于忧[①]。

①沈：同“沉”。

【译文】

贪图美味的人道德就微薄，沉湎于享乐的人最终要忧伤。

壮而怠则失时，老而解则无名[①]。

①解：懈怠。这个意义后来写作“懈”。

【译文】

壮年懈怠就会失去时机，老年懈怠就会丧失功名。

人皆知说镜之明己也，而恶士之明己也。镜之明己也功细，士之明己也功大。

【译文】

人都知道喜欢镜子能照出自己的形象，却厌恶贤士指明自己的缺点。镜子能照出自己的形象，功用很小；贤士能指明自己的缺点，功绩很大。

人主贤则人臣之言刻。

【译文】

君主贤明，那么臣子的谏言就严刻。

行论

执民之命，重任也，不得以快志为故。

【译文】

掌握着人民的命运，是重大的责任，不能以随心所欲为能事。

将欲毁之，必重累之；将欲踣之[①]，必高举之。

①踣（bó）：仆倒。这里用如使动，使……仆倒。

【译文】

要想毁坏它，必先把它重叠起；要想摔倒它，必先把它高举起。

凡事之本在人主，人主之患，在先事而简人。简人则事穷矣。

【译文】

大凡事情的根本在于君主，君主的弊病，在于看重事而轻视人。轻视人，那么事情就会处于困境。

骄恣

亡国之主，必自骄，必自智，必轻物。自骄则简士，自智则专独，轻物则无备。无备召祸，专独位危，简士壅塞。欲无壅塞，必礼士；欲位无危，必得众；欲无召祸，必完备。

【译文】

亡国的君主，必然骄傲自满，必然自以为聪明，必然轻视外物。骄傲自满就会傲视贤士，自以为聪明就会独断专行，看轻外物就会没有准备。没有准备就会招致祸患，独断专行君位就会危险，傲视贤士听闻就会闭塞。要想不闭塞，必须礼贤下士；要想君位不危险，必须得到众人辅佐；要想不招致祸患，必须准备齐全。

人主之患，患在知能害人，而不知害人之不当而反自及也。

【译文】

君主的弊病，在于只知道自己能危害别人，却不知道如果所害的人是不该害的，反而会自己遭殃。

能自为取师者王，能自取友者存，其所择而莫如己者亡。

【译文】

能为自己选取老师的，就会称王天下；能为自己选取朋友的，就会保存自身；所选取的人不如自己的，就会遭到灭亡。

人主之患也，不在于自少，而在于自多。自多则辞受①，辞受则原竭②。

①辞受：对该接受的意见加以推辞。辞，推辞。

②原竭：源泉枯竭，这里指进言之路堵塞。原，水源。

【译文】

君主的弊病，不在于自己看轻自己，而在于自己看重自己。自己看重自己，该接受的意见就会加以拒绝。该接受的意见加以拒绝，进谏之路就堵塞了。

以理督责于其臣，则人主可与为善，而不可与为非；可与为直，而不可与为枉。

【译文】

依照原则审察责求自己的臣子，那么人主就可以跟他一起为善，而不可以跟他一起为非；可以跟他一起做正直的事，而不可以跟他一起做邪曲的事。

观表

凡论人心，观事传[①]，不可不熟，不可不深。

①事传：事迹，事情。

【译文】

凡是衡量人心，观察事物，不可不精审，不可不深入。

事随心，心随欲。欲无度者，其心无度。

【译文】

事情取决于人心，人心取决于欲望。欲望没有限度的，人心也没有限度。

圣人之所以过人以先知，先知必审征表[①]。

①征：这里指与内心相一致的征兆（依高诱说）。表：这里指与内心

不同的虚假的表象(依高诱说)。

【译文】

圣人之所以超过一般人,是因为能先知先觉,要先知先觉必须审察征兆和表象。

开春论

开春

时雨降,则草木育矣。

【译文】

应时之雨降落下来,草木就滋生了。

小人得位,不争不祥[①];君子在忧,不救不祥。

①争(zhèng):谏诤。

【译文】

当小人得到官位时,不谏诤是不善;当君子处于忧患时,不援救是不善。

善为国者,赏不过而刑不慢[①]。赏过则惧及淫人,刑慢则惧及君子。与其不幸而过,宁过而赏淫人,毋过而刑君子。

①慢:懈怠,轻忽。

【译文】

善于治国的人,行赏不过度,施刑不轻忽。行赏过度,恐怕会赏到奸人;施刑轻忽,恐怕会处罚到君子。如果不得已做得过分了,那么宁可行赏过度赏赐了奸人,也不要施刑过度处罚了君子。

期贤

凡国不徒安[①],名不徒显,必得贤士。

①徒:白白地,无缘无故地。

【译文】

凡国家不会无缘无故地安定,名声不会无缘无故地显赫,一定要得到贤士才行。

审为

身者,所为也[①];天下者,所以为也[②]。

①所为(wèi):指行为动作的目的。

②所以为:指用以达到目的的凭借、手段。

【译文】

自身的生命是目的,天下是用来保养生命的手段。

能尊生,虽贵富,不以养伤身;虽贫贱,不以利累形。

【译文】

能够看重生命,即使富贵,也不因为供养丰足而损害生命;即使贫贱,也不为了财利而拖累身体。

重生则轻利。

【译文】

看重生命就会轻视名利了。

不能自胜而强不纵者，此之谓重伤[1]，重伤之人无寿类矣。

---

①重（chóng）伤：再伤。不能自胜，神已伤；又强制不纵，神又伤。

【译文】

不能克制自己，又强迫自己不放纵，这叫做双重伤害，受到双重伤害的人没有长寿的。

爱类

仁于他物，不仁于人，不得为仁；不仁于他物，独仁于人，犹若为仁[1]。仁也者，仁乎其类者也。

---

①犹若：犹然，仍然。

【译文】

对其他物类仁爱，对人却不仁爱，不能算是仁；对其他物类不仁爱，只对人仁爱，仍然算是仁。所谓仁，就是对自己的同类仁爱。

仁人之于民也，可以便之[1]，无不行也。

---

①便：利。

【译文】

具有仁爱之心的人对于百姓，只要可以使他们得利，就没有什么不可以做的。

贤人之不远海内之路，而时往来乎王公之朝，非以要利也，以民为务故也。

【译文】

贤人不嫌海内路途遥远，时来时往于君主的朝廷，并不是以此谋求私利，而是为百姓谋利的缘故。

人主有能以民为务者，则天下归之矣。

【译文】

国君如有能为百姓谋利的，那么天下就会归附他了。

上世之王者众矣，而事皆不同，其当世之急、忧民之利、除民之害同[①]。

---

①当：承担。

【译文】

上古称王天下的人很多，他们的事迹都不相同，但他们在承担社会的急难、关心百姓的利益、消除百姓的祸害上，是相同的。

圣王通士[①]，不出于利民者无有。

---

①通士：知识渊博、通达事理的读书人。

【译文】

圣明的君主和通达的士人,言行不出自为百姓谋利的人是没有的。

民寒则欲火,暑则欲冰,燥则欲湿,湿则欲燥。寒暑燥湿相反,其于利民一也。利民岂一道哉!当其时而已矣[1]。

①当:适合。

【译文】

百姓寒冷了就希望得到火,炎热了就希望得到冰,干燥了就希望潮湿,潮湿了就希望干燥。寒冷与炎热、干燥与潮湿互相对立,但它们在利于百姓方面是一样的。为百姓谋利岂止一种办法呢!只不过要适合时宜罢了。

贵卒

力贵突[1],智贵卒[2]。

①突:突然,出其不意。

②卒(cù):同"猝",迅疾,敏捷。

【译文】

用力贵在突发,用智贵在敏捷。

得之同则速为上,胜之同则湿为下[1]。

①湿:迟滞。

【译文】

同样获得一物，速度快的为优；同样战胜对手，时间拖得久的为劣。

慎行论

慎行

行不可不孰[①]。

---

①孰："熟"，这里是熟虑的意思。

【译文】

行动不可不深思熟虑。

君子计行虑义，小人计行其利[①]，乃不利。

---

①其：通"期"，期求。

【译文】

君子谋划行动时考虑道义，小人谋划行动时期求利益，结果反而不利。

有知不利之利者[①]，则可与言理矣。

---

①不利之利：不谋私利所带来的好处。

【译文】

假如有人懂得不谋求利益实际上就包含着利益，那么就可以跟他谈论道义了。

凡乱人之动也，其始相助，后必相恶。为义者则不然，始而相与，久而相信，卒而相亲，后世以为法程。

【译文】

大凡邪恶的小人做事，开始的时候互相帮忙，而到后来一定互相憎恶。坚守道义的人却不是这样，他们开始时互相帮助，时间越长越互相信任，最后更是互相亲近，后代把他们作为效法的准则。

无义

义者，百事之始也，万利之本也。

【译文】

义是各种事情的开端，是一切利益的本源。

重以得之，轻必失之。

【译文】

靠位尊权重得到的东西，一旦权位丧失，一定都会失去。

疑似

疑似之迹，不可不察，察之必于其人也[①]。

———

①其人：指适当的人，即熟悉了解这方面情况的人。

【译文】

对于相似的现象，不可以不审察清楚，要审察清楚，一定要找熟悉了解情况的人。

入于泽而问牧童,入于水而问渔师,奚故也?其知之审也。

【译文】

进入草泽也要问牧童,到了水边也要问渔夫,什么缘故呢?因为他们对情况了解得清楚。

壹行

强大未必王也,而王必强大。

【译文】

国家强大不一定称王天下,但称王天下一定要国家强大。

其威不威则不足以禁也,其利不利则不足以劝也[①]。

①劝:鼓励(向善)。

【译文】

国君的威势不成其为威势,就不足以禁止人们为恶;国君的利益不成其为利益,就不足以鼓励人们行善。

人之所乘船者,为其能浮而不能沈也[①]。世之所以贤君子者,为其能行义而不能行邪辟也。

①沈:同"沉"。

【译文】

人们之所以乘船,是因为它能浮在水面而不会沉下去;世间之所以敬重君子,是因为他能实行信义而不会做邪恶的事。

夫天下之所以恶，莫恶于不可知也。

【译文】

天下所厌恶的，莫过于言行反复无常。

求人

得贤人，国无不安，名无不荣；失贤人，国无不危，名无不辱。

【译文】

得到贤人，国家没有不安定的，名声没有不显荣的；失去贤人，国家没有不危险的，名声没有不耻辱的。

先王之索贤人，无不以也[①]。极卑极贱，极远极劳。

①以：用。

【译文】

先王为了寻求贤人，是无所不做的：他们可以对贤人极其谦卑，可以举用极为卑贱的人，可以到极远的地方去，可以付出极大的辛劳。

啁噍巢于林[①]，不过一枝；偃鼠饮于河，不过满腹。

①啁噍（zhōu jiāo）：鸟名，即鷦鹩（jiāo liáo），又名桃雀。

【译文】

鷦鹩在树林中筑巢，树木再多，也只不过占据一棵树枝；偃鼠到河里喝水，河水再多，也只不过喝饱肚皮。

察传

凡闻言必熟论，其于人必验之以理。

【译文】

凡是听到传闻一定要深入考察，涉及人的传闻一定要用常理加以验证。

是非之经[①]，不可不分。

①经：界限。

【译文】

正确和错误的界限，不能不分清。

贵直论

贵直

贤主所贵莫如士。所以贵士，为其直言也。言直则枉者见矣[①]。

①枉：邪曲。见（xiàn）：显露。

【译文】

贤明的君主所崇尚的莫过于士人。之所以崇尚士人，是因为他们言谈正直。言谈正直，邪曲就会显现出来了。

人主之患，欲闻枉而恶直言。是障其源而欲其水也，水奚自至？是贱其所欲而贵其所恶也[1]，所欲奚自来？

---

①所欲：指“闻枉”。所恶（wù）：指恶闻直言的做法。

【译文】

君主的弊病，在于想闻知邪曲却又厌恶正直之言。这就等于阻塞水源又想得到水，水又从何而来？这是轻贱自己想要得到的而尊尚自己所厌恶的，想要得到的又从何而来？

知化

凡智之贵也，贵知化也[1]。

---

①化：变化，指事物发展变化的必然趋势。

【译文】

大凡智慧的可贵，就贵在能事先察知事物变化的趋势。

过理

乐不适则不可以存。

【译文】

把不合礼义当作快乐，就不可能生存。

不忘恭敬，民之主也。

【译文】

时刻不忘恭谨,这是百姓的主宰啊!

壅塞

不可以直言,则过无道闻,而善无自至矣。无自至则壅[1]。

---

①壅:阻塞,指思想闭塞不通。

【译文】

不可直言相谏,过失就无法听到,贤人就无从到来。贤人无从到来,君主的思想就会壅塞不通。

原乱

凡作乱之人,祸希不及身[1]。

---

①希:同"稀",少。

【译文】

凡是作乱的人,灾祸很少不降到自己身上。

不苟论

不苟

贤者之事也,虽贵不苟为,虽听不自阿[1],必中理然后动,必当义然后举。

①阿：私。

【译文】

贤明的人做事，即使地位尊贵也不随意而行，即使为君主所听信也不借以谋私，一定要合于事理然后才行动，符合道义然后才去做。

定分官[①]，此古人之所以为法也。

①分（fèn）官：名分职守。

【译文】

确定官员的名分职守，这是古人实行法治的方法。

言之易，行之难。

【译文】

事情谈起来容易，做起来难。

赞能

贤者善人以人[①]，中人以事，不肖者以财[②]。

①善：亲善。以人：指根据这个人的仁德。人，通“仁”。

②不肖：不正派。

【译文】

贤明的人同人亲善是根据这个人的仁德，一般的人同人亲善是根据这个人的功业，不肖的人同人亲善是根据这个人的财富。

得十良马，不若得一伯乐；得十良剑，不若得一欧冶[①]；得地千里，不若得一圣人。

①欧冶：春秋时冶工，善铸剑。

【译文】

得到十匹好马，不如得到一个善于相马的伯乐；得到十口宝剑，不如得到一个善于铸剑的欧冶；得到千里土地，不如得到一个圣人。

凡行赏欲其本也，本则过无由生矣。

【译文】

凡是行赏，应该赏赐根本，赏赐根本，过失就无从发生了。

自知

欲知平直，则必准绳；欲知方圆，则必规矩；人主欲自知，则必直士。

【译文】

想要知道平直，就一定要依靠水准墨线；想要知道方圆，就一定要依靠圆规矩尺；君主要想了解自己的过失，就一定要依靠正直之士。

尧有欲谏之鼓，舜有诽谤之木[①]。

①诽谤之木：供百姓书写政治缺失的表木。诽谤，指进谏。

【译文】

尧有供想要进谏的人敲击的鼓，舜有供书写批评意见的木柱。

当赏

凡赏非以爱之也，罚非以恶之也，用观归也。所归善，虽恶之，赏；所归不善，虽爱之，罚。

【译文】

大凡赏赐一个人，并不是因为喜爱他；处罚一个人，并不是因为憎恶他。赏罚是根据观察到的行为将会导致什么结果来决定的。导致的结果好，即使憎恶他，也要给予赏赐；导致的结果不好，即使喜爱他，也要给予处罚。

博志

冬与夏不能两刑[①]，草与稼不能两成。

---

①刑：通“形”，成。

【译文】

冬夏两季不能同时而至，野草与庄稼不能一起长大。

天子不处全[①]，不处极，不处盈。全则必缺，极则必反，盈则必亏。

---

①处（chǔ）：做。

【译文】

天子做事情，不做得很完美，不做得很极端，不做得很圆满。完美了就一定会出现缺损，太极端了就一定会走向反面，太圆满了就一定会出现亏失。

先王知物之不可两大，故择务，当而处之①。

①当（dàng）：适宜。

【译文】

先王知道事物不能两方面同时发展壮大，所以对于事务加以选择，适宜做的才做。

有便于学者，无不为也；有不便于学者，无肯为也。

【译文】

有利于学习的，无不去做；不利于学习的，不肯去做。

矢之速也，而不过二里，止也；步之迟也，而百舍①，不止也。

①舍：古代度量单位，三十里为一舍。

【译文】

箭的速度很快，射程却不超过二里，因为它飞一段就停了下来；步行速度很慢，却可以走到几百里之外，因为脚步不停。

贵当

名号大显，不可强求，必繇其道[1]。

①繇（yóu）：通“由”。

【译文】

名声显赫是不可强求的，必须遵循恰当的途径。

性者，万物之本也，不可长，不可短，因其固然而然之，此天地之数也。

【译文】

天性是万物的根本，它不能增益，不能减损，只能顺应它的本性加以引导，这是天地自然的法则。

似顺论

似顺

见乐则淫侈，见忧则诤治[1]，此人之道也。

①诤：通“争”，竞相。

【译文】

遇见享乐之事就会恣意放纵，遇见忧患之事就会励精图治，这是人之常理。

世主之患，耻不知而矜自用[1]，好愎过而恶听谏，以至于危。

---

①矜：骄傲自负。自用：自以为是，依己意而行。

【译文】

当今世上君主的弊病，在于把不知当作羞耻，把自行其是当作荣耀，喜欢坚持错误而厌恶听取规谏之言，以至于陷入危险的境地。

别类

知不知，上矣[1]。过者之患，不知而自以为知。

---

①上：高明。

【译文】

知道自己有所不知，就可以说是高明了。犯错误人的弊病，正在于不知却自以为知。

义，小为之则小有福，大为之则大有福。

【译文】

符合道义的事，小做就得到小福，大做就得到大福。

有度

有度而以听，则不可欺矣，不可惶矣[1]，不可恐矣，不可喜矣。

---

①惶：惶惑。

【译文】

坚持一定的准则来听取议论，别人就不可以欺骗他了，不可以使他惶惑了，不可以使他恐惧了，不可以使他喜悦了。

圣人之不为私也，非爱费也[1]，节乎己也[2]。

---

①费：费用，指财货。

②节：克制。

【译文】

圣人不追求私利，并不是吝惜财货，而是因为要节制自己。

节己，虽贪污之心犹若止[1]。

---

①犹若：犹然，尚且。

【译文】

如能节制自己，即使是贪心浊欲尚且能够抑止。

唯通乎性命之情，而仁义之术自行矣。

【译文】

只要通晓了生命的本性，仁义之道才能得以自然推行。

先王不能尽知，执一而万物治[1]。

---

①一：根本之道，这里指清虚无为的“性命之情”。

【译文】

先王不能无所不知，他们坚守根本之道，就把天下万物治理好了。

正则静，静则清明[1]，清明则虚，虚则无为而无不为也。

①清明：清净明澈。

【译文】

纯正就会平静，平静就会清净明澈，清净明澈就会虚无，做到虚无就会无为而又无所不为了。

分职

通乎君道，则能令智者谋矣，能令勇者怒矣[1]，能令辩者语矣。

①怒：振奋。

【译文】

通晓为君之道，就能让聪明的人谋划了，就能让勇武的人振奋了，就能让善于言辞的人议论了。

处方

凡乱也者，必始乎近而后及远，必始乎本而后及末。

【译文】

凡是祸乱，一定先从身边产生而后延及远处，一定先从根本产生而后延及微末。

法也者，众之所同也，贤不肖之所以其力也[①]。

———

①以：用。

【译文】

所谓法，是众人共同遵守的，是使贤与不肖都竭尽其力的。

谋出乎不可用，事出乎不可同，此为先王之所舍也。

【译文】

计谋想出来而不能采用，事情做出来而不能普遍推行，这是先王所舍弃的。

慎小

上下不相知，则上非下，下怨上矣。

【译文】

上下互相不了解，主上就会责怪臣下，臣下就会怨恨主上了。

人臣之情，不能为所怨；人主之情，不能爱所非。

【译文】

就人臣的常情来说，不能为自己所怨恨的君主尽忠竭力；就君主的常情来说，也不能喜爱自己所责怪的臣下。

贤主谨小物以论好恶。

【译文】

贤明的君主慎重对待小事，以表明自己的爱憎。

将失一令，而军破身死；主过一言，而国残名辱。

【译文】

将军下错一道命令，就会招致兵败身死；君主说错一句话，就会导致国破名辱。

士容论

士容

士不偏不党[①]，柔而坚，虚而实[②]。

①偏：偏私。党：结党。

②虚：空虚，指表面看来一无所知，一无所能。实：充实。

【译文】

士人不偏私不结党，柔弱而又刚强，清虚而又充实。

傲小物而志属于大[①]。

①属（zhǔ）：聚集，集中。

【译文】

藐视琐事而专心于远大目标。

火烛一隅，则室偏无光[①]。

①偏：半。

【译文】

火光照亮一个角落，就有半间房屋没有光亮。

志必不公，不能立功。

【译文】

心志如果不正，就不能建立功业。

好得恶予，国虽大不为王，祸灾日至。

【译文】

喜好聚敛而厌恶施舍，国家再大也不能统一天下，灾祸就会天天发生。

愚之患，在必自用①。

①自用：固执自信，一味照自己想法而行。

【译文】

愚蠢的弊病，在于固执自信。

上农

敬时爱日①，非老不休，非疾不息，非死不舍。

①敬：慎。

【译文】

要慎守农时，爱惜光阴，不到年老不得停止劳作，不患疾病不得休息，不到死日不得弃舍农事。

当时之务，不兴土功，不作师徒①。

①作：兴。师徒：军队。

【译文】

当农忙的时候，不要大兴土木，不要进行战争。

任地

知贫富利器①，皆时至而作，渴时而止②。

①贫富利器：等于说为贫为富之道。利器，比喻最有效的措施和方法。

②渴：通“竭”，尽。

【译文】

要使民众懂得治贫致富之道，做到农时一到就行动，农时结束就停止。

辩土

亩欲广以平①，甽欲小以深②，下得阴，上得阳，然后咸生。

①以：而。

②甽（quǎn）：同“畎”，田垄间的小水沟。

【译文】

田畦应该又宽又平，垄沟应该又小又深，这样，庄稼下得水分，上得阳光，才能苗全苗壮。

审时

夫稼，为之者人也，生之者地也，养之者天也。

【译文】

庄稼，种它的是人，生它的是地，养它的是天。

得时之稼兴，失时之稼约[①]。

---

①约：衰。

【译文】

适时种植的庄稼产量就高，违背农时种植的庄稼产量就低。

淮南子

《淮南子》是西汉淮南王刘安主持编写的一部著作。刘安，汉高祖刘邦之孙，博学多才，著述宏富，涉及哲学、文学、音乐、自然科学等众多领域。其生平事迹略见《史记·淮南衡山列传》《汉书·淮南衡山济北王传》。

《淮南子》，也称《淮南鸿烈》，全书二十一卷，被胡适誉为"绝代奇书"。其书融道家、儒家、法家、阴阳家及兵家等各家思想精华为一体，而以道家思想为主旨，思想深邃，文笔瑰丽，还记载了大量自然科技知识，是西汉黄老治国理论的结晶和汉代科技成就的最高代表。

本书选文据中华书局三全本《淮南子》。

原道训

太上之道[①]，生万物而不有，成化像而弗宰[②]。

①太上：指最高的。

②化像：自然造化而生成的物像。

【译文】

最高的道，产生万物却不据为己有，化生成万物的形象却不去主宰。

天下之事不可为也[①]，因其自然而推之[②]。

①为：治理。指违背自然规律的行为。

②推：探求。

【译文】

天下的事情不能够违背规律去行事，应按照它的自然特点去探求。

夫镜水之与形接也，不设智故[①]，而方圆曲直弗能逃也。

①智故：巧饰，伪诈。

【译文】

镜子和水可以照见形容，不需要任何巧饰，而方圆曲直都不能够逃过。

响不肆应[①]，而景不一设[②]；叫呼仿佛[③]，默然自得。

---

①响：回声。肆应：各方响应。

②景：同“影”。

③叫呼：指回声。仿佛：指影子。

【译文】

回声不是要求各方响应，而影子不是物体特地设置的；但是回声和影子，都能够自然得以产生。

人生而静，天之性也；感而后动，性之害也[①]；物至而神应，知之动也[②]；知与物接，而好憎生焉[③]。

---

①害：《文子·道原》《礼记·乐记》作“欲”。《史记·乐书》作“颂”。徐广曰：“颂音容。”容，活动。

②知：同“智”，智慧。

③好憎：指情欲。

【译文】

人生下来就是安静的，这是人的天性；受了外物感化而后有活动，它是天性的外部表现；外物到来而精神上有了反应，这是智慧的活动；智慧与外物互相接触，而好憎之情便产生了。

达于道者，不以人易天。外与物化[①]，而内不失其情。

---

①物化：与物变化。

【译文】

通达大道的人，不因为人欲来改变天性。表面和外物一起变化，但内心却不会改变他的本性。

处上而民弗重，居前而众弗害，天下归之，奸邪畏之。以其无争于万物也，故莫敢与之争[①]。

①“处上”六句：见于《老子·六十六章》。敢，河上公本《老子》作“能”。

【译文】

得道者居处上位却不使百姓感到沉重，处在前面而众人不感到有危害，天下的人都归向他，奸邪的人害怕他。因为他不同万物相争，所以就没有人和他相争。

张天下以为之笼，因江海以为罟[①]，又何亡鱼失鸟之有乎？故矢不若缴[②]，缴不若无形之像。

①因：用。罟（gǔ）：渔网。

②矢：北宋本原作“夫”，刘绩《补注》本作“矢”，据正。缴（zhuó）：拴在箭上的丝绳。《初学记》卷二十二引：“故矢不若缴，缴不若网，网不若无形之象。”可与此相参。

【译文】

如果张开天下把它作为捕鸟的笼子，用长江、大海作为渔网，又怎么会有逃鱼失鸟的现象呢？所以箭头不如带绳的利箭，带绳的利箭不如没有形体的天网。

机械之心藏于胸中[①]，则纯白不粹，神德不全，在身者不知,何远之所能怀[②]!

①机械:指巧诈。

②怀:招徕。

【译文】

奸伪之心藏在胸中,那么纯白的东西也被认为不纯粹,精神专一的道德也被认为不全备,对于自身的情况都不懂得,又怎么能招徕远方的人呢?

革坚则兵利,城成则冲生[①],若以汤沃沸[②],乱乃逾甚。

①冲:古代用来攻城冲锋用的战车。

②汤:热水。沃:浇灌。

【译文】

盔甲坚固就产生尖利的兵器,城墙高筑就有冲车产生,如果用热水来浇熄滚水,混乱只会更加严重。

体道者逸而不穷[①],任数者劳而无功[②]。

①体:效法。逸:安适。

②任数:指玩弄权术。

【译文】

效法大道的人安逸却不会穷困,玩弄权术的人辛劳而不会成功。

夫峭法刻诛者[①],非霸王之业也;箠策繁用者[②],非致远之术也。

①峭法:严峻的刑法。刻:苛刻。

②箠:马鞭。繁:多。

【译文】

实行严刑苛法,不是成就霸王大业之路;经常使用鞭子棍子,不是御马到达远方的办法。

离朱之明[1],察箴末于百步之外[2],不能见渊中之鱼;师旷之聪[3],合八风之调[4],而不能听十里之外。

①离朱:黄帝之臣,视力敏锐。

②箴:同"针"。

③师旷:春秋时晋平公著名乐师,善辨音。

④合:郑良树《淮南子斠理》云:"合"疑当作"分"。言师旷之聪,足以分辨八风之调也。八风:八方之风。

【译文】

离朱的眼睛特别敏锐,可以在百步之外看到针尖,但是不能见到深渊中的游鱼;师旷的耳朵特别灵敏,可以分辨八方之风的乐调,但是却不能听到十里之外的声音。

各生所急,以备燥湿;各因所处,以御寒暑;并得其宜,物便其所。

【译文】

各个环境产生所急需的东西,用来防备气候干燥和潮湿;各人按照所处的不同地域，用不同的方式来抵御寒暑；各自都得到它们适宜的环境，万物都有它们的用场。

万物固以自然，圣人又何事焉[①]？

①事：职掌，从事。

【译文】

万物本身是按照自然规律行事的，圣人又为什么要改变呢？

橘树之江北，则化而为枳[①]；鸲鹆不过济[②]，貈度汶而死[③]。

①枳(zhǐ)：落叶灌木，果实黄绿色，可入药。

②鸲鹆(qú yù)，鸟名。即八哥。喜生活于南方。济(jǐ)：济水。古四渎之一。源于河南济源西王屋山，东汇流大野泽，入东海。今已堙。

③貈(hé)：狗獾。分布于我国北方、朝鲜、日本、俄罗斯，毛皮珍贵。汶(wèn)：水名。在山东境内。

【译文】

橘树移往长江以北种植，那么就会改变性态而成为枳树；鸲鹆不能渡过济水，狗獾越过汶水就要死去。

达于道者，反于清静；究于物者[①]，终于无为。

①究：探究。

【译文】

通达大道的人，可以返回到人的清静之性中去；探究事物至理的人，最终达到顺应自然的要求。

以恬养性[①],以漠处神[②],则入于天门[③]。

①恬:安静。

②漠:淡泊。

③天门:指天然的境界。

【译文】

用恬静来培养人的性情,用淡泊来使精神安适,那么就可以达到天然的境界。

循天者,与道游者也;随人者,与俗交者也。

【译文】

遵循天然的人,和道一起往来;追逐人为的人,就是和世俗一起交接。

井鱼不可与语大,拘于隘也;夏虫不可与语寒[①],笃于时也[②];曲士不可与语至道,拘于俗、束于教也。

①夏虫:指蝉蜩之类。

②笃:限制。

【译文】

不能够和井里的小鱼谈论大海,是由于局限在狭隘范围的缘故;不能够和夏季的蝉蜩之类谈论寒冬,是因为受到季节的限制;不能够和见识短浅的人谈论大道,是因为他们被流俗和教养所束缚。

圣人不以人滑天，不以欲乱情；不谋而当，不言而信，不虑而得，不为而成；精通于灵府，与造化者为人。

【译文】

圣人不因为人事扰乱自身，不因为欲望而惑乱清静之性；圣人不经谋划而行事妥当，不说话而使人信服，不经过思虑而达到要求，不必动手而干成事业；是由于精神与心灵相通，而和天地互相依存。

善游者溺，善骑者堕；各以其所好，反自为祸。

【译文】

善于游泳的人往往被淹死，善于骑马的人常常被摔死；各人凭着自己的长处，却反而成为自己的祸害。

好事者未尝不中[①]，争利者未尝不穷也。

---

①好（hào）事：指好为情欲之事。中（zhòng）：伤害。

【译文】

好事的人没有不受到中伤的，争夺权力的人没有不受到困窘的。

得在时，不在争；治在道，不在圣；土处下，不争高，故安而不危；水下流，不争先，故疾而不迟[①]。

---

①疾：快。迟：凝滞。

【译文】

得天下，在于天时，而不在争夺；治理天下，在于得道，不在于智巧；土地位置低下，不与谁争高，所以能够平安而不危险；水是往下流的，不和谁争先，因此速度又快而又不会停息。

圣人内修其本，而不外饰其末；保其精神，偃其智故[①]；漠然无为而无不为也[②]，澹然无治也而无不治也[③]。

①偃：停息。

②漠然：寂静无声的样子。

③澹然：淡泊的样子。

【译文】

圣人要在内部修治根本，而不在外部粉饰末节；保养他的内心精神，熄灭他的智巧；寂静无声地依循规律就没有什么办不成；淡泊地好像不加治理而没有什么不能治理的。

所谓无为者，不先物为也；所谓不为者[①]，因物之所为。所谓无治者，不易自然也；所谓无不治者，因物之相然也[②]。

①所谓不为者：《道藏》本“所谓”下无“无”字。刘绩《补注》本增补“无”字。

②然：适宜。

【译文】

所说的无为，就是不在事物没有到来之前行事；所说的无不为，就是顺应万物的规律行事。所说的无治，就是不改变自然的属性；所说的无不治，就是适应万物的变化规律。

得道者，志弱而事强，心虚而应当。

【译文】

得道的人，意念柔弱但行事坚强，虚怀若谷而应对自如。

贵者必以贱为号，而高者必以下为基。

【译文】

尊贵的王公侯伯必定用低贱的孤、寡、不穀来称呼，而高大的建筑必定从底部打下基础。

欲刚者，必以柔守之；欲强者，必以弱保之。

【译文】

想达到刚强的目的，必须用柔弱来守护它；想要达到强大的目的，必须以弱小来保护它。

积于柔则刚，积于弱则强；观其所积，以知祸福之乡[①]。

---

①乡(xiàng)：通“向”，方向，趋向。

【译文】

柔弱积累多了就能刚强，弱小积累多了就能强大；考察他的积累多少，进而可以知道祸福发生的方向。

强胜不若己者，至于若己者而同；柔胜出于己者，其力不可量[①]。

---

①“强胜”四句：化自《列子·黄帝篇》。同，等同。

【译文】

刚强的人可以胜过不如自己的，至于和自己相当的，则力量相等不能取胜；柔弱的人可以战胜超出自己的，他的力量是不可估量的。

柔弱者生之干也，而坚强者死之徒也；先唱者穷之路也，后动者达之原也。

【译文】

柔弱是生存的支柱，而坚强则是死亡的同类；率先倡导的走的是穷困之路，后来行动的却是通达的源泉。

先者难为知，而后者易为攻也[①]。

①攻：通“功”，成功。

【译文】

前面的人做的事难以知道对错，而后面的人有了经验就容易成功了。

先者上高，则后者攀之；先者谕下[①]，则后者蹷之[②]；先者隤陷[③]，则后者以谋；先者败绩[④]，则后者违之[⑤]。

①谕：越过。刘绩《补注》本作“踰”。

②蹷（jué）：王念孙《读书杂志》云：“蹷”当为“蹷”，字之误也。《广雅》：“蹶，履也。”按，即踩踏义。

③隤：通“蹪（tuí）”，楚方言，跌倒，仆倒。《玉篇》：“蹪，仆也。”

④败绩：溃败。

⑤违：北宋本原作“逢”，刘绩《补注》本作“违”，据正。

【译文】

先行的人攀上高峰，那么后面的人可以照此攀援而上；前面的人越过低洼之地，那么后面的人可以踩着越过；前面的人跌倒陷落，那么后面的人就会加以谋划；前面的人大败，那么后面的人就会另谋他途。

所谓后者，非谓其底滞而不发[①]，凝结而不流[②]，贵其周于数而合于时也[③]。

---

①底滞：停滞。底，止，滞。

②凝：停止。

③周：和调。数（shù）：技艺。

【译文】

所说的后面的人，不是说停滞而不行动，凝固而不流动，可贵的是他能协调规律而合于时势。

夫执道理以耦变[①]，先亦制后，后亦制先。

---

①耦（ǒu）：相应。

【译文】

掌握了道理来应对变化，前面的也可以制服后面的，后面的也可以制服前面的。

时之反侧，间不容息。

【译文】

时间的反复变化极为神速，不容有喘息之机。

日回而月周，时不与人游。

【译文】

日月运动，光阴易逝，时光不和人多作周旋。

圣人不贵尺之璧而重寸之阴，时难得而易失也。

【译文】

圣人不看重尺璧而重视寸阴，因为时光难得而容易失去。

禹之趋时也[①]，履遗而弗取，冠挂而弗顾，非争其先也，而争其得时也。

①趋时：指追赶时间，掌握时机。

【译文】

夏禹为了追随时间，鞋子丢了而没有工夫去取，帽子挂在树枝上而不看一眼，不是争着走到前面，而是争着得到大好的时光。

天下之物，莫柔弱于水，然而大不可极，深不可测；脩极于无穷，远沦于无涯[①]；息耗减益[②]，通于不訾[③]；上天则为雨露，下地则为润泽；万物弗得不生，百事不得不成。

①沦：沦没。北宋本原作“渝”，刘绩《补注》本作“沦”，据正。

②耗：通“消”，消耗，亏损。

③訾：通“赀(zī)”，计算，计量。

【译文】

天下万物中，没有什么比水更柔弱的了，但是它大到没有尽头，深到无法测量；长得达到无穷无尽的地方，远得沦没到无边无际之中；水的生息耗灭、增多减少，达到了无法计量的程度；它升发到天上就成为雨露，落到大地就能润泽草木；万物得不到它不能生长，各种事情得不到它不能成功。

夫水之所以能成其至德于天下者，以其淖溺润滑也。

【译文】

水之所以能在天下成就最高的德性，主要是因为柔软润滑的特性。

夫无形者物之大祖也，无音者声之大宗也。

【译文】

无形生有形，因此无形成为万物的最高祖先；无音生有音，因此无音便是有声之音的老祖宗。

清静者德之至也，而柔弱者道之要也，虚而恬愉者万物之用也[1]。

---

①虚而：刘绩《补注》本作“虚无”。用：《文子·道原》作“祖”。

【译文】

清静是道德的最高体现，而柔弱是道的要害所在，虚无恬漠是万物被使用的原因。

有生于无，实出于虚[1]。

---

①实：实在，实物。

【译文】

有从无中产生，实物是从虚无中产生。

音者，宫立而五音形矣[①]；味者，甘立而五味亭矣[②]；色者，白立而五色成矣；道者，一立而万物生矣。

①宫：五音之首。宫是音阶组织中最重要的一个音级。形：正。

②亭：确定，调和。《文子·道原》作“定”。

【译文】

在声调中，宫音确立而五音便形成了；在味道中，甘味确定五味便可以确定出来了；在颜色中，白色确立五色就可以固定了；在大道之中，一确立而万物便可以产生了。

一之理[①]，施四海；一之解[②]，际天地。

①理：道。

②解：通达，解散。

【译文】

说一的道理，可以施予四海；一如果扩散，可以包容天地。

万物之总[①]，皆阅一孔[②]；百事之根，皆出一门。

①总：聚束。

②阅：出。

【译文】

万物的所有变化，都出于道的孔洞之中；各种事物的根源，都出于道的门庭之内。

约其所守则察，寡其所求则得。

【译文】

约束自己的职守就不会有烦扰，减少自己的需求就能精神安逸。

夫任耳目以听视者，劳形而不明；以知虑为治者，苦心而无功。

【译文】

如果放任耳目去追求音乐声色，只会使形体劳乏而不能明察；凭着智巧来治理天下，会使身心痛苦而不会成功。

喜怒者，道之邪也；忧悲者[①]，德之失也；好憎者，心之过也；嗜欲者，性之累也[②]。

①忧悲：当为“忧乐”（俞樾说）。

②累：牵累。

【译文】

喜悦和愤怒，是道的偏邪行为；忧虑和快乐，是德丧失的表现；爱好和憎恨，是心灵的过错；无穷的贪欲，是性情的牵累。

人大怒破阴[①]，大喜坠阳[②]；薄气发喑[③]，惊怖为狂[④]；忧悲多恚[⑤]，病乃成积；好憎繁多，祸乃相随。

①阴:指阴气。

②阳:阳气。喜者为阳气,怒者为阴气。

③薄气:阴阳相迫之气。薄,迫。喑(yīn):哑。

④狂:指人的精神失常。

⑤恚(huì):怨恨。

【译文】

人大怒会破坏体内阴气,大喜就会挫伤阳气;阴阳之气相冲突便使人变哑,惊吓恐怖使人发狂;忧虑悲愤使怨恨增加,疾病便会积累而成;爱好和憎恶太多,灾祸便会跟着来到。

心不忧乐,德之至也;通而不变,静之至也;嗜欲不载,虚之至也;无所好憎,平之至也;不与物散[①],粹之至也[②]。

①散:散乱。

②粹:纯粹。

【译文】

心里不忧不乐,是德的最高表现;通达而不变化,是清静的最高表现;贪欲不在内心产生,是虚无的最高表现;没有什么爱好与憎恶,是平正的最高表现;不与外物相混杂,是纯粹的最高表现。

以中制外[①],百事不废;中能得之,则外能牧之[②]。

①中:指内心。外:指情欲。

②牧:北宋本原作“收”,刘绩《补注》本注文作“牧,养也”,《文

子·道原》亦作“牧”，据正。

【译文】

用内心去控制外部的情欲，那么各种事情都不会被废弃；内心得到了充实，那么外部的情欲就可以得到保养了。

中之得，则五藏宁，思虑平；筋力劲强，耳目聪明；疏达而不悖[1]，坚强而不鞼[2]；无所大过，而无所不逮。

①悖（bèi）：悖乱。

②鞼（guì）：折。《文子·道原》作“匮”。《经法·道原》作“鞼”。

【译文】

内心充实，那么五脏便会安宁，思虑平静；筋力强健，耳聪目明；通达而不会受到阻碍，坚强而不会被折断；没有什么太过头的，也没有什么不能达到的。

大道坦坦[1]，去身不远；求之近者，往而复反。

①坦坦：平坦。

【译文】

大道平坦正直，离自身是不远的；要向自身去寻求道，离开了还可以回来。

圣亡乎治人[1]，而在于得道；乐亡于富贵，而在于德和。

①亡：不在。

【译文】

圣贤不在于治人，而在于得道；快乐不在于富贵，而在于道德和洽。

知大己而小天下，则几于道矣[①]。

---

①几（jī）：接近。

【译文】

懂得了看重自己而轻视天下的权势，那么就接近道了。

吾所谓乐者，人得其得者。夫得其得者，不以奢为乐，不以廉为悲[①]；与阴俱闭，与阳俱开。

---

①廉：少。

【译文】

我所说的快乐，是人得到他应得的满足罢了。能得到自己满足的人，不把奢侈作为快乐，不把缺少作为悲哀；和阴气一起隐藏，和阳气一起开放。

圣人不以身役物[①]，不以欲滑和[②]。

---

①役物：被外物所役使。

②滑和：扰乱天和。

【译文】

有道德的人不让外物支配自己，不让欲望扰乱自己的天和。

有以自得，乔木之下，空穴之中，足以适情；无以自得也，虽以天下为家，万民为臣妾，不足以养生也。

【译文】

如果能够自得其所，大树之下，山穴之中，完全能够适合自己的情趣；如果不能够自得其所，即使把天下作为个人的家私，把万民作为奴仆，也不能够保养性命。

能至于无乐者，则无不乐；无不乐，则至极乐矣[①]。

①至极乐：高诱注指："至德之乐。"极，至。王念孙《读书杂志》："至极乐"本作"至乐极"。《文子·九守》篇正作"至乐极矣"。

【译文】

能够达到没有快乐境地的人，那么没有什么不是快乐的；没有什么不是快乐的，那么就达到最大的快乐了。

从外入者，无主于中不止；从中出者，无应于外不行。

【译文】

从外部进入的东西，内心没有接受就不会止留；从内心表现出来的东西，如果外部没有相应的环境也不会通行。

听善言便计，虽愚者知说之[①]；称至德高行，虽不肖者知慕之。

①说：同"悦"，喜欢。

【译文】

听到好的言论和有利的计策，即使是愚蠢的人也知道喜欢它；称颂高尚的品德和美好的行为，即使是不肖的人也知道仰慕。

夫内不开于中而强学问者，不入于耳而不著于心[①]。

①不入于耳：俞樾《诸子平议》云："不"字衍。言虽入于耳而不著于心也。

【译文】

如果心灵没有开启而是勉强地去学习，即使能够进入到耳中也不能记在心上。

天下之要，不在于彼而在于我，不在于人而在于我身[①]，身得则万物备矣；彻于心术之论[②]，则嗜欲好憎外矣。

①我身：刘绩《补注》本作"身我"。《文子·九守》无"我"字。

②彻：贯通。心术：指思想、意识、方法。

【译文】

天下的要柄，不在于他人而在于自我，不在于别人而在于自己，身心得到满足那么天下万物便齐备了；透彻掌握了心术的论说，那么嗜欲、好憎都可以排除在外了。

无所喜而无所怒，无所乐而无所苦，万物玄同也[①]。

①玄同：与天地万物混同为一。

【译文】

没有什么值得欢喜、没有什么值得发怒的，没有什么值得欢乐、没有什么值得痛苦的，那么万物就混同为一了。

夫有天下者，岂必摄权持势[①]，操杀生之柄，而以行其号令邪？吾所谓有天下者，非谓此也，自得而已，自得则天下亦得我矣。

——

①摄：执掌。

【译文】

占有天下，难道一定是执掌权柄、依持势力，掌握生杀大权，而发号施令吗？我所说的占有天下，不是这样的，而是自己得到心灵满足罢了，自得其所那么天下也就对我满足了。

自得者，全其身者也[①]；全其身，则与道为一矣。

——

①全其身：指保全自然赋予人的天性。

【译文】

自己得到满足，就是保全自身完整无缺；保全自身完整，那么就与道融为一体了。

夫得道已定，而不待万物之推移也[①]；非以一时之变化，而定吾所以自得也。

——

①推移：变化。

【译文】

那些得道的人心志已经确定，而不需要等待万物的转移变化；不是用一时的变化，来确定获得自我满足的根因。

得道者，穷而不慑[①]，达而不荣[②]；处高而不机[③]，持盈而不倾。

———

①慑：恐惧，害怕。

②达：显贵。

③机：通“几”，危险。

【译文】

得道的人，困穷的时候不会害怕，显达的时候不慕荣华；处在高位不会发生危险，执掌装满的器物不会倾覆。

圣人使人各处其位，守其职，而不得相干也。

【译文】

有道德的人使人们各自安守他们的职位，尽其职守，而不能够互相干预。

夫形者非其所安也而处之，则废；气不当其所充而用之，则泄；神非其所宜而行之，则昧[①]。

———

①昧：昏暗。

【译文】

人的形体不是在安适的环境而安放它，那么就会受到伤残；元气不在充实的地方而使用它，那么就会泄散；精神不是在适宜的地方而推行它，那么就会昏昧。

贵虚者，以毫末为宅也。

【译文】

把虚无作为尊贵的人，可以把毫末这样小的地方作为安身之所。

以神为主者，形从而利；以形为制者，神从而害。

【译文】

由精神作主宰的，形体相随着而获得便利；由形体来制约的，精神随之而受到危害。

天下时有盲妄自失之患，此膏烛之类也[①]，火逾然而消逾亟。

①"此膏烛"句：膏烛与火，喻形体与精神之关系。无烛即无火，无形即无神。

【译文】

天下时常有盲目狂妄自我丧失的祸患存在，这就像蜡烛一样，火焰愈燃烧而消失得愈快。

圣人将养其神[①]，和弱其气，平夷其形，而与道沉浮俯仰[②]。

①将养：持养，奉养。

②沉浮：指盛衰。俯仰：升降。

【译文】

有道德的人经常保养他的精神，柔和他的气志，平静他的形体，而和自然之道一起盛衰升降。

俶真训

夫大寒至，霜雪降，然后知松柏之茂也[①]；据难履危[②]，利害陈于前[③]，然后知圣人之不失道也。

①“夫大寒”三句：出自《庄子·让王》《吕览·慎人》及《论语·子罕》。

②履（lǚ）：面对，经历。

③陈：排列。

【译文】

严寒到来，霜雪降落，然后才知道松柏枝叶繁茂；面临困难、身处险境，利害摆到面前，这时才知道圣人不会抛开道德。

以道为竿，以德为纶[①]，礼乐为钩，仁义为饵，投之于江，浮之于海，万物纷纷，孰非其有？

①纶：钓鱼的网绳。

【译文】

用道作为钓竿，用德作为钓绳，用礼乐作为钓钩，以仁义作为钓饵，把它投到大江之中，漂浮到大海之上，万物纷纭复杂，又有谁不归它所有呢？

明于死生之分，达于利害之变，虽以天下之大，易骭之一毛[①]，无所概于志也[②]。

①骭（gàn）：小腿。

②概：古代用来刮平的器具。引申为刮平。志：北宋本原作“忠”，《道藏》本作“志”，据正。

【译文】

明确了死生的分别，通达了利害的变化，即使拿天下这样大的东西，来更换小腿上的一根汗毛，也不会动摇自己的志向。

夫贵贱之于身也，犹条风之时丽也[①]；毁誉之于己，犹蚊虻之一过也。

①条风：春天的东北风。丽：通“历”，迅速经过。

【译文】

富贵、贫贱对于自己，就像春天的东北风一样迅速吹过；诋毁、赞誉对于自己，就像蚊虻从自己耳边飞过。

与至人居[①]，使家忘贫，使王公简其贵富而乐卑贱[②]，勇者衰其气，贪者消其欲。

①至人：道德修养达到最高境界的人。

②简：轻视。

【译文】

和道德修养达到最高境界的人生活在一起，会使家居的人忘掉贫困，使王公贵族轻视富贵而乐意卑贱，使有勇力的人衰减他的血气，使贪婪的人消除他的欲望。

坐而不教，立而不议，虚而往者实而归[1]，故不言而能饮人以和[2]。

①“坐而”三句：化自《庄子·德充符》。

②饮（yìn）：给人喝。

【译文】

安坐不去教训别人，站立着也不发议论，空手去学习的人满载而归，所以他虽然不说话，却能让人享受到平和之气。

事其神者神去之[1]，休其神者神居之[2]。

①事：治理。

②休：休止。

【译文】

扰乱精神的人精神就离开他，使其精神休息的人精神就可以停留下来。

今以涅染缁[1]，则黑于涅；以蓝染青[2]，则青于蓝。

①涅（niè）：一种矿石名。古代用作黑色染料。缁（zī）：黑色。

②蓝：一种草本植物，叶子可以提取蓝色染料。又叫蓼蓝。青：靛青。

【译文】

用涅矿石染料染黑色衣服，那么比涅矿石更黑；用蓼蓝染蓝色衣服，则比蓝色更蓝。

其用之也以不用，其不用也而后能用之；其知也乃不知，其不知也而后能知之也。

【译文】

它以不被人使用的方式而让人使用，它不被人使用而后才能使用它；它以不被人知道的方式而使人知道它，它不被人知道而后才能使人知道它。

夫天不定，日月无所载[1]；地不定，草木无所植[2]；所立于身者不宁[3]，是非无所形[4]。

①载：行。

②植：生长。

③所立于身者不宁：《文子·精诚》作“身不宁”。

④形：见。

【译文】

上天的位置不确定，日、月便无法运行；大地不确定位置，草木便无法生长；人们所立身的地方不安宁，是非曲直便没有办法辨明。

有真人然后有真知[1]。

①真知：不巧诈，故谓真。

【译文】

有道的人才能做到不巧诈。

圣人内修道术，而不外饰仁义。

【译文】

有道德的人在内部提高道德的修养，而不在外部用仁义来修饰。

虚无者道之舍，平易者道之素[①]。

---

①素：本色。

【译文】

虚无是道的馆舍，平易是道的本色。

人之事其神而娆其精[①]，营慧然而有求于外[②]，此皆失其神明而离其宅也[③]。

---

①事：奉事。神：指人体生命活动的外在表现，也指精神意识活动。娆（rǎo）：烦扰。精：古代指构成人体和生命的基本物质。

②营慧然：求索名利的样子。

③宅：指精神之宅。

【译文】

人们劳碌心志而扰乱内部的精气，竭尽心力向外钻营追求名利，这些做法都会丧失精神元气而使精神远离身心。

有病于内者，必有色于外矣[①]。

①色：容色。

【译文】

身体内部有病的人，必定表现在外部气色上。

夫人之拘于世也，必形系而神泄[①]，故不免于虚[②]。

①神泄：精神泄散。

②虚：指疾病。

【译文】

人们被世俗所拘泥，必定会使形体受到羁绊而精神衰竭，所以免不了要生病。

使我可系羁者，必其有命在于外也。

【译文】

假使我能被别人束缚住，必定是我的命运和外物有所接触罢了。

达人之学也[①]，欲以通性于辽廓[②]，而觉于寂漠也。

①达人：通达知命的人。

②辽廓：旷远，空阔。

【译文】

通达知命的人的学习，想要在空旷的环境中通达性命，而在寂静中得到觉醒。

定于死生之境，而通于荣辱之理。

【译文】

在生和死的环境中泰然处之，而通达荣宠耻辱变化之理。

虽有炎火洪水弥靡于天下[1]，神无亏缺于胸臆之中矣。

---

①弥靡：漫延。

【译文】

即使有烈火、洪水漫延于天下，自己的精神也不会在心意中有任何损害。

视天下之间，犹飞羽浮芥也[1]。

---

①芥：小草。

【译文】

看待天下之间的万事万物，就像飞过的羽毛和浮动的小草。

水之性真清，而土汩之[1]；人性安静，而嗜欲乱之。

---

①汩（gǔ）：乱。

【译文】

水的特性是清的，但是泥土使它混浊；人的本性是安静的，但是嗜欲使它混乱。

人莫鉴于流沫，而鉴于止水者[1]，以其静也；莫窥于生铁，而窥于明镜者，以睹其易也[②]。夫唯易且静，形物之性也[③]。

---

①“人莫”二句：见于《庄子·德充符》。鉴，照。沫，泥中的泡沫。《文子·九守》作“潦”。

②睹：《太平御览·服用部》十九引无“睹”字。易：平。

③形：见。

【译文】

没有人用流动的浑水来照面，而用静止的清水来照面，是因为它平静的缘故；没有人从生铁中观察自己的形容，只会从明镜中观察面容，是因为它平正的缘故。只有平正和安静，才能显现外物的性状。

用也必假之于弗用也[①]。

---

①用也：《庄子·知北游》作“是用之者”。《文子·九守》作“故用之者”。

【译文】

被使用的东西必定借助于不能被使用的部分。

虚室生白，吉祥止也[①]。

---

①“虚室”二句：见于《庄子·人间世》。室，心。白，指道。止，栖息。

【译文】

只有使心空虚起来道才能产生，吉祥才能停留。

鉴明者，尘垢弗能薶[①]；神清者[②]，嗜欲弗能乱。

①薶（wō）：玷污。

②神清：指精神内守，神清智明。

【译文】

镜子明净，灰尘不能够玷污它；精神内守，嗜欲不能够惑乱它。

夫夏日之不被裘者，非爱之也，燠有余于身也。冬日之不用翣者，非简之也，清有余于适也[①]。

①"夫夏日"六句：化自《吕览·有度》。燠（yù），暖，热。翣（shà），通"箑"，扇子。《精神训》高诱注：箑，扇也，楚人谓扇为箑。简，贱，轻慢。

【译文】

夏天不穿皮衣，不是爱惜它，对于身子来说热度太高了。冬天不用扇子，不是认为它卑贱，对于身体适宜来说寒气太多了。

量腹而食，度形而衣，节于己而已。

【译文】

按照食量多少而吃饭，度量形体大小而穿衣服，对于自己有所节制而已。

能有天下者，必无以天下为也[①]；能有名誉者，必无以趋行求者也[②]。

①以：用。

②趋行：奔走忙碌。

【译文】

能够占有天下的，一定是不利用地位为自己谋利的人；能够得到名誉的人，一定不是靠奔走钻营而得到的。

神无所掩，心无所载，通洞条达，恬漠无事，无所凝滞，虚寂以待，势利不能诱也，辩者不能说[①]，声色不能淫也，美者不能滥也[②]，智者不能动也，勇者不能恐也，此真人之道也[③]。

---

①说：解释。

②滥：淫乱。

③道：《文子·九守》作“游”。按，“辨者”至“真人之道也”，化自《庄子·田子方》。

【译文】

精神没有什么要掩饰的，心灵没有什么要负担的，通达事物的情理，静漠得像无事一样，没有什么凝结不动的，以虚静来等待，权势利益不能诱惑他，善辩的人不能说服他，声乐美色不能使之放纵，美人不能使他淫乱，智巧也不能打动他，有勇力的人不能使他恐惧，这就是真人的行为。

静漠恬澹，所以养性也；和愉虚无，所以养德也。

【译文】

静漠恬淡，是用来养性的；和愉虚无，是用来养德的。

外不滑内，则性得其宜；性不动和，则德安其位。

【译文】

外物不扰乱内心，那么性情便能得到适宜的处所；性情不扰动内心的平和之气，那么德性便有了安定的位置。

养生以经世，抱德以终年，可谓能体道矣。

【译文】

保养性命是用来治理社会，内怀德性是为了终了天年，可以说是体察到了道的根本。

目察秋毫之末，耳不闻雷霆之音；耳调玉石之声[①]，目不见太山之高，何则？小有所志而大有所忘也[②]。

---

①玉石之声：《太平御览》卷十三《天部》十三引《文子·九守》作“金石之音”，今本《文子》作“金玉之音”。

②志：记住，专注。忘：北宋本作“志”，《道藏》本作“忘”，据正。

【译文】

视力集中在细微事物上的时候，耳朵听不到雷霆的吼声；耳朵倾听金石之音时，眼睛连泰山也见不到，为什么呢？精神专注在细小的方面而把重大的事情遗忘了。

盆水在庭，清之终日，未能见眉睫；浊之不过一挠[①]，而不能察方员[②]。人神易浊而难清，犹盆水之类也。

---

①挠（náo）：搅动。

②员：同“圆”。

【译文】

把一盆水放到庭院中，使它澄清一整天，还不能照见眉毛和睫毛；轻轻搅动一下便使之浑浊，就不能看见方形和圆形的轮廓了。人的精神容易被搅浑而难于变清，就像盆水之类。

世之主有欲利天下之心，是以人得自乐其间。

【译文】

天子有为天下人谋利益之心，因此人们能够自乐其道于天地之间。

世治则愚者不得独乱，世乱则智者不能独治。

【译文】

世道太平那么愚蠢的人就不能单独造成混乱，社会混乱就是聪明的人也不能单独治理好。

性遭命而后能行，命得性而后能明。

【译文】

天性遇到适宜的时运后才能通行，时运遇到天性才能得以显明。

天文训

举事而不顺天者，逆其生者也[①]。

①逆：违背。

【译文】

不按照自然规律行事，是违背生存法则的。

览冥训

圣人在位，怀道而不言[1]，泽及万民。

---

①怀道：指圣人行自然无为之道。

【译文】

圣人在位执政，实行无为之道而不必讲话，恩泽就可以施及万民。

天道者[1]，无私就也[2]，无私去也[3]；能者有余，拙者不足；顺之者利，逆之者凶。

---

①天：北宋本原作“夫”，刘绩《补注》本作“天”，高诱注、《文子·精诚》亦作“天”，据正。

②就：靠近。

③去：离开。

【译文】

天道，不会私自靠近谁，也不会私自离开谁；能行天道的人功德有余，不能行天道的人功德不足；顺应天道就能得到便利，违背它就会遇到凶灾。

圣若镜，不将不迎，应而不藏[1]，故万化而无伤。

---

①“圣若镜”三句：见于《庄子·应帝王》。圣，《文子·精诚》作“圣人”。将，送。应，随着。藏，藏物。

【译文】

圣人就像一面镜子，对人不送不迎，反映着人形的变化而不会隐藏，所以有各种变化而没有任何伤害。

河九折注于海而流不绝者[①],昆仑之输也。

①九折:多次曲折。

【译文】

黄河经过多次曲折到达大海,而水流不会断绝的原因,是昆仑山为它输送水源。

乞火不若取燧[①],寄汲不若凿井[②]。

①乞火:求取火种。燧(suì):取火的器具。

②汲(jí):打水,取水。

【译文】

说向别人求火不如取燧打火,依靠别人取水不如自家掘井。

精神训

圣人法天顺情[①],不拘于俗,不诱于人。

①法天顺情:《文子·九守》作"法天顺地"。

【译文】

圣人取法上天而依顺大地,不被世俗所拘束,不被他人所诱惑。

以天为父,以地为母;阴阳为纲,四时为纪;天静以清,地定以宁，万物失之者死，法之者生。

【译文】

把上天作为父亲，把大地作为母亲；把阴阳变化作为纲领，把四季的规律作为准则；上天安静而洁净，大地安定而宁静，万物失掉它就会死去，效法它就能生存。

夫静漠者①，神明之宅也②；虚无者③，道之所居也。

①静漠：安静，淡漠。

②神明：指人的精神清明。

③虚无：指无情欲的虚寂状态。

【译文】

安静淡漠，是使精神清明的住所；虚无寂静，是道的安居之处。

天有风雨寒暑，人亦有取与喜怒。

【译文】

天有风雨寒暑，人也有取与喜怒。

日月失其行，薄蚀无光①；风雨非其时，毁折生灾；五星失其行，州国受殃②。

①薄（bó）蚀：日月相掩映，失其光泽。薄，迫，指日月无光。蚀，通“食”，日食。

②“五星”二句：高诱注：五星，荧惑、太白、岁星、辰星、镇星。今荧犯角、亢，则州国受其殃。

【译文】

日月失去运行轨道，就会发生相食而失去光辉；风雨不能按时到来，就会毁折万物发生灾荒；五星乱了行驶轨道，大地上的州国就要遭殃。

血气者[①]，人之华也[②]；而五藏者，人之精也。

①血：北宋本原作“面”，刘绩《补注》本、《四库全书》本作“血”，《文子·九守》同，据正。

②华：精华。

【译文】

血气，是人的精华；而五脏，则是人的精粹所在。

所求多者所得少，所见大者所知小。

【译文】

贪求多的人反而得到的少，所见到大的人反而知道的就小。

耳目淫于声色之乐，则五藏摇动而不定矣。五藏摇动而不定，则血气滔荡而不休矣[①]。血气滔荡而不休，则精神驰骋于外而不守矣。精神驰骋于外而不守，则祸福之至，虽如丘山，无由识之矣。

①滔荡：激荡。

【译文】

耳目过分沉溺于声色之中，那么五脏就要受到震动而不得安宁。五脏摇动而不得安宁，那么血气就会激荡而不能够平息。血气激荡而不能够平息，那么精神就会竞驰在外而不能内守。精神竞驰在外面不能内守，那么祸福到来时，即使像山丘一样大，也没有办法来识别它。

五色乱目，使目不明；五声哗耳，使耳不聪；五味乱口，使口爽伤[1]；趣舍滑心[2]，使行飞扬[3]。

①爽伤：败坏，病伤。王念孙《读书杂志》云：本作“厉爽”。《庄子·天地》“使口厉爽”，即《淮南》所本也。伤，病。

②趣舍：取舍，进退。偏义复词，指“趣”。滑心：扰乱心境。

③行：《文子·九守》作“性”。飞扬：放荡，不从轨道。按，“五色”八句，见于《庄子·天地》。

【译文】

各种色彩可以扰乱视线，使眼睛看不清楚；各种声音搅乱了听觉，使耳朵听不明白；各种气味扰乱了味觉，使嘴巴受到伤害；追逐外物的念头搅乱了思想，使行为脱离轨道。

嗜欲者，使人之气越；而好憎者，使人之心劳[1]。

①劳：病。

【译文】

过分贪欲，使人精气失散；而喜好憎恶，使人的精神疲劳。

夫惟能无以生为者[1]，则所以脩得生也[2]。

①无以生为：不把生活享受作为追求目标。

②脩得生：长久得到养生。《文子·九守》作“得长生”。

【译文】

只有那些不去贪求生活享受的人，才能长久地得到养生。

能知一[①]，则无一之不知也[②]。不能知一，则无一之能知也。

---

①一：指道。

②一：指外物。

【译文】

能通晓道的规律，那么万物中没有不能通晓的。不能懂得道的规律，那么万物中没有一样是能够懂得的。

其生我也，不强求已；其杀我也，不强求止。

【译文】

大自然生下我，我也不强求死去；它们处死我，也不强求苟活。

欲生而不事，憎死而不辞。

【译文】

自然造化力想使我生存而我不必侍奉它，它厌恶而使我死去也不需要向它告辞。

贱之而弗憎，贵之而弗喜，随其天资而安之不极[①]。

---

①天资：天所赋予。极：急。

【译文】

人们认为我卑贱也不憎恨，认为我尊贵也不欢喜，随着上天的赐予安享它而不急迫。

吾生也物不以益众，吾死也土不以加厚，吾又安知所喜憎利害其间者乎[1]？

---

①"吾又"句：高诱注：不知喜生之利，不知憎死之害，守其正性也。

【译文】

我生存时万物不因此而增多，我死去土地也不因此而加厚，我又怎么知道其中存在着喜憎、利害的事情呢？

因时以安其位，当世而乐其业。

【译文】

按照时势的变化不同来安定自己的位置，符合当世的需要而喜欢他的事业。

夫悲乐者，德之邪也；而喜怒者，道之过也；好憎者，心之暴也[1]。

---

①"夫悲"六句：源于《庄子·刻意》。暴，损害。刘绩《补注》本云：《文子》作"累"。

【译文】

悲哀和快乐，是德的邪妄；欢喜和愤怒，是道的过错；爱好和厌恶，是心的损害。

其生也天行，其死也物化。静则与阴俱闭，动则与阳俱开[①]。

---

①“其生”四句：化自《庄子·天道》《刻意》。“俱闭”，《庄子·天道》作“同德”。“俱开”，《庄子·天道》作“同波”。天行，自然的运行。物化，外物的变化。

【译文】

圣人生下来是自然的运行，圣人的死亡是外物的变化。静止的时候就和阴气一起关闭，行动的时候就和阳气一起开放。

精神澹然无极[①]，不与物散而天下自服[②]。

---

①澹然：恬淡的样子。极：穷尽。

②散：杂乱的样子。自服：服于德。

【译文】

精神安静而没有穷尽，不和外物相混杂，而天下自然服从于德。

心者形之主也，而神者心之宝也。

【译文】

心是形体的主宰，而神是心的珍宝。

形劳而不休则蹶[①]，精用而不已则竭，是故圣人贵而尊之，不敢越也。

---

①蹶（jué）：跌倒。

【译文】

形体劳碌而不停息就会倒下，精神经常使用而不停止就会枯竭，因此圣人珍视而尊重它，不敢使它离散。

圣人以无应有，必究其理；以虚受实，必穷其节；恬愉虚静，以终其命。

【译文】

圣人用无形去应对有形，但必定搞清楚其中的道理；用虚无去接受充实，必定穷尽它的节度；以淡漠安静，来终结自己的生命。

死生亦大矣，而不为变[①]。

---

①而不为变：高诱注：不为变者，同死生也。

【译文】

死生也是大事了，却能同死生，而不会使它变化。

审乎无瑕[①]，而不与物糅[②]；见事之乱，而能守其宗。

---

①瑕（xiá）：瑕疵。《庄子·德充符》作“审乎无假”。

②糅（róu）：杂糅。

【译文】

审慎持守自己纯洁的本性，而不和外物相混杂；看到外事的混乱，而自己能够独守根本。

正肝胆[①]，遗耳目；心志专于内，通达耦于一[②]。

---

①正：王念孙《读书杂志》云："正"当为"亡"。《庄子·大宗师》："忘其肝胆，遗其耳目。"即《淮南子》所本。

②耦（ǒu）：耦合。一：指道。

【译文】

忘掉自己的肝胆，遗忘了自己的耳目；心志专注内在精神，通达万物耦合到道之中。

以死生为一化，以万物为一方[①]。

---

①方：类。

【译文】

只把死、生看作同一的变化，把万物作为同一类的事物罢了。

轻天下，则神无累矣；细万物，则心不惑矣；齐死生，则志不慑矣[①]；同变化，则明不眩矣[②]。

---

①慑：惧怕。

②眩：惑乱。

【译文】

如能看轻天下的权势，那么精神便不会受到外物的牵累；把世间万物看作小事，那么心灵便不会受到诱惑了；把生、死等同起来，那么心志就不会惧怕了；把万物的变化同一起来，那么智慧就不会发生惑乱了。

君子义死而不可以富贵留也，义为而不可以死亡恐也。

【译文】

君子可以为正义而牺牲，却不能因贪图富贵而苟活；君子可以为大义而献身，却不能够用死亡相恐吓。

至贵不待爵，至富不待财。

【译文】

最高的权贵不依赖爵禄，最大的富有不依恃财产。

无累之人，不以天下为贵矣。

【译文】

没有牵累之人，不把天下的权位看作是尊贵的。

不观大义者①，不知生之不足贪也；不闻大言者②，不知天下之不足利也。

①大义：指为国君去死。

②大言：指体道无欲之言。

【译文】

不了解大义的人，不知道人活着是不值得贪财的；没有听到大言的人，不知道天子的权势是不值得图谋的。

今赣人敖仓①，予人河水，饥而飧之②，渴而饮之，其入腹者，不过箪食瓢浆③，则身饱而敖仓不为之减也，腹满而河水不为之竭也。

①赣(gòng):赐给。敖仓:古仓名。在今河南荥阳北。

②飧(cān):吃。

③箪(dān):古代盛饭的圆形竹器。

【译文】

送给别人一个敖仓,并把黄河之水也送给他,饿了来吃它,渴了来饮它,它们进入肚子里的,不过一竹篮食物和一瓢水而已,那么肚子饱了而敖仓不因此而减少,装满了肚子而黄河水不因之而枯竭。

清目而不以视[①],静耳而不以听;钳口而不以言[②],委心而不以虑[③];弃聪明而反太素,休精神而弃知故;觉而若昧[④],以生而若死[⑤];终则反本未生之时[⑥],而与化为一体[⑦],死之與生[⑧],一体也[⑨]。

①清:明亮。

②钳口:闭口。

③委心:听任本心的自然。

④昧:暗昧。王念孙《读书杂志》王引之曰:字当作"眯"。按,此处有梦魇义。

⑤以:王念孙《读书杂志》认为是衍文。

⑥未:北宋本原作"末",《道藏》本作"未",据正。

⑦化:造化。

⑧與:《道藏》本作"舆"。俞樾《群经平议·周易一》:"舆,当读为與。是舆、與古通用。"

⑨一体也:于鬯《香草续校书》:"体"当作"实",上文可例。作"体"

者涉上一句“一体”而误。

【译文】

有明亮的眼睛而不用来看东西，有安静的耳朵而不用来听声音；闭上嘴巴而不用来说话，听任本心而不去思虑；抛开聪明而反归自然，止息精神而除去巧诈；觉醒了而像在梦境中，活着而就像死去；最终则要返回到本来未生之时，而和自然造化在一起，死去和活着，存在于一个整体之中。

知宇宙之大，则不可劫以死生[1]；知养生之和[2]，则不可县以天下[3]。

---

①劫：迫。

②养生之和：指养生之要道。

③县：同“悬”，系。一说“县”之言“眩”，惑乱。

【译文】

知道宇宙是如此广大，那么便不能够用死生相胁迫；懂得了养生的要道，就不必用天下的权势来惑乱。

无外之外[1]，至大也；无内之内[2]，至贵也。

---

①无外：没有垠外。喻极大。

②无内：道极其微妙，故曰“无内”。言其小。

【译文】

没有边界的外面，是最为广大的了；没有内部的里面，是最为尊贵的了。

射者非矢不中也，学射者不治矢也[①]；御者非辔不行，学御者不为辔也。

①矢：北宋本原作"天"，《道藏》本作"矢"，据正。

【译文】

射箭的人，不是箭头不能射中，而是学习射箭的人不去练习射击；驾驭车马的人不是辔头不好，而是学习驾车的人不去练习驾驭。

本经训

至人之治也[①]，心与神处，形与性调，静而体德[②]，动而理通，随自然之性，而缘不得已之化[③]。

①至人：指超凡脱俗、达到无我境界的人。

②体：履行。

③缘：顺着。

【译文】

至人治理天下的时候，心灵和精神相共处，形体和性情相协调，静居时体现德性，行动时通达情理，随着自然的本性，而顺着不依人的意志而变化。

洞然无为[①]，而天下自和；憺然无欲[②]，而民自朴。

①洞然：空虚的样子。

②憺（dàn）然：安静的样子。

【译文】

虚静得像没有做什么事情，而天下自然平和；恬淡得像没有任何情欲，而百姓自然朴实。

振困穷，补不足，则名生[①]；兴利除害，伐乱禁暴，则功成[②]。

①名：仁名。

②功：武功。

【译文】

赈救穷困，补充不足，那么仁慈之名便产生了；兴办有利的事业、除去有害的弊端，讨伐叛逆、禁止暴力，那么武功之名便形成了。

喜怒刚柔，不离其理。

【译文】

喜怒、刚柔，不会离开它的道理。

谨于权衡准绳，审乎轻重，足以治其境内矣。

【译文】

谨慎地掌握权衡准绳所规定的法则，慎重审查刑法的轻重，这样就足以治理它的国家了。

动静调于阴阳，喜怒和于四时。

【译文】

动静与阴阳相协调，喜怒同四季相和谐。

内能治身，外能得人。

【译文】

对内能够治理己身，对外能够得到人心。

天爱其精①，地爱其平，人爱其情。

①精：光明。

【译文】

上天珍爱它的光明，大地爱惜它的平正，人类爱惜它的情性。

精泄于目①，则其视明；在于耳，则其听聪；留于口，则其言当；集于心，则其虑通。

①泄：通。

【译文】

精气和眼睛相通，那么他的视力就清楚；精气存在于耳中，那么他的听觉就灵敏；精气存留在口中，那么他的言词就会适当；精气集中在心里，那么他的思虑就会通达。

人之性，有浸犯则怒①，怒则血充，血充则气激，气激则发怒，发怒则有所释憾矣②。

①浸：侵凌、冒犯。《道藏》本作"侵"。《汉书·薛宣传》颜师古注：浸，字或作"侵"。

②释：解除、消释。憾：恨。

【译文】

大凡人的天性，被人侵凌冒犯就会动怒，动怒就会血气上充，血气上充则脾气冲动，脾气冲动就要发出怒火，怒火爆发愤恨就释放了。

父行其慈，子竭其孝。

【译文】

父亲施予他的仁慈之爱，儿子竭尽他的孝道。

兵者所以讨暴，非所以为暴也。

【译文】

军队是用来讨平暴乱的，不是用来进行暴力活动的。

用兵有术矣，而义为本。

【译文】

用兵是有战略规定的，而要把实行道义作为根本。

本立而道行，本伤而道废。

【译文】

根本确立大道就能推行，根本受到伤害大道就会废弃。

主术训

人主之术①，处无为之事，而行不言之教②；清静而不动，一度而不摇③；因循而任下，责成而不劳④。

①术：君主统治的手段和策略。

②"处无为"二句：见于《老子·二章》。

③一度：统一法度。

④责成：督责完成任务。

【译文】

国君统治天下的手段，用无为去处理事务，用不言去教化大众；清虚安静而不妄动，统一法度而不动摇；沿袭规则而任用臣下，督责臣下而自己不辛劳。

夫目妄视则淫[1]，耳妄听则惑，口妄言则乱。夫三关者，不可不慎守也。

①妄：北宋本原作"安"，《道藏》本作"妄"，据正。下二"妄"字同。

【译文】

眼睛乱看就会淫乱，耳朵乱听就会迷惑，嘴巴乱说就会造成混乱。目、耳、口这三关，是不能够不谨慎把守的。

天道玄默[1]，无容无则；大不可极[2]，深不可测[3]；尚与人化[4]，知不能得。

①玄默：清静无为。

②大：北宋本原作"天"。刘绩《补注》本作"大"，《文子·自然》同，据正。

③测：尽。

④尚：通"常"。《文子·自然》作"常"。

【译文】

天道是沉静无为的，没有容貌没有法则；大到没有边际，深到无法测量；天道常和人一起变化，但是人的智慧又不能得到它。

水浊则鱼噞[1]，政苛则民乱。

①噞(yǎn)：鱼在水面张口呼吸。

【译文】

水混浊了鱼就会呼吸困难，政令苛烦了就会给百姓造成混乱。

上多故则下多诈，上多事则下多能[1]，上烦扰则下不定，上多求则下交争。

①能：通"态"。《道藏》本作"态"。

【译文】

国君多诈那么臣下多欺骗，国君多嗜欲那么臣下就会多巧饰，国君多烦扰那么臣下便不得安定，国君多贪欲那么臣下则争斗。

刑罚不足以移风，杀戮不足以禁奸，唯神化为贵[1]，至精为神[2]。

①神化：指精神的变化。

②至精：最高的精神境界。

【译文】

刑罚是不能够完全用来改变风气的，杀戮也是不能全部禁止奸恶的，只有精神的改变才是可贵的，具有最高的精神境界便能达到神奇的效果。

夫疾呼不过闻百步，志之所在，逾于千里[①]。

①逾：越过。

【译文】

高声疾呼不过使百步之远的人听到，意志所要到达的地方，可以越过千里之遥。

至精之像[①]，弗招而自来，不麾而自往[②]。

①至精之像：《文子・精诚》作"至精之感"。

②麾（huī）：指挥。

【译文】

最高的精神境界具有感化的巨大力量，不去招呼而万物自然归来，不去指挥而万物自行前往。

待目而照见[①]，待言而使令，其于为治，难矣。

①待目：等待示意。照：察看。

【译文】

等待别人指使才去察看，等待别人说话才去行动，用这样的办法治理国家，就困难了。

民之化也，不从其所言而从其所行。

【译文】

百姓听从教化，不是听从施政者的言论而是追随他们的行动。

至精之所动，若春气之生，秋气之杀也，虽驰传骛置[1]，不若此其亟[2]。

---

①传(zhuàn)：传车，古代驿站的专用车辆。骛(wù)：奔跑。置：驿站。

②亟(jí)：疾。

【译文】

最高的精神具有感化的重要力量，就像春风化育万物，秋气使万物凋零，即使像传车飞奔到达驿站一样，也不如它这样急速。

君人者，其犹射者乎？于此豪末[1]，于彼寻常矣[2]，故慎所以感之也。

---

①豪：通“毫”，细毛。

②寻常：《说文》八尺为寻，倍寻为常。

【译文】

以国君统治人民，大约就像射箭吧！在射出的时候相差毫末，在到达目标时就会有极大的误差，因此对能造成感化的事情要特别慎重。

至精形于内，而好憎忘于外。

【译文】

在内心形成了最高的精神，在外面便忘记好憎了。

太上神化，其次使不得为非，其次赏贤而罚暴。

【译文】

治政最高的要求是精神的感化，其次是使自己不至于干出错误的事情，再次是赏赐贤才和处罚暴虐。

衡之于左右，无私轻重，故可以为平。绳之于内外，无私曲直，故可以为正。人主之于用法，无私好憎，故可以为命。

【译文】

秤杆对于左右的物品，不因私心来定轻重，所以用来作为公平的标准。绳墨对于内外的事物，不因私心来定曲直，所以可以作为公正的准则。国君对于使用法律，不因私心而改变执法尺度，因此可以作为命令。

道有智则惑，德有心则险，心有目则眩[①]。

---

①目：成见。眩：惑乱。按，此三句化自《邓析子·无厚》。

【译文】

道中带有智巧就会陷入迷惑，德中带有意念就会出现危险，心灵中存有成见就使人惑乱。

国有亡主，而世无废道[①]；人有困穷，而理无不通。

---

①"国有"二句：高诱注：亡主，桀、纣是也。汤、武以其民主，故曰：无废道也。

【译文】

国家有桀、纣这样的亡国之君，而世上没有废弃不用的道；人有贫困不得志之时，而理没有不通的时候。

无为者道之宗。

【译文】

无为是道的根本。

君人者，不下庙堂之上[①]，而知四海之外者，因物以识物，因人以知人也。

———

①庙堂：宗庙和明堂。代指朝廷。

【译文】

作为统治人民的国君，身不下庙堂之上，而能够知道天下的事情，是凭借外物而认识外物，依靠人而知道人。

积力之所举，则无不胜也；众智之所为，则无不成也。

【译文】

积聚众人的力量，那么没有什么不能战胜；集中大众的智慧，那么没有什么不能成功。

埳井之无鼋鼍[①]，隘也；园中之无脩木，小也。夫举重鼎者，少力而不能胜也[②]。

———

①埳(kǎn)：北宋本原作“埳”，《道藏》本作“埳”，据正。《庄子·秋水》陆德明释文引司马云：“埳井，坏井也。”成玄英疏：“犹浅井也。”鼋鼍(yuán tuó)：大鳖和扬子鳄。

②少力:《道藏》本作“力少”。

【译文】

在浅井里生长不出鼋鼍来,是因为狭小的缘故;庭园中长不出参天大树,是因为环境狭隘的缘故。要举起重鼎,力气小了是不能够胜任的。

千人之群无绝梁[①],万人之聚无废功。

①绝梁:《吕览·用众》高诱注:《淮南记》曰:“万人之众无废功,千人之众无绝良。”而《文子·下德》作“千人之众无绝粮”。梁、良同音,古通用。

【译文】

上千人聚集不会缺少优秀人才,上万人的力量汇聚就没有什么功劳不能建立。

工无二伎,士不兼官,各守其职,不得相姦[①]。

①姦:杨树达《淮南子证闻》:“姦”当读为“干”,犯也。按,此四句化自《慎子》《韩非子·难一》。

【译文】

工匠没有两种技能,士也不兼任官职,各自尽守他的职责,不能够相互干扰。

人得其宜,物得其安。

【译文】

人们得到各自的适宜处境,万物得到平安生长的地方。

责少者易偿[1]，职寡者易守，任轻者易权[2]。

①责：同“债”，债务。

②权：谋划。按，《文子·下德》作“劝”。

【译文】

债务少的就容易偿还，职责少的人就容易守持，任职轻的就容易谋划。

无功而厚赏，无劳而高爵，则守职者懈于官，而游居者亟于进矣[1]。

①游居：指投机钻营的人。

【译文】

没有功劳而大受赏赐，没有辛劳而得到很高的爵位，那么尽忠守职的人对于官职就会懈怠，而那些投机的人便急忙钻营升官的途径。

无罪者而死亡，行直而被刑，则修身者不劝善，而为邪者轻犯上矣[1]。

①犯上：冒犯尊长或上级。

【译文】

没有罪的人遭死罪，行为正直的人反而遭到刑杀，那么勤于修身的人不再鼓励别人干好事，而搞邪门歪道的人便轻易犯上了。

为惠者生奸，而为暴者生乱，奸乱之俗，亡国之风。

【译文】

妄施恩惠的做法便产生奸邪，而妄施暴力便产生混乱，奸邪、混乱的习俗，便是使国家灭亡的歪风。

慧不足以大宁[1]，智不足以安危。

①慧：通“惠”。

【译文】

小恩惠不能够使天下得到大的安宁，小智谋不能够决定国家的安危。

清静无为，则天与之时；廉俭守节，则地生之财[1]；处愚称德[2]，则圣人之为谋[3]。

①“清静”四句：高诱注：人君德行如此，故天与之时，地生之财。天与之时，汤、武是也。地生之财，神农、后稷也。

②处愚称德：马宗霍《淮南旧注参正》：“处愚”者，犹言以愚自居也。“称德”者，犹言惟有德者是举也。

③之为谋：《四库全书》本作“为之谋”。

【译文】

清虚安静顺应天道，那么上天就会给它适宜的时机；廉洁勤俭坚守节制，那么土地就会生长丰足的财物；国君行处若愚举用有德之人，那么圣贤之人就会替他谋划。

下者万物归之，虚者天下遗之[1]。

---

①遗(wèi):给予。

【译文】

处于下面的位置万物便归向它,处于空虚的境地天下就会给予它。

人主之听治也,清明而不暗,虚心而弱志,是故群臣辐凑并进[1],无愚智贤不肖,莫不尽其能。

---

①辐(fú)凑:像车轮辐条一样聚集。

【译文】

国君治理国家,清静明朗而不昏暗,虚怀若谷而减少志趣,因此群臣像辐条聚集齐头并进,无论愚蠢智慧、贤德不肖,没有人不奉献出自己的才能。

人主覆之以德,不行其智,而因万人之所利。

【译文】

国君用德泽覆盖天下,不是运用他的智巧,而是依照万民的利益来行事。

夫乘众人之智,则无不任矣[1];用众人之力,则无不胜也。

---

①任:胜。北宋本原作“仕”,《道藏》本作“任”,据正。

【译文】

依靠众人的智慧,那么没有什么不能胜任的;利用大众的力量,那么没有什么不能战胜的。

千钧之重[①]，乌获不能举也[②]；众人相一，则百人有余力矣。

①千钧：三十斤为一钧，千钧即三万斤。形容极重。

②乌获：秦武王时大力士。

【译文】

三万斤的重量，大力士乌获不能够举起来；众人帮助一个人，那么一百个人的力量都有剩余。

推而不可为之势[①]，而不修道理之数[②]，虽神圣人不能以成其功。

①推：推行。《文子·自然》作"权"。

②修：《文子·自然》作"循"。

【译文】

推行那些不可能做到的事情，而不去依循道德的法则，即使是神圣之人也不能成就功业。

积力之所举，无不胜也；而众智之所为，无不成也。

【译文】

积聚众力来举事，没有不能取胜的；而会合大众的智慧去干事，没有不能成功的。

有一形者处一位，有一能者服一事。

【译文】

有特殊形体的人处于专门的位置，有特殊才能的人从事特别的事情。

力胜其任，则举之者不重也；能称其事[①]，则为之者不难也。

①能称：向宗鲁《淮南校文》：《意林》引“能称”作“智能”。

【译文】

才能胜任他的工作，就是把重物举起来也不感到沉重；才能适合做与己相称的事情，那么把事情干好也不会感到困难。

毋小大脩短，各得其宜，则天下一齐，无以相过也。

【译文】

不管大小、长短，各自得到他们适宜发挥才能的地方，那么天下便可以整齐划一，没有用来相互责备的地方了。

兼而用之，故无弃才。

【译文】

兼用各自的才智，所以不会发生遗弃才能的现象。

所任者得其人，则国家治，上下和，群臣亲，百姓附；所任非其人，则国家危，上下乖，群臣怨，百姓乱。

【译文】

所任用的人是合适的，那么国家便得到治理，上下和洽，群臣亲近，百姓归附；所任用的不是合适的人，那么国家发生危险，上下相互背离，群臣互相怨恨，百姓造成混乱。

绳正于上，木直于下。

【译文】

上面绳墨拉得正直，那么下面的木料也就能取直。

人主诚正，则直士任事，而奸人伏匿矣；人主不正，则邪人得志，忠者隐蔽矣。

【译文】

国君诚实公正，那么正直的人担任要职，而奸邪之人便要躲藏起来了；国君不正派，那么奸邪小人便能得志，忠直之士就要隐藏起来了。

言不得过其实，行不得逾其法。

【译文】

言事不能超过实际，行事不能越过法规。

不偏一曲，不党一事。

【译文】

不偏向一个局部，不偏袒一件事情。

主精明于上，官劝力于下，奸邪灭迹，庶功日进[①]。

---

①庶：众多。

【译文】

国君在上面精细明察，百官在下面勤劳政事，奸邪之人就绝迹了，许多功绩便都出现了。

疾风而波兴，木茂而鸟集，相生之气也。

【译文】

疾风吹来波浪兴起，树木繁茂而飞鸟云集，这是由于相互关联的气而形成的。

君德不下流于民，而欲用之，如鞭蹄马矣[①]。是犹不待雨而求熟稼，必不可之数也。

①蹄：北宋本原作“踶”，《道藏》本作“蹏”，即“蹄”字，据正。

【译文】

国君的恩德不洒向人民，而想使用他们，就像用鞭子打踢人的马，这就像不等待雨水而求得庄稼的成熟，这一定是行不通的办法。

君人之道，处静以修身，俭约以率下，静则下不扰矣，俭则民不怨矣。

【译文】

国君统治人民的方法，自己处于静虚状态来修养身心，勤俭节约来率领百官，静虚则臣下不受扰乱，节俭则百姓没有怨恨。

非澹漠无以明德[①]，非宁静无以致远，非宽大无以兼覆，非慈厚无以怀众，非平正无以制断[②]。

①澹(dàn)漠：恬淡寡欲。《文子·上仁》作“淡漠”。诸葛亮《戒子书》作“澹泊”。明德：使德性完美。

②制断：裁断。

【译文】

不恬淡寡欲就不能具有完美的德性，不安宁静寂就不能到达远方，不宽宏大量就不能够包容天下，不慈爱厚道就不能安抚大众，不公平正直就不能裁决判断。

无大小修短，各得其所宜。规矩方圆，各有所施[①]。

①各有所施：《群书治要》引此，下有“殊形异材，莫不可得而用也”二句。

【译文】

不论大小长短，各自都得到合适的用场。规矩方圆，各自都有施予的地方。

有大略者，不可责以捷巧；有小智者，不可任以大功。

【译文】

有雄才大略的人，不能够要求他干轻便、小巧的事情；有小聪明的人，也不能够把大事委任给他。

审毫厘之计者，必遗天下之大数；不失小物之选者，或于大事之举。

【译文】

只注重审查毫厘之数的人，必定失去天下的大数；对于小事的计算不差分毫，对于干大事就会糊涂了。

以天下之目视，以天下之耳听，以天下之智虑，以天下之力争。

【译文】

用全天下大众的眼力看待万物，用天下人民的耳朵倾听一切，用天下人民的智慧考虑问题，用天下人民的力量去争取成功。

喜不以赏赐，怒不以罪诛。

【译文】

高兴时不随便赏赐，发怒时也不去妄杀。

假舆马者，足不劳而致千里；乘舟楫，不能游而绝江海[①]。

---

①"假舆马"四句：化自《荀子·劝学》。假，借助。绝，渡过。

【译文】

凭借车马的人，腿脚不辛劳而可以达到千里之外；乘坐舟船的人，不能游泳而能渡过江海。

是非之所在，不可以贵贱尊卑论也。

【译文】

是非的关键所在，不能够凭贵贱、尊卑来决定。

其计乃可用，不羞其位；其主言可行[①]，不责其辩。

---

①主：刘绩《补注》本无"主"字。王念孙《读书杂志》："主"字因上下文而衍。《文子·上仁》作"其言可行，不责其辩"。

【译文】

只要臣下的计策可以被使用，不因为他的地位卑贱而感到羞耻；他的言论可以施行，而不要求他能言善辩。

法者天下之度量。

【译文】

法律是天下的度量标准。

县法者[1]，法不法也；设赏者，赏当赏也。

①县：同“悬”。

【译文】

悬挂法律条文，是为了惩罚不守法的人；设置赏赐，是为了奖赏应该赏赐的人。

尊贵者，不轻其罚；而卑贱者，不重其刑。犯法者，虽贤必诛；中度者，虽不肖者必无罪。

【译文】

尊贵的人，不使他们的处罚减轻；而地位卑贱的人，也不能加重他的刑罚。触犯法律的人，即使是贤德之人也必须加以惩处；符合法度的，即使是不肖之人也必定没有罪过。

法生于义，义生于众适，众适合于人心，此治之要也[1]。

①要：关键。

【译文】

法律从道义中产生，道义从大众适宜的事理中产生，大众适宜的事理同人心相合，这是治政的关键。

通于本者，不乱于末；睹于要者，不惑于详。

【译文】

通达根本的人，不会在末节上混乱；对于要领考察清楚的人，不会在细节上受迷惑。

法者非天堕，非地生，发于人间，而反以自正。

【译文】

法律不是从天下掉下来的，也不是从土地里产生的，它是从人世间产生，而反过来要求人民自我端正行为。

有诸己，不非诸人[①]；无诸己，不求诸人[②]。

---

①“有诸己”二句：高诱注：有诸己，己有聪明也。不非诸人，恕人行也。

②“无诸己”二句：高诱注：言己虽无独见之明，不求加罪于人也。按，“是故”至“诸人”，亦见于《墨子·小取》。

【译文】

对于自己所据有的，不把别人没有的作为不是；对于自己所没有的，也不强求别人没有。

立于下者，不废于上；所禁于民者，不行于身。

【译文】

国君针对臣民所建立的法律，不应该对上面废除；国君要求人民禁止的东西，对于自身首先要禁止。

有法者而不与用[①]，无法等。

①有法者：陈昌齐《淮南子正误》："者"字疑衍。与用：《四库全书》本作"用与"，当正。

【译文】

有法却不执行，它与没有法律是相同的。

禁胜于身，则令行于民矣[①]。

①"禁胜于身"二句：化自《管子·法法》。

【译文】

禁令在自己身上能实行，那么法令便可以在人民中实行了。

权势者，人主之车舆也；大臣者，人主之驷马也。体离车舆之安，而手失驷马之心，而能不危者，古今未有也。

【译文】

权力势位，是国君的车子；公卿大臣，是人主的驷马。身子离开了车子的平稳，而双手不合驷马的心意，而能够不出现危险的，从古到今都是没有的。

美者止于度，而不足者逮于用，故海内可一也[①]。

①"美者"三句：《文子·上义》作"有余者止于度，不足者逮于用，故

天下可一也”。

【译文】

才能有余的人限制在法度之中，而才能不足的人也可以发挥作用，这样海内便可以同一了。

有术则制人，无术则制于人。

【译文】

有手段的就能制服别人，没有手段就会被人制服。

君人者不任能，而好自为之[1]，则智日困而自负其责也。

①而好(hào)自为之：高诱注：不任用臣智能也。按，好，喜好。

【译文】

国君如果不能任用臣下的才智，而喜欢自己亲自去做，那么智术就会日益困窘而要自己负担起臣下的责任。

喜怒形于心，者欲见于外[1]。

①者：王念孙《读书杂志》："者"当为"耆"，"耆欲"与"喜怒"相对为文。《文子·上仁》作"嗜欲"。见(xiàn)：显现，表现。

【译文】

喜怒在心里形成，嗜欲就会在外面表现出来。

与马竞走，筋绝而弗能及；上车执辔，则马死于衡下[1]。

---

①马死于衡下:《文子·上仁》作“马服于衡下”。衡:车辕头上的横木。

【译文】

和马一起赛跑,人的筋骨折断也追赶不上;上了车子执掌马辔头,那么马可以死在车辕横木之下。

无为而有守也,有为而无好也[①]。

---

①“无为”二句:《文子·上仁》作:“无为而有就也,有立而无好也。”

【译文】

不违反规律而要有持守,有作为而没有私好。

有为则谗生[①],有好则谀起[②]。

---

①谗(chán):诬陷。

②“有好”句:高诱注:谄谀之人乘志而起。

【译文】

有作为那么就有谄媚之人出现,有私好那么奉承之人就会涌现。

火热而水灭之,金刚而火销之,木强而斧伐之,水流而土遏之,唯造化者,物莫能胜也。

【译文】

烈火炽热而水能浇灭它,金属坚硬而烈火能够熔化它,木质强硬而斧头能砍伐它,水流不止而土壤能够阻止它,只有生成万物的大自然,万物中没有什么东西能战胜它。

中欲不出谓之扃[1],外邪不入谓之塞[2]。中扃外闭,何事之不节?外闭中扃,何事之不成?

①扃(jiōng):本指从外面关闭的门闩,引申为关闭。

②外邪:指可以伤害人心健康的外界事物。塞:《文子·上仁》作“闭”。

【译文】

内心的欲望不显现出来叫做扃,外部的邪气不能进入叫做塞。内心欲望关闭、外部邪气堵塞,什么事情不能够节制呢?外闭内塞,什么事情不能够办成呢?

弗用而后能用之,弗为而后能为之。

【译文】

不用然后才能使用它,不做而后才能做成它。

精神劳则越[1],耳目淫则竭[2]。

①越:泄散。

②竭:穷尽。

【译文】

精神辛劳那么就要泄散,耳目淫乱那么就会枯竭。

枝不得大于干,末不得强于本,则轻重小大,有以相制也。

【译文】

树枝不能比树干大,树梢不能强过树根,这样轻重、大小,就能够用来相互制约了。

七尺之桡[①]，而制船之左右者，以水为资[②]。天子发号，令行禁止，以众为势也。

①桡（ráo）：船桨。

②资：利用。

【译文】

用七尺长的船桨，可以控制住船的左右方向，是因为用水作为凭借。天子发布命令，令能行禁能止，是因为依靠大众的拥戴而形成大势。

防民之所害，开民之所利，威行也，若发城决塘[①]。

①城（kǎn）：蓄水堤坝。

【译文】

防止百姓受到祸害，开发对百姓有利的事情，这是威力得以通行的表现，就像开通堤防、冲决水塘一样。

循流而下，易以至；背风而驰，易以远。

【译文】

顺着水流方向而下，容易而且可以达到；顺着风的方向奔驰，容易到达远方。

高台层榭，接屋连阁，非不丽也，然民无掘穴狭庐所以托身者[①]，明主弗乐。肥醲甘脆[②]，非不美也，然民有糟糠菽粟不接于口者[3]，则明主弗甘也。

①掘穴：土室。《群书治要》作"窟室"。《墨子·节用》有"堀穴"。掘，借为"堀"。

②酞(nóng)：浓烈的酒。

③菽粟：豆和小米。泛指粮食。

【译文】

高台亭榭，宫室相连，不是不壮丽，然而百姓连土室草棚这样遮蔽身体的地方都没有，英明的君主是不能快乐的。美酒佳肴香甜脆酥，不是不美好，然而人民中有连糟糠豆谷也吃不饱的，那么英明的君主吃饭是不甜的。

古之君人者，其惨怛于民也[1]，国有饥者食不重味，民有寒者而冬不被裘。

①惨怛(dá)：忧伤，悲痛。

【译文】

古代的国君，他们对百姓十分忧虑，国家有饥饿的人他们的食物便不再增加花样，百姓中有人寒冷那么他们冬天就不穿皮裘。

有仁君明主，其取下有节，自养有度，则得承受于天地，而不离饥寒之患矣[1]。

①离：通"罹"，遭受。

【译文】

有的爱民之君和英明的君王，他们向下征收赋税，有一定的节制，用来养活自己的，有一定的标准，那么这就能合理接受天地给予的财富，就不会遭受饥饿寒冷的祸患了。

食者民之本也，民者国之本也。

【译文】

食粮是百姓的根本，百姓是国家的根本。

上因天时，下尽地财，中用人力，是以群生遂长，五谷蕃植。

【译文】

上要按照天时的情况，下要发挥土地的财力，中间要合理使用人力，因此各种生物才顺利生长，五谷繁殖。

不涸泽而渔，不焚林而猎。

【译文】

不放干水泽来捕鱼，不允许烧毁山林去打猎。

心之于九窍四肢也，不能一事焉①，然而动静听视，皆以为主者，不忘于欲利之也。

---

①事：侍奉。

【译文】

心脏对于九窍四肢来说，不能一一事奉它们，但是人的动静、听视，都把心脏作为中心，是因为它也没有忘记要使九窍、四肢都得到利益。

善积即功成[1],非积则祸极[2]。

①即:则。

②极:到来。按,本条化自《吕览·应同》。

【译文】

好事积累那么功业就能建立,坏事积累那么祸事就要来到。

心欲小而志欲大,智欲员而行欲方,能欲多而事欲鲜[1]。

①鲜:少。

【译文】

心中想的要细密而志向要宏大,智虑要周圆而行事要方正,才能要全面而做事要简约。

心欲小者,虑患未生,备祸未发,戒过慎微,不敢纵其欲也。

【译文】

心中想的要细密,就是祸患没有产生的时候就加以考虑,灾祸没有发现的时候就加以防备,警惕地防备任何微小的过失发生,不敢放纵自己的欲望。

志欲大者,兼包万国,壹齐殊俗[1],并覆百姓,若合一族,是非辐凑而为之毂[2]。

①壹齐:相同,整齐划一。

②毂:车轮中心的圆木。高诱注:以喻王。

【译文】

志向要宏大，就是能够包容万国，统一不同的习俗，恩泽覆盖百姓，就像汇合在一起的同一部族，不管是非都要像车辐围绕车毂一样集中在国君周围。

智欲员者[①]，环复转运，终始无端，旁流四达[②]，渊泉而不竭，万物并兴，莫不响应也[③]。

①员：同“圆”。

②旁：广泛。

③应：应和。

【译文】

智虑要周圆，就像圆环一样循环往复，转移运行，开始、终结没有起点，流行广泛四通八达，就像深渊泉水一样永不枯竭，万物一起兴盛，没有不像回声一样应答的。

行欲方者，直立而不桡[①]，素白而不污，穷不易操[②]，通不肆志[③]。

①桡（náo）：弯曲。

②穷：不得志。

③肆：放纵。

【译文】

行事要方正，就是正直而不弯曲，洁白而不受污染，困穷而不改变节操，显达而不放肆自己的行为。

心小者，禁于微也；志大者，无不怀也；知员者，无不知也；行方者，有不为也；能多者，无不治也；事鲜者，约所持也。

【译文】

心中考虑的要细密，可以禁止微小的弊端发生；志向要宏大，那么天下无不含怀在其中；智虑要周圆，那么没有什么不能知道的；行事要方正，对于邪事不能去干；才能要全面，没有什么不能治理成功的；做事要简约，紧要地持守事物的关键。

夫圣人之于善也，无小而不举[1]；其于过也，无微而不改。

---

①举：用。

【译文】

圣人对于好的人事，不因为它微小而不兴办；对于自己的过失，不因为细微而不更改。

无故无新，惟贤是亲。

【译文】

不分故人和新人，只亲近贤德之人。

略智博闻[1]，以应无方。

---

①略智：广求其知。略，求。

【译文】

广泛寻求知识、普遍地去询问，以便来应对千变万化的问题。

非道不言，非义不行，言不苟出[①]，行不苟为，择善而后从事焉。

①苟：随便。

【译文】

不是圣人之道不去说，不是仁义之路不敢行，言论不随便说出，行事不随便去做，选择好的而后才去从事。

夫以正教化者[①]，易而必成；以邪巧世者[②]，难而必败。

①教化：教育感化。

②巧世：欺骗世人。

【译文】

用正直来教育感化别人，容易做到而必定能成功；用邪术欺骗世人，困难而且一定失败。

偏知万物而不知人道[①]，不可谓智；偏爱群生而不爱人类，不可谓仁。

①偏：独。人道：人类社会的道德规范。亦指人事。

【译文】

只了解万物而不了解人类的道德规范，不能说是聪明；只热爱万物而不热爱人类本身，不能说是仁。

仁者爱其类也，智者不可或也。仁者虽在断割之中[①]，其所不忍之色可见也[2];智者虽烦难之事,其不暗之效可见也[3]。

---

①断割:判决,决断。

②"其所"句:高诱注:不忍智断割之色见于颜色也。按,何宁《淮南子集释》:"所"字衍。

③暗:愚昧。效:验。

【译文】

具有仁德的人爱护他的同类,具有智慧的人也不能够被迷惑。仁德之人即使在判决案件之时,他的不忍之心还是可以表现出来的;智慧的人即使遇到繁难之事,他的不愚昧的征兆也可以显现出来。

内恕反情[1],心之所欲[2],其不加诸人。

---

①内恕:存心宽厚。

②心之所欲:顾广圻《校淮南子》:"欲"上疑脱"不"字。

【译文】

存心宽厚返回真情,内心所想到的,不施加给别人。

由近知远,由己知人,此仁智之所合而行也。

【译文】

从近处知道远处,从自己知道别人,这是仁、智之人共同的行事标准。

小有教而大有存也,小有诛而大有宁也[1],唯恻隐推而行之[2],此智者之所独断也[3]。

---

①诛：责备。

②恻(cè)隐：同情，哀痛。

③独断：独自决断。

【译文】

在小的方面有所教诲在大的方面就会有所保存，在小的方面有所责备大的方面就会安宁了，只有把同情之心推衍到其他事物中去，这才是智慧的人所独自决断的事。

物之若耕织者，始初甚劳，终必利也众。

【译文】

凡事就像耕田、织布一样，开始的时候很辛苦，最终必定得到很多利益。

事可权者多，愚之所权者少[①]，此愚者之所多患也。

---

①"事可权"二句：王念孙《读书杂志》：当作"事之可权者多，愚人之所权者少"。权，权变。

【译文】

能够权衡灵活处理的事情很多，而愚蠢的人能够权衡灵活处理的少，这就是愚蠢的人祸患多的原因。

物之可备者，智者尽备之；可权者，尽权之，此智者所以寡患也。

【译文】

万物中对人有用的，聪明的人全都用上了；可以用来权变的地方，聪明的人全部掌握了它的权变，这就是聪明的人祸患少的原因。

智者先忤而后合[1]，愚者始于乐而终于哀。

①忤：背逆。

【译文】

聪明的人行事先有抵触而后能够得到完满的结果，愚蠢的人首先享受快乐而后在悲伤中终结。

凡人思虑，莫不先以为可而后行之；其是或非，此愚知之所以异。

【译文】

大凡人的思虑，没有不是先认为可行而后才去实行它；它的结果有正确或者错误，这是愚笨人和聪明人的不同之处。

虽有材能，其施之不当，其处之不宜，适足以辅伪饰非，伎艺之众，不如其寡也。

【译文】

即使有才能，它所施用的地方不妥当，所处的位置不适宜，恰好只能用来助长虚伪掩饰错误，才艺即使很多，却不如少一点为好。

国无义，虽大必亡；人无善志，虽勇必伤。

【译文】

国家没有义，即使再大也会灭亡；人没有美好的理想，即使很勇敢，也一定受到伤害。

释己之所得为[①]，而责于其所不得制[②]，悖矣。

①释：放弃。

②责：要求。制：决断，裁决。

【译文】

放弃自己所能够做到的，却要求他不能决断的东西，这就违背事理了。

缪称训

体道者，不哀不乐，不怒不喜，其坐无虑，其寝无梦，物来而名，事来而应。

【译文】

体察到道的人，不悲哀也不快乐，不欢喜也不发怒，他们坐着的时候没有思虑，他们睡觉的时候不做梦，万物到来时给它命名，事情到来时而去应对。

君子非仁义无以生，失仁义，则失其所以生。小人非嗜欲无以活，失嗜欲，则失其所以活。

【译文】

君子不用仁义就没有办法生存，失去仁义，那么就失去了他生存的基础。小人没有嗜欲就没有办法生活，失去嗜欲，那么就失去了他赖以生活的基础。

君子惧失义，小人惧失利。

【译文】

君子担心失去仁义，小人害怕失掉利益。

薄施而厚望，畜怨而无患者[①]，古今未之有也。

①畜（xù）：积聚。

【译文】

施予的少而想得到过分的报偿，积怨很深而想没有祸患，从古到今没有这样的事。

能善小，斯能善大矣。

【译文】

能够做好小的事情，那就能做好大事情。

君子见过忘罚，故能谏；见贤忘贱，故能让；见不足忘贫，故能施。

【译文】

君子看到自己的过失能够忘掉处罚进谏者，所以才能有人进谏；看到贤德的人能够忘掉他的贫贱，因此能够谦让；看到生活不足的人能够忘掉他的贫困，所以能够施舍。

情系于中，行形于外。

【译文】

感情联系着内心，行动表现在外面。

凡行戴情①,虽过无怨;不戴其情,虽忠来恶②。

①戴:通“载”,充满。情:诚。

②恶:于大成《缪称校释》:“恶”当作“患”。怨、患以古韵寒部字相协。

【译文】

大凡行为充满了真情,即使有过失也没有怨恨;不充满真情,即使是忠心也会招来恶意。

满如陷①,实如虚,尽之者也。

①陷:少。

【译文】

充满了好像缺少,充实了好像空虚,尽量使它完满。

圣人制其剟材①,无所不用矣。

①制:处理。剟(duō):砍削,割取。

【译文】

圣人用人就像处理那些砍割剩下来的木材,没有什么用不上的。

身曲而景直者,未之闻也。

【译文】

自身不端正而想求得身影正直,是从来没有听说过的。

用百人之所能，则得百人之力；举千人之所爱，则得千人之心。

【译文】

采用一百个人的才能，那么就能得到一百个人的力量；举荐千人所爱戴的人，那么就能得到千人的心愿。

慈父之爱子，非为报也，不可内解于心；圣人之养民，非求用也，性不能已。

【译文】

慈父爱护自己的儿子，不是为了他的报恩，是因为不能够在内心里解除爱子之情；圣人养育老百姓，不是要求他们为自己所用，爱民的天性使他们不能停止。

送往者，非所以迎来也；施死者，非专为生也。

【译文】

送别归去的人，不是为了他再来；施予已死的人，不是专门为了生存的人。

诚出于己，则所动者远矣。

【译文】

真诚出于自己的内心，那么被自己所感动的就很深远了。

同言而民信，信在言前也。同令而民化，诚在令外也。

【译文】

百姓赞同你的言论而被大众相信，信用在言语之前。百姓赞同你的命令而大众受到教化，真诚在命令之外。

圣人在上，民迁而化，情以先之也。

【译文】

圣人居于统治地位，人民受到影响而变化，首先是圣人的真情在起作用。

义尊乎君，仁亲乎父。

【译文】

大义比国君更重要，仁爱比父亲更亲。

闻善易，以正身难。

【译文】

听到好的言行容易，但用来端正自身很困难。

君子见善，则痛其身焉。

【译文】

君子看到好的言行，就会痛悔自己还存在不好的东西。

身苟正[①]，怀远易矣[②]。

①苟：假如。

②怀：归附。

【译文】

自身假如端正了，使远方的人归附就很容易了。

圣人为善，非以求名，而名从之。

【译文】

圣人推行善事，不是为了求得名声，但是名声会跟着来到。

动而有益，则损随之。

【译文】

人的举动会带来利益，那么损害也会随之而来。

积薄为厚，积卑为高，故君子日孳孳以成辉[①]，小人日快快以至辱[②]。

①孳孳（zī）：通“孜孜”，努力不懈的样子。

②快快：肆意。刘绩《补注》本作“怏怏（yàng）”。当为误改。

【译文】

积累薄的多了就会变厚，积累低的多了就会变高，因此君子一天天勤勉努力而成就辉煌的业绩，小人一天天肆意放纵而逐步酿成耻辱。

苟乡善，虽过无怨；苟不乡善，虽忠来患。

【译文】

假如心里想着善事，即使有过错也没人埋怨；假如不是想着善事，即使是忠诚也会招来祸患。

怨人不如自怨，求诸人不如求诸己。

【译文】

埋怨别人不如埋怨自己，要求别人去做不如要求自己去做。

声自召也，貌自示也，名自命也，文自官也[1]，无非己者。

①文自官也：《中论·贵验》作“人自官也”。《文子·上德》同。

【译文】

声响要由自己发出，容貌要由自己显示，名字要由自己命名，官位要由自己取得，没有不是靠自己的。

两心不可以得一人，一心可以得百人。

【译文】

身怀二心不能得到一个贤人，专心一意可以得到百个贤人。

世治则以义卫身，世乱则以身卫义。

【译文】

社会得到治理之时就会用义护卫自身，世道混乱时那么就会用自身捍卫义。

无勇者，非先慑也[1]，难至而失其守也。贪婪者，非先欲也，见利而忘其害也。

①慑（shè）：恐惧。

【译文】

没有勇力的人，不是首先害怕了，是祸患到来而失去它的持守。贪婪的人，不是首先产生嗜欲，而是见到利益忘掉了他面临的祸害。

日滔滔以自新[1]，忘老之及己也。

①滔滔:水流的样子。自新:自我更新。

【译文】

每天不停地改过更新,甚至忘记年老已经来到了自己的面前。

矜怚生于不足[①],华诬生于矜[②]。

①矜(jīn):骄傲自大。怚(dá):王念孙《读书杂志》:《说文》:"怚,骄也。"字从且,不从旦。按,矜怚(jù),自傲。

②华诬:华美不实。矜(jīn):贪功。

【译文】

骄傲的行为产生于知识不足,华美不实的言词产生于贪功。

小快害道[①],斯须害仪[②]。

①小快:小的痛快。

②斯须:须臾,片刻。

【译文】

小的痛快会损害大道,片刻的小利会伤害大义。

成国之道,工无伪事,农无遗力,士无隐行,官无失法。

【译文】

实现治国的措施,使工匠没有巧诈的事情,农民没有废弃的力量,士人没有隐蔽的行为,官吏没有犯法的过错。

君子者乐有余而名不足，小人乐不足而名有余。

【译文】

君子的快乐有余而名声是不足的，小人的快乐不足而名声是有余的。

君子思义而不虑利，小人贪利而不顾义。

【译文】

君子思考的是大义而不考虑小利，小人贪图的是小利而不顾大义。

有义者不可欺以利，有勇者不可劫以惧，如饥渴者不可欺以虚器也。

【译文】

有义行的人不能够用利欲来欺骗他，有勇力的人不能够用使他恐惧的办法来胁迫他，就如同饥渴的人不能够用空壶来欺哄他。

人多欲亏义①，多忧害智②，多惧害勇。

①人多欲亏义：许慎注：欲则贪，贪损义。

②多忧害智：许慎注：贪忧闭塞，故害智也。

【译文】

人多贪欲就会有亏大义，多忧虑就会妨碍智力，多恐惧就会妨害勇力。

善生乎君子，诱然与日月争光①，天下弗能遏夺②。

①诱然：称颂赞美的样子。

②遏(è):阻止。

【译文】

美好的言行从君子身上产生,光彩可以和日月争光,天下的任何人都不能遏止和强夺。

治国乐其所以存,亡国亦乐其所以亡也。

【译文】

治国的人以维系国家所以存在的公义为快乐,亡国的人也把促使国家灭亡的私利作为快乐。

金锡不消释则不流刑[①],上忧寻不诚则不法民。

---

①消释:熔化。消,通"销",熔化金属。流刑:流入模型。刑,通"型",模型。

【译文】

金锡不熔化那么就不会流入模型,国君不是真心忧虑百姓那么百姓就不会守法。

至德,小节备,大节举。

【译文】

具有最高德行的人,小的节行是完备的,大的节行也会全备。

水下流而广大,君下臣而聪明。

【译文】

水向下流才能汇成广阔的大海,国君向臣下听取意见才能耳聪目明。

人无能作也[①]，有能为也；有能为也，而无能成也。

①作：创造。

【译文】

人不能够创造出什么，要有能力去做事；有能力去做事，而不能必然成功。

善否[①]，我也；祸福，非我也。

①善否（pǐ）：善恶。

【译文】

推行善恶，在于自己；而得到祸福，不取决于我。

根本不美，枝叶茂者，未之闻也。

【译文】

根本不壮美，而枝叶却茂盛的，还没有听说过。

有道之世，以人与国；无道之世，以国与人。

【译文】

有道的社会，把个人献给国家；无道的社会，把国家给予个人。

人之情，于害之中争取小焉，于利之中争取大焉。

【译文】

人的本性，在祸害之中要争取少一些，在利益之中要争取大一些。

君子时则进,得之以义,何幸之有!不时则退,让之以义,何不幸之有!

【译文】

君子靠着时机就能取得进步,依靠大义就能取得成功,又有什么幸运的呢!君子没有合适的机遇就隐退,用大义来进行辞让,又有什么不幸的呢!

通于己而无功于国者[1],不施赏焉;逆于己便于国者,不加罚焉。

———

①通:刘绩《补注》本作"适"。当是。

【译文】

迎合于自己但是对国家没有功劳的人,也不施加赏赐;背离自己但是对于治国有利的人,也不施加惩罚。

义载乎宜之谓君子,宜遗乎义之谓小人。

【译文】

把大义充满在适宜的事理之中的称为君子,做事只管适合自己而忘掉大义的称作小人。

古人味而弗贪也,今人贪而弗味。

【译文】

古代的人是知其滋味而不贪食,今天的人是贪食而不知它的味道。

德之所施者博,则威之所行者远;义之所加者浅,则武之所制者小。

【译文】

德行所施予的地方是广博的，那么威力所行使的地方就深远；大义所施加的影响是肤浅的，那么武力所制服的地方就很小。

通于一伎，察于一辞，可与曲说[①]，未可与广应也[②]。

①曲说：片面之说。

②广应：广泛地应对。

【译文】

通晓于一种技艺，考察清了一个词语，能够和他谈论局部的问题，不能够用来广泛应对万物。

水浊者鱼噞[①]，令苛者民乱，城峭者必崩[②]，岸崝者必陁[③]。

①噞（yǎn）：鱼张口向上呼吸。

②峭（qiào）：高而陡。

③崝（zhēng）：同“峥”，峻峭。陁（zhì）：崩落。

【译文】

水混浊鱼儿便会呼吸困难，法令苛烦便会引起百姓混乱，城墙高耸必然要崩塌，河岸陡峭必然会坠落。

治国辟若张瑟，大弦絙则小弦绝矣[①]。

①絙（huán）：即紧、急义。《韩诗外传》卷一：“大弦急则小弦绝矣。”

可与此相参。

【译文】

治理国家就像调整瑟上的弦一样，大弦紧了那么小弦就会断绝。

急辔数策者，非千里之御也。

【译文】

拉紧马缰绳、频繁使用鞭子的，不是行驶千里的办法。

有声之声，不过百里；无声之声，施于四海。

【译文】

有声的声音，不能传过百里；没有声的声音，可以延绵到四海。

禄过其功者损，名过其实者蔽；情行合而名副之[1]，祸福不虚至矣。

---

①副：相称，符合。

【译文】

俸禄超过他的功劳的就会受到损害，爵名超过他的实际功德的就会受到蒙蔽；情理、行事符合而名称、实际相一致的，灾祸就不会平白地来到了。

身有丑梦，不胜正行；国有妖祥，不胜善政。

【译文】

夜里即使做了噩梦，也不能抵得过正直的品行；国家有了不祥之兆，也抵不过美好的政治。

前有轩冕之赏[①]，不可以无功取也；后有斧钺之禁，不可以无罪蒙也。

①轩冕：卿大夫的车子和冕服。也指官位爵禄。

【译文】

前面有轩冕的丰厚赏赐，不能够没有功劳就能取得；后面有斧钺那样的严酷禁令，也不是没有罪过就能蒙受的。

素修正者，弗离道也。

【译文】

平常修治正道的人，就不会离开大道。

君子不谓小善不足为也而舍之，小善积而为大善；不为小不善为无伤也而为之[①]，小不善积而为大不善。

①不为：刘绩《补注》本作"不谓"。伤：危害，伤害。

【译文】

君子不能够认为小的好事不值得干而舍弃它，小的好事积累多了就可以成为大的好事；君子不认为小的不好的事情没有损害而去干，小的坏事积累多了就可以成为大的坏事。

积羽沉舟，群轻折轴，故君子禁于微。

【译文】

羽毛积累多了可以使舟下沉，许多轻的东西堆聚在车上可以折断车轴，因此君子对微小的坏事也要禁止。

壹快不足以成善[1]，积快而为德；壹恨不足以成非，积恨而成怨。

①壹快：一次痛快。快，欢喜。

【译文】

干一件痛快的事情不能够成为善事，积累很多快事便可以成为大德；一次遗憾的事不能够成为大错，积累很多遗憾就成为终身怨恨。

地以德广，君以德尊，上也；地以义广，君以义尊，次也；地以强广，君以强尊，之下也。

【译文】

国君凭借德行增广土地，凭借德泽而得到尊重，这是属于上等的；国君用大义增广土地，凭借大义得到尊重，这是次一等的；国君靠武力强大增广土地，用武力强大得到尊重，这是下一等的。

情胜欲者昌，欲胜情者亡。

【译文】

真情战胜私欲的可以使国家昌盛，私欲战胜真情的可以使国家灭亡。

欲知天道察其数[1]，欲知地道物其树[2]，欲知人道从其欲。

①数：指律历之类的技艺。

②物：相。

【译文】

要想知道天道的规律可以考察律历的规定，要知道大地的规律可以考察树木生长情况，要想知道人事的规律可以考察君子、小人的欲望。

勿惊勿骇，万物将自理；勿挠勿撄[①]，万物将自清。

①撄：缠绕。

【译文】

不要惊恐、不要害怕，万物将会自己生息；不要扰乱、不要束缚，万物将会自己清静。

察一曲者[①]，不可与言化；审一时者，不可与言大。

①一曲：一隅，片面。

【译文】

只考察一件事情的人，不能和他讨论万物的变化；仅审查一个时节的人，不能和他谈论天地之广大。

骄溢之君无忠臣，口慧之人无必信[①]。

①口慧：口辩。即能言善辩。

【译文】

过分骄傲的国君没有忠臣，善辩之人没有可靠的信誉。

交拱之木[①]，无把之枝[②]；寻常之沟[③]，无吞舟之鱼。

①交拱：交缠，环绕。拱，抱。

②把：握。

③寻常：八尺为寻，倍寻为常。

【译文】

交缠在一起的树木，没有超过一把粗的枝干；寻常深的水沟，没有能吞下大舟的巨鱼。

根浅则末短，本伤则枝枯。

【译文】

根基浅那么树梢就短，树根受伤那么枝叶就要枯死。

福生于无为，患生于多欲，害生于弗备，秽生于弗耨[1]。

---

①秽（huì）：荒草。耨（nòu）：锄草。

【译文】

福气产生在不违背自然规律之中，祸患从多欲中产生，灾害产生在不加防备之中，秽草从不勤于耕耘中产生。

圣人为善若恐不及，备祸若恐不免。

【译文】

圣人推行善事像担心来不及一样，预防祸患像担心不能避免一样。

知己者不怨人，知命者不怨天。

【译文】

知道自己的人不会埋怨别人，知道命运的人不埋怨老天。

福由己发，祸由己生。

【译文】

福气是由自己兴起，灾祸是由自己产生。

圣人不求誉，不辟诽，正身直行，众邪自息。

【译文】

圣人不求取赞誉，不回避指责，自身正派、行事正直，众多邪气自然就平息了。

善御者不忘其马，善射者不忘其弩[①]，善为人上者不忘其下。

---

①弩（nǔ）：用机械发射的弓。

【译文】

善于驾车的人不忘他的马匹，善于射箭的人不忘他的弓弩，善于处在常人之上的人不忘他的下属。

天下有至贵而非势位也，有至富而非金玉也，有至寿而非千岁也。原心反性[①]，则贵矣；适情知足，则富矣；明死生之分，则寿矣。

---

①原心：使心回到本原。反性：返回自己的天性。

【译文】

天下有最珍贵的东西而不是权势地位，有最宝贵的财富而不是黄金美玉，有最长的寿命而不是享有千岁。使心回到本原、返回自己的天性，那么这便是最尊贵的;适合自己的性情、知道已得到的满足,那么就是最大的富足;明确死生的区别,那么就会长寿了。

言无常是,行无常宜者,小人也;察于一事,通于一伎者[①],中人也;兼覆盖而并有之,度伎能而裁使之者,圣人也。

①伎(jì):技艺。

【译文】

言论没有固定的标准,行为没有一定准则的,是小人;考察清楚一件事情,通晓一种技艺的,是个中等人;兼覆天下而拥有一切美德,能度量才能而加以裁决使用的,是个圣人。

齐俗训

事周于能,易为也。

【译文】

行事和能力相契合,就容易做得到。

矜伪以惑世[①],伉行以违众[②],圣人不以为民俗。

①矜(jīn)伪:矜持,虚伪。

②伉(kàng)行:高尚的行为。

【译文】

或用矜持虚伪来迷惑世人,或行为高尚而违背众愿,圣人是不能以此来齐同风俗的。

愚者有所修，智者有所不足。

【译文】

愚笨的人有他擅长的地方，聪明的人有他所不足的地方。

各用之于其所适，施之于其所宜，即万物一齐，而无由相过。

【译文】

各自使用在适合自己特性的地方，施用在适合发挥作用的环境中，那么万物的功用便可以整齐划一，而不存在相互指责的地方。

物无贵贱，因其所贵而贵之，物无不贵也；因其所贱而贱之，物无不贱也。

【译文】

万物中没有贵贱之分，按照它的长处而珍视它，万物中没有不是可贵的；依据它的短处而认为它下贱，万物中没有不是低贱的。

地宜其事，事宜其械，械宜其用，用宜其人。

【译文】

土地上要种植适宜的作物，不同的农作物要用适宜的器械，不同的器械要有合适的用途，使用器械要有适宜的人。

播棋丸于地[1]，员者走泽[2]，方者处高，各从其所安，夫有何上下焉？

---

①播：散。棋丸：即棋子。

②员：同“圆”。

【译文】

把棋子撒在地上，圆的滚向洼处，方者停留高处，各自随所处而安身，又有什么上下之别呢？

衣服礼俗者，非人之性也，所受于外也。

【译文】

人们的服饰、礼节、习俗，不是人本身具有的天性，是受到外面环境变化而决定的。

人之性无邪[①]，久湛于俗则易[②]。

---

①无邪：即淳朴无邪。《荀子·性恶》主“性恶”，《孟子·告子上》主“性善”。《淮南子》主人性自然观。

②湛（jiān）：通“渐”，浸渍。

【译文】

人的天性是淳朴无邪的，长久时间浸渍在流俗中就会变化。

凡将举事，必先平意神清[①]。意平物乃可正[②]。

---

①神清：《文子·下德》作“清神”。

②意平：《文子·下德》作“神清意平”。

【译文】

凡是将要行事的时候，必定首先平定意念、使精神清静。精神清静意念平定处理事物才能平正。

水击则波兴[1]，气乱则智智[2]；昏昏不可以为政[3]，波水不可以为平。

①击：《文子·下德》作“激”。

②智智：《道藏》本作“智昏”。

③昏昏：《道藏》本作“智昏”。《文子·下德》作“昏智”。

【译文】

拍击水面就会产生波涛，精气混乱那么神智就会昏聩；昏聩神智的人不能够执政，波澜起伏的水面不能够平定。

强哭者，虽病不哀；强亲者，虽笑不和。

【译文】

勉强哭泣的人，即使哭出病来也不悲哀；勉强亲爱的人，即使是开口欢笑也不和谐。

礼丰不足以效爱[1]，而诚心可以怀远[2]。

①效：验证，证明。

②怀：来。

【译文】

礼节周全不能够用来验证真爱，而真诚之心可以使远方之人归附。

不强人之所不能为，不绝人之所能已[1]。

①所能已：《文子·上仁》作“所不能已”。

【译文】

不强迫人们干不能做到的事,也不去阻绝人们所不能够停止的事。

圣人财制物也[①],犹工匠之斫削凿芮也[②],宰庖之切割分别也,曲得其宜而不折伤[③]。

---

①财:通“裁”,制。

②芮(ruì):纳入。刘绩《补注》本作“枘(ruì)”,指榫(sǔn)眼、榫头。

③曲:曲折周到。

【译文】

圣人裁制万物,就像工匠砍削榫眼、榫头,厨师宰割分解牲畜一样,曲折周到方便适宜而不会折伤工具和手臂。

世异即事变,时移即俗易。

【译文】

世道不同那么行事就要发生变化,时代改变了那么习俗就要加以改变。

圣人论世而立法,随时而举事。

【译文】

圣人研究世道不同而设立法规,随着时代不同而行事。

不法其以成之法,而法其所以为法。所以为法者,与化推移者也[①]。夫能与化推移为人者[②],至贵在焉尔[③]。

---

①化:指自然和社会的变化。

②为人：王念孙《读书杂志》："夫能与化推移者"，乃复举上文之词，"推移"下不当有"为人"二字。

③至贵：最可贵的东西。

【译文】

不能效法他们已经成文的法规，而效法先贤所用来制定法律的方法。所用来制定法律的方法，就是要和万物变化共同转移。能够和万物变化一起转移，最可贵的东西就存在其中了。

得十利剑，不若得欧冶之巧①；得百走马②，不若得伯乐之数③。

———

①欧冶：即欧冶子，春秋时著名的铸剑工。

②走马：指千里马。

③数：指相马之术。

【译文】

得到十把利剑，不如得到欧冶子的巧技；得到一百匹千里马，不如得到一个伯乐的相术。

其见不远者，不可与语大；其智不闳者①，不可与论至②。

———

①闳（hóng）：宏大，宽广。

②论至：指讨论最精深的道。

【译文】

见识不远大的人，不能够和他谈论大道；智慧不宏大的人，不能和他议论最高的道。

事有合于己者，而未始有是也；有忤于心者[①]，而未始有非也。

①忤（wǔ）：违反，抵触。

【译文】

事情有合乎自己心意的，而不一定是正确的；有背离自己心意的，但不一定有错误。

忤于我，未必不合于人也；合于我，未必不非于俗也。

【译文】

同自己相背离的，不一定不合乎别人的要求；符合我的心意，不一定不被世俗所非议。

趣舍合[①]，即言忠而益亲；身疏，即谋当而见疑。

①趣舍：取弃。

【译文】

取舍相合的人，就会因忠直之言而更加亲近；与自己疏远的人，就是谋划得当也要被怀疑。

常欲在于虚，则有不能为虚矣。若夫不为虚而自虚者，此所慕而不能致也。

【译文】

总是想着处于虚静的境界，那么就不能达到虚静的境界了。那种不是人为而是自然形成的虚静境界，是我所羡慕而不能达到的。

异形殊类，易事而悖[①]，失处而贱，得势而贵。

①易事而悖：《文子·下德》作“易事而不悖”。

【译文】

不同的形体、殊别的种类，改变他们从事的工作就会引起混乱，失去居处的优势长处就会变成短处，得到形势的便利短处就会成为长处。

高不可及者，不可以为人量；行不可逮者，不可以为国俗。

【译文】

高不可攀的人，不能够作为常人的衡量标准；品行特异而常人不能够达到的，不能够作为国民习俗。

趋舍同，诽誉在俗；意行钧[①]，穷达在时[②]。

①钧：通“均”，平正。

②穷达：困穷与显达。

【译文】

取舍相同，非议赞誉在于习俗；意旨行事均正，困穷显达在于时运。

事周于世则功成，务合于时则名立。

【译文】

行事能够按照世情需要就能成功，致力事业符合时代需要那么名声就能建立。

立功之人，简于行而谨于时。

【译文】

立下功业的人，对于行事很简约而对于时势很慎重。

趋舍相非，嗜欲相反。

【译文】

取舍不同，喜好相反。

夫重生者不以利害己[①]，立节者见难不苟免[②]，贪禄者见利不顾身，而好名者非义不苟得。

①重生：重视生命的人。即贵生。

②立节：树立名节。

【译文】

重视生命的人不会因为利益而危害自己，树立名节的人即使有危难也不苟且避免，贪图爵禄的人看到利益不顾念生命，爱好名誉的人不是义行就不苟且得到。

各乐其所安，致其所蹠[①]，谓之成人[②]。

①致：达到。蹠（zhí）：愿望。

②成人：指保全天性之人。

【译文】

各自喜欢所安居的地方，能够实现自己的愿望，这就是保全天性之人。

治国之道，上无苛令，官无烦治，士无伪行，工无淫巧[①]，其事经而不扰，其器完而不饰[②]。

①淫巧：过度奇巧。

②完：通“院”，坚固。

【译文】

治理国家的方法，国君没有苛刻的法令，官吏没有繁琐的管理，士人没有虚伪的行为，工匠没有过分的奇巧，他们的政事任责清楚而不纷扰，他们的器具坚固而不加修饰。

衣食饶溢[①]，奸邪不生。

①溢：《文子·上义》作“裕”。

【译文】

衣食之资充足富裕，奸邪之人就不会产生了。

败军之卒，勇武遁逃，将不能止也；胜军之陈，怯者死行[①]，惧不能走也。

①行：行列，即战阵。

【译文】

败军的士兵，就是勇士也要隐遁逃跑，将帅是不能够制止的；胜利的军队，胆小的人也能够战死在队列中，就是害怕的人也不能够逃走。

身安则恩及邻国，志为之灭[①]；身危则忘其亲戚[②]，而仁不能解也[3]。

---

①灭：尽。

②忘：北宋本原作“忠”，《道藏》本作“忘”，据正。

③仁：《道藏》本作“人”。《释名·释形体》：人，仁也。

【译文】

人身安定那么恩惠可以施及邻近的国家，邻国有事，尽心意为它奔忙；自身危险就会忘掉他的父母，而别人也不能帮他解救。

游者不能拯溺，手足有所急也；灼者不能救火，身体有所痛也。

【译文】

游水的人不能拯救落水之人，是因为手脚有困难的地方；被火烧伤的人不能救火，是因为自身有疼痛之处。

夫民有余即让，不足则争；让则礼义生，争则暴乱起。

【译文】

百姓生活有富余就会谦让，不够就要发生争夺；谦让那么礼义就会产生，争斗那么暴乱就要兴起。

物丰则欲省，求瞻则争止[1]。

---

①瞻：《道藏》本作“赡”。庄逵吉本作“澹”，淡，少。

【译文】

物质丰盛那么嗜欲就会减少，需求少那么争斗就会停止。

世治则小人守正，而利不能诱也；世乱则君子为奸，而法弗能禁也[1]。

①法：《群书治要》作“刑”。

【译文】

世道得到治理小人也可以持守正理，而利益不能够诱惑他；社会混乱君子也要干起奸邪的勾当，而法律也不能够禁止。

道应训

道不可闻，闻而非也；道不可见，见而非也；道不可言，言而非也。

【译文】

道是不能够被听到的，听到的并不是道；道是不能被见到的，见到的并不是道；道是不能够被言传的，言传的并不是道。

治国有礼，不在文辩[1]。

①文辩：美丽的辞藻。

【译文】

治理国家有礼法，而不在于美丽的词句。

夫忧所以为昌也，而喜所以为亡也。

【译文】

经常深思忧虑是事业昌盛的原因，而居功自傲则是事业失败的开始。

孔子劲杓国门之关，而不肯以力闻[①]；墨子为守攻，公输般服[②]，而不肯以兵知。

①“孔子”二句：许慎注：杓，引也。古者县门下，从上杓引之者难也。按，杓，通“扚”，牵引。关，城门之门闩。

②“墨子”二句：许慎注：墨子虽善为兵，而不肯以知兵闻也。按，墨子，春秋末墨家创立者，名翟。事见《墨子·公输》。公输般，春秋、战国时鲁国人，古代巧匠，被历代木工尊为“祖师”。

【译文】

孔子的力气一只手可以把关城门的横木举起来，但是不愿以多力向人炫耀；墨子善于进攻防守，公输般很佩服，但是墨子不愿显示自己的军事才能。

善持胜者，以强为弱。

【译文】

善于保持胜利的人，把强大的看成是弱小的。

人与骥逐走[①]，则不胜骥；托于车上，则骥不能胜人。

①骥(jì)：骏马。逐走：赛跑。

【译文】

人和骏马赛跑，那么不能胜过骏马；把人托付在车子上，那么千里马也不能胜过人。

数战则民罢[①]，数胜则主憍[②]，以憍主使罢民，而国不亡者，天下鲜矣。

①罢：通“疲”，疲惫。

②憍（jiāo）：同“骄”。

【译文】

经常打仗百姓就疲惫不堪，经常取得胜利国君必然骄横，用骄横的国君驱使疲惫的百姓，而国家不灭亡的，天下是很少见的。

凡听必有验，一听而弗复问，合其所以也。

【译文】

大凡听到别人所说必定要验证，听到一次而不再仔细询问，便往往和他们所想的结果相合。

人固难合也[①]，权而用其长者而已矣。

①合：王念孙《读书杂志》：“合”当为“全”，言用人不可求全也。《吕览》《新序》并作“全”。

【译文】

人本来就不是十全十美的，衡量后而使用别人的长处罢了。

未尝闻身治而国乱者也，未尝闻身乱而国治者也。

【译文】

不曾听说过国君自身正直而国家混乱的，也不曾听说过自身堕落而国家得到治理的。

夫国家之危安，百姓之治乱，在君行赏罚。

【译文】

国家的危险和安定，百姓的治理和混乱，在于国君如何实行赏罚。

事者应变而动，变生于时。故知时者无常行。

【译文】

做事的人要顺应事物的变化而行动，事物的变化产生在相应的时期。因此知道时代变化的人没有一成不变的行动。

得其精而忘其粗，在其内而忘其外[①]，见其所见而不见其所不见，视其所视而遗其所不视。

①在：考察。

【译文】

得到它的精髓而忘掉它的粗疏，看到内在特质而丢掉了表象，看到他应该见到的东西而不去注视他所不需要的东西，考察了他应该考察的东西而放弃了他所不必要考察的东西。

圣人之处世，不逆有伎能之士[①]。

①伎能：技艺才能。

【译文】

圣人处在世间，不会背弃有一技之能的人。

天地之间，四海之内，善之则吾畜也[①]，不善则吾雠也。

①畜(xù):通“慉”,好。

【译文】

天地之间,四海之内的人民,若善意对待他们,那么他们就对我友好,若恶意对待他们,那么他们就成为我的仇人。

精神通于死生,则物孰能惑之?

【译文】

精神上对死生已经明达,那么外物中还有什么能迷惑他呢?

言有宗,事有本。

【译文】

言论要抓住主旨,事理要掌握根本。

夫物盛而衰,乐极则悲,日中而移,月盈而亏。

【译文】

万物极盛就要走向灭亡,快乐到极点就要走向悲哀,太阳过正午就要移动,月亮满了就要变亏缺。

氾论训

民迫其难[①],则求其便;困其患,则造其备。

①民:北宋本原作“居”,《道藏》本作“民”,据正。

【译文】

百姓在困难的逼迫下，就要求得到生存的方便；被患祸所困扰，就要制造相应的防卫工具。

人各以其所知，去其所害，就其所利。

【译文】

人们各自凭着他们所具有的智慧，去避免遇到的祸害，而靠近对他们有利的事情。

常故不可循，器械不可因也[①]。

①因：因循。

【译文】

常规不能一成不变去依循，器械也不能够因循不变。

治国有常，而利民为本；政教有经，而令行为上。

【译文】

治国有常则，而以有利于人民为根本；刑赏教化有法规，而政令通行才是最大的要求。

苟利于民，不必法古；苟周于事，不必循旧[①]。

①“苟利于民”四句：亦见于《商君书·更法》《文子·上义》《说苑·善谋》。

【译文】

只要有利于百姓，就不必遵循古制；只要符合大事，就不必依循旧章。

变古未可非，而循俗未足多也。

【译文】

改变古制无可非议，而依循旧俗不值得赞美。

百川异源，而皆归于海；百家殊业[①]，而皆务于治[②]。

①百家：《汉书·艺文志》“诸子略”：“凡诸子百八十九家。”

②于治：北宋本原作“治于”，《道藏》本作“于治”，据正。

【译文】

百川的源流虽有不同，但是都归于大海；百家从事的事业不同，而都务求治世。

诵先王之《诗》《书》，不若闻得其言；闻得其言，不若得其所以言[①]；得其所以言者，言弗能言也[②]。

①“诵先王”四句：《文子·上义》：“诵先王之书，不若闻其言；闻其言，不若得其所以言。”

②“得其”二句：高诱注：圣人所言微妙，凡人虽得之，口不耐以言。

【译文】

诵读先王的《诗》《书》，不如听到他们说的话；听到他们说的话，不如得到他们所以这样说的原因；得到他们这样说的原因，不如称说他们不能说出口的东西。

法制礼义者，治人之具也[1]，而非所以为治也。

①治人：《文子·上义》无“人”字。

【译文】

法制礼义，是统治人民的工具，而不是作为治理的目的。

当于世事，得于人理，顺于天地，祥于鬼神[1]，则可以正治矣[2]。

①祥：和顺。

②正治：整治。

【译文】

同社会时事相合，符合人的常理，顺应天地的变化，对鬼神和顺，那么就能得到整治了。

耳不知清浊之分者，不可令调音[1]；心不知治乱之源者，不可令制法。

①令：北宋本原作“今”，《道藏》本作“令”，据正。

【译文】

耳朵不能够分辨清浊之声的人，不能够让他来调整音律；心里不知道治乱根本的人，不能够使他制定法律。

知法治所由生，则应时而变；不知法治之源，虽循古终乱。

【译文】

知道法律所产生的原因，就可以适应时势变化；不知道法律所产生的根源，即使遵循古代最终也要造成混乱。

非今时之世而弗改，是行其所非也。

【译文】

非议现在的社会而不加改变，这样就是实行他们所非议的东西。

不用之法，圣王弗行；不验之言，圣王不听[1]。

---

①"不用"四句：《文子·上义》作："不用之法，圣人不行也；不验之言，明主不听也。"皆不作"圣王"。

【译文】

不能使用的法律，圣王不推行；没有验证的言论，圣王不听从。

天地之气，莫大于和[1]。和者阴阳调，日夜分而生物[2]。

---

①和：和谐之气。

②"和者"二句：《文子·上仁》："和者，阴阳调，日夜分。"无"而生物"三字。

【译文】

天地之间的气，没有什么比和气更大的了。有了和气阴阳可以协调，日夜分明而万物滋长。

圣人之道，宽而栗[1]，严而温，柔而直，猛而仁。

---

①栗：坚。

【译文】

圣人的治政方法，宽松而坚定，严厉而温和，柔软而正直，威猛而仁惠。

积阴则沉，积阳则飞[①]，阴阳相接，乃能成和。

———

①飞：飞扬，上扬。

【译文】

阴气积聚了就会下沉，阳气积累了就会上扬，阴气阳气相互交接，才能成为和气。

是非有处，得其处则无非，失其处则无是。

【译文】

是与非各自都有一定的环境，得到它的环境则没有非，失去它的环境就没有是。

为武者，则非文也；为文者，则非武也。文武更相非，而不知时世之用也。此见隅曲之一指[①]，而不知八极之广大也。

———

①隅曲：室中狭小之处。

【译文】

从事武力活动的人，便非议文人；从事文化活动的人，便非议武力。文武互相非议，而不知道它们对时世的用处。这些人都只是见到角落中的一指之地，却不知道八极的广大无边。

东面而望，不见西墙；南面而视，不睹北方。唯无所向者，则无所不通。

【译文】

面向东而望，就看不见西边墙壁；面向南而看，就看不见北方。只有没有固定方向的人，才能任何地方都能通达。

圣人见化以观其征[1]。

[1]征：形迹。

【译文】

圣人看到变化而能观察它的迹象。

德有昌衰，风先萌焉[1]。

[1]风先萌焉：高诱注：风，气也。萌，见也。

【译文】

德性有兴盛衰落的时候，而从民风中首先会反映出来。

得王道者，虽小必大；有亡形者，虽成必败。

【译文】

能够得到为王的正道的，即使处于极小范围之内，也一定能强大；有了灭亡的征兆，即使一时成功终究也必定失败。

国之亡也，虽大不足恃；道之行也，虽小不可轻。

【译文】

国家如果走向灭亡，即使很大也不值得依靠；推行大道的国家，即使很小也不能够轻视。

有在得道，而不在于大也；亡在失道，而不在于小也。

【译文】

存在取决于得道，而不在于国大；灭亡在于失道，而不在于国小。

乱国之君，务广其地，而不务仁义；务高其位，而不务道德，是释其所以存，而造其所以亡也[1]。

①造：达到。

【译文】

乱国的君主只务求增加土地，却不务求增加仁义，务求增加权势而不务求增加道德，这样是放弃了他们生存的条件，而走向灭亡道路。

圣人以文交于世，而以实从事于宜，不结于一迹之涂[1]，凝滞而不化。

①结：聚。涂：同“途”。

【译文】

圣人用礼节来与世人交接，而用实际对待适宜的事情，不拘泥于一条路途，凝固而不变化。

论世而为之事，权事而为之谋。

【译文】

研究时势变化而根据它行事，权衡事情大小而依据它谋划。

物动而知其反，事萌而察其变，化则为之象，运则为之应，是以终身行而无所困。

【译文】

万物活动而能够知道它的反面，事物萌发而能明察它的变化，变化就能为它描绘形象，运动就能为它适应变动，因此一生行事而没有什么困惑的。

诎寸而伸尺①，圣人为之；小枉而大直②，君子行之。

———

①诎(qū)：同“诎”，弯曲。

②枉：弯曲。

【译文】

弯曲一寸能换得伸直一尺，圣人做这样的事；在小处弯曲而能换得在大处伸直，君子做这样的事。

河上之丘冢，不可胜数，犹之为易也①。水激兴波，高下相临，差以寻常，犹之为平②。

———

①“河上”三句：高诱注：言河上本非丘垄之处，有易之地犹多，以大言之也。以谕万事多覆于少。按，丘冢，似指黄河中沙丘。

②“水激”四句：高诱注：虽有激波，犹以为平，平者多也。

【译文】

黄河上的高丘，不可能全部数出来，从大处来说，它仍然是平易的。水流激荡波浪涌起，高低互相迫近，相差有一丈高低，总还算是平坦的。

小谨者无成功①，訾行者不容于众②。

①小谨：小心谨慎。

②訾(zǐ)行：诋毁别人的品行。訾，毁。

【译文】

小心谨慎的人干不成大事，诋毁他人品行的人不能被众人容纳。

人莫不有过，而不欲其大也。

【译文】

人没有不存在过错的，只是不愿意酿成大的过错罢了。

方正而不以割①，廉直而不以切②，博通而不以訾③，文武而不以责。

①割：割伤，伤害。

②切：苛刻。

③博通：广博精通。訾(zǐ)：诋毁。

【译文】

持身方正而不要割伤他人，廉洁正直而不要对他人过分苛刻，广博精通而不要对他人加以诋毁，文武兼备而不要对他人求全责备。

责人以人力，易偿也；自脩以道德，难为也。

【译文】

寻求贤人任以才能，是容易实现的；用道德自我修养，是难于办到的。

很者类知而非知[①]，愚者类仁而非仁[②]，戆者类勇而非勇也[③]。

---

①很者：高诱注：很者自用，像有知，非真知。按，很，违逆、自用。

②"愚者"句：高诱注：愚者不能断割，有似于仁，非真仁也。

③"戆(zhuàng)者"句：高诱注：戆者不知畏危难，有似于勇，非真勇。按，戆，愚。

【译文】

刚愎自用的人貌似有智慧而实际没有智慧，愚昧的人貌似仁惠而却不是仁惠，刚直愚蠢的人类似勇敢却不是勇敢。

蛇举首尺[①]，而脩短可知也；象见其牙，而大小可论也。

---

①首尺：指昂首的尺寸高低。

【译文】

从蛇昂起头的高低，就能够知道它的长短了；见到大象的牙齿，而象的大小便能够说清楚了。

圣人之论贤也，见其一行而贤不肖分矣。

【译文】

圣人议论贤人，看到他一个方面的品行，而贤不肖便可以分别开来了。

见者可以论未发也，而观小节足以知大体矣。

【译文】

从看到的现象可以议论未曾发生的事情，而看到小节便能够知道大体了。

论人之道，贵则观其所举，富者观其所施，穷则观其所不受，贱则观其所不为，贫者观其所不取。

【译文】

考察人的方法，尊贵的人就要看他举荐些什么人，富贵的人就要看他施舍给什么人，困窘的人就要看他不接受什么，地位低下的人就要看他不做什么，贫穷的人就要看他不求取什么。

视其更难[①]，以知其勇；动以喜乐，以观其守；委以财货，以论其人[②]；振以恐惧，以知其节。

①更：经历。

②人：通“仁”。

【译文】

看他经受的患难，就知道他的勇力；用喜乐来感动他，可以观察他的守持；把财货委托给他，可以考察他的仁德；用恐惧之事来震慑他，可以知道他的节操。

善赏者，费少而劝众；善罚者，刑省而奸禁；善予者，用约而为德；善取者，入多而无怨。

【译文】

善于赏赐的国君，费财少却可以勉励大众；善于处罚的国君，刑法简约而奸邪可以被禁止；善于给予的国君，施用很少却可以成为大德；善于取得的国君，收入多而别人没有怨言。

因民之所喜而劝善，因民之所恶以禁奸。

【译文】

按照百姓所喜欢的事情而勉励他们做善事，依照百姓所厌恶的而禁止奸邪之事。

至赏不费，至刑不滥[①]。

①“至赏”二句：高诱注：赏当赏，不虚费。刑当刑，不伤善。

【译文】

最好的奖赏是不虚费钱财，最好的刑罚是不伤害好人。

利害之反，祸福之接，不可不审也。

【译文】

或利或害相反的结果，或祸或福的交替，是不能够不审查清楚的。

事或欲之，适足以失之；或避之，适足以就之。

【译文】

有的事情想得到它，恰好能够失去它；有的事情想避免它，却能够成就它。

志所欲则忘其为矣。

【译文】

心中只想着做某事就会忘记其他的行为。

圣人审动静之变，而适受与之度[①]，理好憎之情，和喜怒之节。夫动静得，则患弗过也[②]；受与适，则罪弗累也；好憎理，则忧弗近也；喜怒节，则怨弗犯也。

---

①受与：即取予。

②过：刘绩《补注》本作“遇”。

【译文】

圣人审查动静的变化，掌握适当取予的尺度，而理顺爱憎的情感，调和喜怒的节度。动静适当，那么祸害就不会遇到；取予合适，那么罪邪就不能牵累；爱憎的道理顺畅了，那么忧虑就不会接近了；喜怒调节好了，那么怨恨就不会侵犯了。

达道之人，不苟得，不让福[①]；其有弗弃，非其有弗索；常满而不溢，恒虚而易足[②]。

---

①让：辞让，拒绝。

②虚：无欲。

【译文】

通达大道的人，不苟且所得，不辞让福气；为他所有的不抛弃，不为他所有的不索取；常常充满而不外溢，经常无欲而容易得到满足。

圣人心平志易[①],精神内守,物莫足以惑之。

①易:平和。

【译文】

圣人的心志平和,精神在内部持守,万物就不能够惑乱它。

诠言训

欲福者或为祸,欲利者或离害[①]。

①离:通“罹”,遭受。

【译文】

想要得到幸福的有时会成为灾祸,想要求得利益的有时会遭到灾难。

无为而宁者,失其所以宁,则危;无事而治者,失其所以治,则乱。

【译文】

静虚无为而安宁的,失去所用来造成安宁的根本,就会危险;顺应自然而治理的,失掉用来治理的根本,便会混乱。

人之所指,动则有章[①];人之所视,行则有迹。

①章:形象。

【译文】

人们所指出的地方,运动起来就会有形象;人们所看见的东西,行动起来便有痕迹。

圣人掩明于不形,藏迹于无为。

【译文】

圣人把聪明掩盖在不露形迹之中,把痕迹隐藏在没有作为之中。

人莫不贵其所有,而贱其所短,然而皆溺其所贵,而极其所贱。所贵者有形,所贱者无朕也[①]。故虎豹之强来射[②],猿狖之捷来措[③]。人能贵其所贱,贱其所贵,可与言至论矣。

---

①朕:形迹。

②来:招来。

③狖(yòu):黑色的长尾猿。措:通“簎(cè)”,刺。

【译文】

没有人不珍视他的长处,而轻视他的短处,但是又都沉溺在他的长处之中,而把他的短处看得极小。所珍视的长处是有形的,而所轻视的短处是无形的。因此虎豹的强暴却招来射击,猿狖的敏捷却遭到刺杀。人们能够珍重他所轻视的,轻视他所珍重的,便可以和他谈论最高的道理了。

自信者,不可以诽誉迁也[①];知足者,不可以势利诱也。

---

①迁:变更。

【译文】

自信的人，不能够用诽谤赞誉来改变他；知足的人，不能够用权势利益来诱惑他。

通性之情者[①]，不务性之所无以为；通命之情者[②]，不忧命之所无奈何；通于道者，物莫不足滑其调[③]。

①性：指天性、本性。情：实情，本然。

②命：指天命、命运。按，“通性”至“无奈何”，化自《庄子·达生》。

③“物莫”句：王念孙《读书杂志》：当作“物莫足滑其和”。今本“莫”下衍“不”字，“和”字又误作“调”。按，《说文》：“调，和也。”“调”字不误。

【译文】

通达天性本来情况的人，不从事本性所无法做到的事情；通达命运之情的人，不担忧命运所不能支配的遭遇；通晓大道的人，万物中没有什么能扰乱他的天和。

矩不正，不可以为方；规不正，不可以为员[①]。身者事之规矩也，未闻枉己而能正人者也。

①员：同“圆”。

【译文】

矩不正，不能够做出方形；规不正，不能够画出圆形。自身就是万事的规和矩，没有听说过自身不正而能使别人端正的。

原天命，治心术[①]，理好憎，适情性，则治道通矣。原天命，则不惑祸福；治心术，则不忘喜怒[2]；理好憎，则不贪无用；适情性，则欲不过节。不惑祸福，则动静循理；不妄喜怒，则赏罚不阿；不贪无用，则不以欲用害性[3]；欲不过节，则养性知足。

①心术：指“心”认识事物的方法和途径，与“思想”相似。

②忘：通“妄”。

③欲用：刘绩《补注》本、《文子·符言》无“用”字。

【译文】

理清天命的根源，调整好思想，理顺好憎关系，调节好情性，那么治世之道就畅通了。搞清天性的根源，就不会受灾祸幸福的迷惑；调整好思想，就不会妄生欢喜愤怒之情；理顺好憎关系，就不会贪得无用之物；调节好情性，那么欲望就不会超过限度。不受灾祸福祥的迷惑，那么行动静止都能依循道理；不妄生欢喜愤怒之情，那么实行赏罚便不会偏袒；不贪得无用之物，就不会因为欲望妨碍天性；欲望不超过限度，那么就能保养天性知道满足。

得道则愚者有余，失道则智者不足。

【译文】

得道之人就是愚笨的也会有余力，失道的人就是聪明的也会感到不足。

度水而无游数[1]，虽强必沉；有游数，虽羸必遂[2]。

①数(shù)：技艺。

②羸(léi):瘦弱。遂:成功。

【译文】

渡水而没有游泳技术,即使很强壮也必定要沉下去;有游泳技术,即使很瘦弱也一定能成功。

为治之本,务在于安民;安民之本,在于足用;足用之本,在于勿夺时;勿夺时之本,在于省事;省事之本,在于节欲;节欲之本,在于反性;反性之本,在于去载[1]。去载则虚,虚则平。平者道之素也[2],虚者道之舍也[3]。

①去载:抛弃外面的文饰。

②素:本色。

③"虚者"句:《韩非子·扬权》:虚心以为道舍。按,道舍,藏道之处所。

【译文】

治理国家的根本,在于安定百姓;安定百姓的根本,在于满足他们的用度;满足用度的根本,在于不要耽误生产时节;不耽误生产时节的根本,在于减少政事;减少政事的根本,在于节制贪欲;节制贪欲的根本,在于返回天性;返回天性的根本,在于抛弃外表的粉饰。抛弃外表的粉饰就能达到虚静,虚静就能平定。平定是道的本色,虚静是道的归宿。

能有天下者,必不失其国;能有其国者,必不丧其家;能治其家者,必不遗其身;能脩其身者,必不忘其心。

【译文】

能够统治好天下的人,必定不会失去一国;能够统治好一国的,必定不会丧失一家；能够统治好一家的，必定不会丧失自身；能够修治好自身的，一定不会遗忘他的心灵。

慎守而内，周闭而外；多知为败，毋视毋听；抱神以静，形将自正。

【译文】

谨慎守持自己的内心，周密地堵塞外欲；多智巧就要失败，不要外视邪听；持守精神清虚安静，形体将自然平正。

能强者，必用人力者也；能用人力者，必得人心也[1]。

①人心也：《文子·符言》“心”下有“者”字。

【译文】

能够强大的人，必定是运用人民力量的人；能够用人民力量的人，必然得到了人心。

强胜不若己者，至于与同则格[1]；柔胜出于己者，其力不可度。

①“强胜”二句：许慎注：言人力能与己力同也，己以强加之，则战格也。按，格，格斗。

【译文】

强者能胜过不如自己的人，至于同自己力量相同的就要格斗；以柔弱战胜比自己力量强大的，他的力量是不可度量的。

善游者，不学刺舟而便用之[1]；劲筋者[2]，不学骑马而便居之；轻天下者，身不累于物，故能处之。

①刺：撑船。

②劲筋：指肌腱或韧带强劲。

【译文】

善于游泳的人，不学习撑船却习惯使用船只；筋骨强健的人，不学习骑马却习惯跨在马身上；看轻天下的人，不被外物拖累，所以能够安然相处。

无以天下为者，必能治天下者。

【译文】

不把天下据为己有的人，必定能够统治天下。

得道以御者，身虽无能，必使能者为己用；不得其道，伎艺虽多，未有益也。

【译文】

掌握道术来驾驭臣下，即使自身无能，也必定能使有才智的人为己所用；不能掌握道术，技艺即使很多，也没有益处。

有以欲多而亡者，未有以无欲而危者也；有以欲治而乱者，未有以守常而失者也。

【译文】

有因为贪欲多而灭亡的，没有因为无欲而危险的；有按欲望来治理而混乱的，没有因为遵守常法而失败的。

智不足免患,愚不足以至于失宁。

【译文】

智巧不能够免除祸患,愚笨不至于就会失去安宁。

守其分,循其理,失之不忧,得之不喜。

【译文】

持守本分,依循道理,失去了不忧虑,得到了也不欢喜。

成者非所为也,得者非所求也。

【译文】

成功的不是自己所作为的,得到的也不是自己所寻求的。

入者有受而无取,出者有授而无予。

【译文】

收入的是有所接受而没有索取,付出的是有所给予而没有施舍。

不为可非之行,不憎人之非己也;脩足誉之德,不求人之誉己也。

【译文】

不做让人非议的举动,不憎恨别人非议自己;修养足以令人称颂的德行,不求别人赞誉自己。

不能使祸不至,信己之不迎也;不能使福必来,信己之不攘也[①]。

---

①攘(rǎng):排除、排斥。

【译文】

不能够使灾祸不到来,但能确信自己不会迎取它;不能够使幸福一定来到,但能确信自己不会排斥它。

祸之至也,非其求所生,故穷而不忧;福之至,非其求所成,故通而弗矜[1]。

---

①矜(jīn):自我夸耀。

【译文】

灾祸的到来,不是因圣人的追求而产生的,因此身处穷困却不忧虑;福祥的到来,不是因圣人的追求而造成的,因此处境畅达却不骄傲。

圣人守其所以有,不求其所未得;求其所无,则所有者亡矣;脩其所有,则所欲者至。

【译文】

圣人持守之所以能够拥有的东西,不寻求他所没有得到的东西;寻求他所没有的东西,那么就会失去他已经具有的;修治他所具有的,他所想得到的就会到来。

用兵者,先为不可胜,以待敌之可胜也;治国者,先为不可夺,以待敌之可夺也。

【译文】

善于用兵的人,首先做好自己不可被战胜的准备,以便等待战胜敌人的时机;善于治理国家的人,先要做好不可被夺的准备,然后等待夺取敌国的时机。

治未固于不乱[①],而事为治者必危;行未固于无非,而急求名者必剉也[②]。

①"治未固"句:许慎注:治不乱之道,尚未牢固也。

②剉(cuò):挫败,折伤。

【译文】

治理国家尚不能确保不会发生动乱,而人为地去追求大治的必定有危险;行事不能确保没有非议,而急于求名必定受到挫败。

福莫大无祸,利莫美不丧。

【译文】

最大的幸福是没有灾祸,最美好的利益是没有丧亡。

动之为物[①],不损则益[②],不成则毁,不利则病,皆险也[③],道之者危[④]。

①动:有为。

②不损则益:陶鸿庆《读淮南子杂记》:当作"不益则损"。

③险:危难。

④道:蹈,踏。

【译文】

有为活动这个事,不是增益就是损害,不是成功就是毁坏,不是利益就是危害,都是险恶不可行的,踏上这条路的人就会有危险。

不为善，不避丑，遵天之道；不为始，不专己[①]，循天之理；不豫谋[②]，不弃时[③]，与天为期[④]；不求得，不辞福，从天之则。

①专己：个人独断。

②豫谋：事先谋划。

③时：北宋本原作“特”，《道藏》本作“时”，据正。

④期：相合。

【译文】

圣人不从事善事，不避开丑事，遵循天道的规律；不作为开始，不个人独断，依循自然的法则；不事先谋划，不抛弃天时，和自然变化相合；不追求得利，不推辞幸福，按照天的法则行事。

圣人不以行求名，不以智见誉。

【译文】

圣人不用行动求取名誉，不用智术得到赞誉。

事不须时，则无功。

【译文】

行事不会等待时机，就不会有功劳。

人举其疵则怨人[①]，鉴见其丑则善鉴[②]。人能接物而不与己焉，则免于累矣[③]。

①疵(cī)：指毛病、错误。

②鉴：镜子。

③"人能"二句:许慎注:"而不与已",若镜人形,而不有好憎也。

【译文】

别人指出自己的缺点就抱怨别人,镜子能够看见自己的美丑却认为是好镜子。如果人们同外物交接而不掺杂自己的私心,那么就会免于拖累了。

文胜则质掩,邪巧则正塞之也。

【译文】

文采突出那么朴实就被掩盖了,邪恶巧施那么正直就被堵塞了。

圣人掩迹于为善,而息名于为仁也。

【译文】

圣人在推行善事之中掩盖形迹,在施行仁惠之时不求名声。

好勇,则轻敌而简备,自偩而辞助[①]。

---

①自偩(fù):自恃。偩,同"负"。

【译文】

国君爱好勇力,就会轻视敌人而疏于防备,自负勇力而就会拒绝他人的帮助。

一人之力,以围强敌[①],不杖众多而专用身才[②],必不堪也。

---

①围:刘绩《补注》本作"御"。王念孙《读书杂志》:"围"当为"圉(yǔ)",字之误也。"圉"与"御"同。

②杖：依凭。身：己。

【译文】

用一个人的力量，去抵御强大的敌人，不依靠大众的人力而却只凭自身的才能，必定是不堪一击的。

割痤疽[①]，非不痛也；饮毒药，非不苦也；然而为之者，便于身也。渴而饮水，非不快也；饥而大飧[②]，非不赡也，然而弗为者，害于性也。

---

①痤（cuó）：痈。疽（jū）：恶疮。

②飧（sūn）：食。

【译文】

割去痤疽，不是不痛；喝下辛烈的药物，不是不苦；但是要这样做，是为了有利于身体。渴了喝生水，不是不痛快；饿了大吃，不是不满足，但是不能这样做，这有害于自己的生命。

凡治身养性，节寝处，适饮食，和喜怒，便动静，使在己者得，而邪气因而不生。

【译文】

凡是修治身心保养天性，节制寝居，饮食适当，喜怒平和，动静适宜，在自我方面掌握养生之道，那么邪气因此而不会产生。

无去之心，而心无丑；无取之美，而美不失。

【译文】

在心里没有丑的东西要抛弃的，因而心中不存在丑；对于美好的东西没有什么要得到的，因而自身的美也不会失去。

利则为害始，福则为祸先。唯不求利者为无害，唯不求福者为无祸。

【译文】

利益就是祸患的开始，幸福是灾祸的先导。只有不求利益的人才没有祸害，只有不求幸福的人才没有灾祸。

非易不可以治大，非简不可以合众[1]。

---

①简：简约。

【译文】

不是平易的不能治理大众，不是简约的不可以集合众人。

心常无欲，可谓恬矣；形常无事，可谓佚矣。

【译文】

心里常常没有欲望，可以说是恬静的了；自身常常没有事情，可以说是安逸的了。

自乐于内，无急于外。

【译文】

自己在内心得到快乐，不要在外部急切寻求。

大道无形，大仁无亲，大辩无声，大廉不嗛[1]，大勇不矜。

---

①嗛(xián):贪食。

【译文】

大道没有形体,大的仁惠没有偏爱,大的辩说没有声音,大的廉洁不贪食物,大的勇敢不骄傲。

圣人谨慎其所积。

【译文】

圣人谨慎地对待他所要积累的东西。

为善,不能使富必来[1];不为非,而不能使祸无至。

---

①富:通"福"。刘绩《补注》本作"福"。

【译文】

做善事,不能期望幸福一定到来;不做坏事,也不能使灾祸不来。

兵略训

喜而相戏,怒而相害,天之性也。

【译文】

喜欢时互相嬉闹,发怒时互相伤害,这是天然的本性。

圣人之用兵也,若栉发耨苗[1],所去者少,而所利者多。

---

①栉(zhì):梳头。耨(nòu):锄草。

【译文】

圣人的用兵，就像梳头和锄草一样，所去掉的少，而得到的多。

君为无道，民之思兵也，若旱而望雨，渴而求饮。

【译文】

国君干出不合道义之事，人民就思念义兵的到来，就像大旱而盼望雨水，口渴而求得饮水一样。

众之所助，虽弱必强；众之所去，虽大必亡。

【译文】

众人所帮助的，即使柔弱也必定会坚强；众人所离开的，即使强大也必定要灭亡。

兵失道而弱，得道而强；将失道而拙，得道而工；国得道而存，失道而亡。

【译文】

用兵失去道就会变弱，得到道就会变强；将领失掉道就变得拙劣，得到道就变得精巧；国家得到道就存在，失去道就灭亡。

刑，兵之极也；至于无刑，可谓极之矣。

【译文】

刑杀是战争达到的顶点；由此而达到没有刑杀，可谓是战争达到的最高境界了。

脩政于境内，而远方慕其德；制胜于未战，而诸侯服其威。

【译文】

在境内修明政治，而远方人民仰慕他的德行；在没有进行战争之前能制服对方取得胜利，而诸侯信服他的威力。

夫战而不胜者，非鼓之日也[①]，素行无刑久矣[②]。

①鼓之日：许慎注：谓陈兵击鼓，斗之日。

②素：平素。

【译文】

战争没有打胜，原因不在于陈兵击鼓之日，而是平素行事长久没有法规造成的。

同利相死，同情相成，同欲相助。

【译文】

利益相同的可以互相去死，感情相同的双方便能成全，欲望相同的可以互相帮助。

顺道而动，天下为向；因民而虑，天下为斗。

【译文】

顺应大道而行动，天下人民会因此而响应；按照人民的意愿而考虑行事，天下之人会为之而战斗。

明王之用兵也，为天下除害，而与万民共享其利。

【译文】

英明的君主用兵，是为天下人解除患害，而和万民共同享受他们的利益。

善用兵者，用其自为用也；不能用兵者，用其为己用也。用其自为用，则天下莫不可用也；用其为己用，所得者鲜矣。

【译文】

善于用兵的人，要让士兵们为自己而战；不善于用兵的人，却让士兵们为主帅而战。要让士兵们为自己而战，那么天下没有人不可以被使用的；要让士兵们为主帅而战，所得到的效果是很少的。

治国家，理境内；行仁义，布德惠；立正法，塞邪隧[①]；群臣亲附，百姓和辑[②]；上下一心，君臣同力；诸侯服其威，而四方怀其德；脩政庙堂之上[③]，而折冲千里之外[④]；拱揖指㧑[⑤]，而天下响应，此用兵之上也。

①隧（suì）：指地道，墓道，引申指邪道。

②和辑：和睦融洽。

③庙堂：宗庙和明堂。这里指朝廷。

④折冲：使敌人战车后撤。冲，古代战车的一种。

⑤拱揖指㧑（huī）：从容安舒，指挥若定。指㧑，又作“指麾”“指挥”。

【译文】

治理国家，整治境内；推行仁义，布施德惠；建立公正的法度，堵塞奸邪之道；使群臣亲近归附，百姓和洽；上下一心，君臣同心协力；诸侯信服他的威望，而四方之民感怀他的德泽；在庙堂修治政事，而御敌于千里之外；从容安舒指挥若定，而天下响应，这是用兵的上策。

良将之所以必胜者，恒有不原之智[①]，不道之道，难以众同也[②]。

①不原之智：即无法测度的智慧。

②以：与。

【译文】

高明的将领之所以能取得必胜的原因，常常有无法测度的智慧，不可以说出来的道理，很少和众人的想法相同。

兵之胜败，本在于政。

【译文】

战争的胜败，根本在于政治。

政胜其民，下附其上，则兵强矣；民胜其政，下畔其上[1]，则兵弱矣。

①畔：通“叛”，叛离。

【译文】

政治能够胜过他的百姓，臣下能够归附他的国君，那么军队就会强大；百姓胜过他们的政治，臣下背叛他们的国君，那么兵力就会减弱。

德义足以怀天下之民，事业足以当天下之急，选举足以得贤士之心[1]，谋虑足以知强弱之势，此必胜之本也。

①选举：选择举荐贤才。

【译文】

施行德泽奉行大义能够感化天下的百姓，事业成就可以应对天下的危急之事,举荐贤才能够得到贤人的心,计谋思虑能够知道强弱的形势,这是取得胜利的根本。

为存政者[①],虽小必存;为亡政者,虽大必亡。

①存政:使人民生存的政治。

【译文】

实行使人民生存的政治,即使弱小也一定能存在;实行乱政,即使强大也一定会灭亡。

善守者无与御,而善战者无与斗,明于禁舍开塞之道,乘时势、因民欲,而取天下。

【译文】

善于防守的没有人和他相抵御,而善于战斗的没有人和他交战,明了进退开塞的道理,乘着有利的时势、按照百姓的欲望,而去夺取天下。

德之所施者博,则威之所制者广;威之所制者广,则我强而敌弱矣。

【译文】

德泽所施加的地方是广博的,那么威力所制服的地方就会很大;威力所制服的地方是广大的,那么就会我方强胜而敌方变弱了。

善用兵者,先弱敌而后战者也,故费不半而功自倍也。

【译文】

善于用兵的人,首先削弱敌人而后才去交战,所以花费不过一半的力量而起到加倍的效果。

全兵先胜而后战，败兵先战而后求胜[①]。

①“全兵”二句：许慎注：德先胜之，而后乃战，汤、武是也。

【译文】

称为全兵的战争先有道德的胜利而后才去战争，而称为败兵的战争则是先战争而后求得胜利。

德均，则众者胜寡[①]；力敌，则智者胜愚；者侔[②]，则有数者禽无数。

①胜：北宋本原无，据刘绩《补注》本补。

②者侔（móu）：刘绩《补注》本作“势侔”，古钞卷子本作“智侔”。《文子·上德》作“智同”。侔，齐等。

【译文】

在双方恩德平均的情况下，那么人多的胜过人少的；在彼此力量相匹敌的情况下，那么聪明的战胜愚笨的；在双方智术相当的情况下，那么有作战方法的擒住没有方法的。

善用兵者，见敌之虚，乘而勿假也[①]，追而勿舍也，迫而勿去也；击其犹犹[②]，陵其与与[③]；疾雷不及塞耳，疾霆不暇掩目[④]。

①假：宽纵。

②犹犹：迟疑。

③与与：犹豫。

④疾霆：王叔岷《淮南子斠证》："疾霆"不得言"掩目"，"霆"当为"电"。

【译文】

善于用兵的人，看见敌人的空虚，就乘虚而入而不要宽容他们，追击而不要放弃，迫近而不要离开；在敌人迟疑之时打击他们，乘着他们犹豫之时进攻；像迅雷到达来不及塞上耳朵，像闪电划过来不及闭上眼睛。

凌人者胜，待人者败，为人杓者死[①]。

①杓(biāo)：许慎注：所击也。杨树达《淮南子证闻》："杓"当读为"的(dì)"。"的"为射质，故注云"所击"。按，古钞卷子本作"的"。即靶子。

【译文】

驾驭敌人的人能够取胜，等待敌人进攻的人要失败，给敌人当靶子的人要死亡。

兵静则固，专一则威，分决则勇，心疑则北[①]，力分则弱。

①北：失败。

【译文】

军队静止就会稳固，专一就会有威力，职分确定就会勇猛，心中疑惑就要失败，力量分散就会变弱。

能分人之兵，疑人之心，则锱铢有余[①]；不能分人之兵，疑人之心，则数倍不足。

①锱铢：锱和铢，都是古代的重量单位，六铢为一锱，四锱为一两。比喻微小的数量。

【译文】

能够分散对方的兵力，惑乱对方的军心，那么就是很少的力量都是有余的；不能够分散敌人的兵力，惑乱对方的军心，就是数倍于敌的力量也是不够的。

千人同心，则得千人力；万人异心，则无一人之用。

【译文】

千人同心，那么就能发挥千人的力量；万人异心，那么就连一人的力量也无法使用。

将卒吏民，动静如身，乃可以应敌合战。

【译文】

将帅士兵官吏百姓，行止就如同人身一样，才可以应对敌人会同作战。

计定而发，分决而动，将无疑谋，卒无二心，动无堕容①，口无虚言②，事无尝试，应敌必敏③，发动必亟④。

①堕：通“惰”。古钞卷子本作“惰”。

②口：北宋本原作“已”，《道藏》本作“口”，据正。

③敏：北宋本原作“敌”，《道藏》本作“敏”，据正。

④亟(jí):急切。

【译文】

计谋确定而后发兵,职分明确而后行动,将军没有疑惑的计策,士卒没有二心,行动没有懒散的神色,口中没有假话,事情没有试着干的打算,应对敌人必定敏捷,发起进攻必定急速。

将以民为体,而民以将为心,心诚则支体亲刃,心疑则支体挠北[①]。

①挠北:屈服,投降。

【译文】

将帅以人民为主体,而人民以将帅为中心,心中坚实那么肢体可以亲自受刃,心中疑惑那么肢体就会屈膝投降。

心不专一,则体不节动;将不诚必[①],则卒不勇敢。

①诚必:诚信。必,诚信。

【译文】

意志不能专一,那么身体不能节制行动;将帅不能诚信作战,那么士卒就不会勇敢。

民诚从其令,虽少无畏;民不从令,虽众为寡。

【译文】

百姓如果听从号令,即使人少也不会畏惧;百姓如果不听从号令,即使人数众多也同人少一样。

下不亲上，其心不用；卒不畏将，其刑不战[1]。

---

①刑：通“形”。

【译文】

臣下不亲近君主，他们的心意就不能被使用；士卒不畏惧将帅，他们的身体就不会用来作战。

兵不必胜，不苟接刃[1]；攻不必取，不为苟发。

---

①苟：苟且，随便。

【译文】

用兵不一定能取胜，就不要随便交兵；攻打不一定能夺取，就不要随便发兵。

胜定而后战，钤县而后动[1]。

---

①钤县（qián xuán）：权其轻重。钤，通“权”。古钞卷子本作“权”。县，称。

【译文】

能确定胜利之后才去战斗，权衡轻重后才去行动。

众聚而不虚散，兵出而不徒归。

【译文】

人马聚集而不要平白解散，军队出发而不要空手而归。

静以合躁，治以持乱[①]，无形而制有形，无为而应变，虽未能得胜于敌，敌不可得，胜之道也。

①持：王念孙《读书杂志》："持"当为"待"，字之误也。待，犹御也，言以治御乱也。《孙子兵法·军争》"以治待乱"，即《淮南子》所本。《文选·五等论》李善注引此文"治以待乱"，尤其明证矣。

【译文】

用安静来对付急躁，用治理来对付混乱，用无形来控制有形，用无为而来应对变化，即使不能对敌人取得胜利，敌人也不能得到什么，这是能取胜的主要办法。

形见则胜可制也，力罢则威可立也。

【译文】

敌人形迹出现那么胜利便有把握了，敌人力量疲敝那么威风便可以树立了。

视其所为，因与之化；观其邪正，以制其命。

【译文】

观察敌人的行动，顺势和他们一起变化；观察他们的邪道与正路，而用来控制敌人的命运。

饵之以所欲，以罢其足；彼若有间，急填其隙。

【译文】

用敌人想干的事情来引诱他们，以疲乏他们的脚力；敌人如果有了间隙，便及时打进他们的空隙。

敌若反静，为之出奇；彼不吾应，独尽其调[①]；若动而应，有见所为；彼持后节[②]，与之推移。

①独尽其调：许慎注：言我尽之调以待敌也。

②彼持后节：许慎注：彼谓敌。持后节，敌在后，使先己。

【译文】

敌人如果返回宁静，我方则对他们出奇制胜；敌人如果不加理睬，我方尽量用各种方法调动他；敌人如果活动而响应，就要使他们的所为显现出来；敌人如果从后面节制，要设法把他们转移到前面来。

彼有所积，必有所亏，精若转左，陷其右陂[①]。

①右陂（bēi）：右边。

【译文】

敌人有所聚积必定有所亏缺，敌人的精锐转往左边，那么我们就攻陷它的右边。

诸有象者，莫不可胜也；诸有形者，莫不可应也。

【译文】

众多有形象出现的事物，没有什么不可以战胜的；很多现出形体的东西，没有什么不能够对付的。

圣人藏形于无，而游心于虚，风雨可障蔽，而寒暑不可开闭[①]，以其无形故也。

①开：王念孙《读书杂志》："开"当为"关"。寒暑无所不入，故不可关闭。作"开"则义不可通矣。

【译文】

圣人把形体隐藏在无形之中，而心灵游弋在空虚之处，风雨不能够堵塞隐蔽它，而寒暑也不能够阻挡它，是因为它无形的原因。

善用兵者，当击其乱，不攻其治；不袭堂堂之寇[①]，不击填填之旗[②]；容未可见，以数相持；彼有死形，因而制之。

①堂堂：阵容盛大的样子。

②不：北宋本原作"下"，刘绩《补注》本作"不"，据正。填填：军威整肃的样子。

【译文】

善于用兵的人，应当在敌人混乱之时攻击敌人，不能在敌人治平之时攻击敌人；不要偷袭阵容严整的敌人，不要攻打旗帜整齐的军队；看不见敌人阵容时，必须用数目相当的队伍来准备对抗；敌人有死亡的征兆出现时，便趁机制服敌人。

虎豹不动[①]，不入陷阱；麋鹿不动，不离罝罘[②]；飞鸟不动，不绖网罗[③]；鱼鳖不动，不擐唇喙[④]。物未有不以动而制者也。

①不：北宋本原作"之"，刘绩《补注》本作"不"，据正。

②离：通"罹"，遭受。罝罘(jū fú)：网类。

③绖(guà)：悬挂。

④擐(huàn):贯穿。喙:北宋本原作“啄”,《道藏》本作“喙”,据正。

【译文】

虎豹不出来活动,不会落入陷阱之中;麋鹿不出来活动,不会投入兽网之内;飞鸟不出来活动,不会被网罗捕获;鱼鳖不出来活动,不会被钓钩钩住嘴。万物没有不是因为出来活动而被制服的。

圣人贵静。静则能应躁,后则能应先,数则能胜疏[①],博则能禽缺[②]。

——

①数(cù):细密,这里指谋划周密。

②博:众。引申有“完整”义。

【译文】

圣人珍视清静。清静就能够应付敌人的躁动,处于后位则能够对付前头,计划周密那么能胜过计划粗疏的,军队完整则能擒住队列残缺的兵士。

夫五指之更弹,不若卷手之一挃[①];万人之更进[②],不如百人之俱至也。

——

①挃(zhì):捣,撞。

②更:交互。

【译文】

用五指更换弹奏,不如拢起手指一拨;万人交替前进,不如百人同时到达。

或将众而用寡者，势不齐也[①]；将寡而用众者，用力谐也[②]。

①势不齐也：许慎注：势不齐，士不同力也。

②谐：和。

【译文】

有的带领的人虽多而可以使用的人却很少，是士卒不能同心协力的缘故；有的带领的人少而可以使用的人多，是大家同心合力的缘故。

神莫贵于天，势莫便于地，动莫急于时，用莫利于人。

【译文】

神妙的事物中没有比天道更尊贵的了，形势没有比地利更方便的了，行动没有比时机更急切的了，功用没有比人和更为有利的了。

兵之所隐议者[①]，天道也；所图画者，地形也；所明言者，人事也；所以决胜者，钤势也[②]。

①隐议：考量。隐，度。议，通“仪”，揆度。

②钤势：指权变形势。钤，通“权”。

【译文】

战争所要进行考察的，是天道的变化；所要进行绘制的，是地形的位置；所要明白议论的，是人事的安排；所用来决定胜负的，是权变和气势。

上将之用兵也，上得天道，下得地利，中得人心，乃行之以机，发之以势，是以无破军败兵。

【译文】

上等将领的用兵，上得天道的规律，下得地形之便，中得人心之用，于是用机变来推行它，根据趋势来发动它，因此没有失败的军队和失败的战争。

百人之必死也，贤于万人之必北也。

【译文】

敢于牺牲的一百人，胜过一定会投降的一万人。

用兵之道，示之以柔，而迎之以刚；示之以弱，而乘之以强；为之以歙[1]，而应之以张；将欲西，而示之以东；先忤而后合，前冥而后明；若鬼之无迹，若水之无创。

①歙（xī）：收敛。

【译文】

用兵的方法，把柔和显示给敌人，而用刚强来迎击他们；把弱小出示给对方，而用强大作为凭借；用收敛来对付它，而用扩张来接应；将要往西，而先表示向东；先要背离而后才会合，前面昏暗，而后面光明；像鬼神没有形迹，像水一样没有创痕。

若雷之击，不可为备；所用不复，故胜可百全。

【译文】

像迅雷一样出击，让人无法提前做好准备；所采用的方法不重复，所以百战百胜。

兵之所以强者，民也；民之所以必死者，义也；义之所以能行者，威也。

【译文】

军队之所以强大的原因，是因为有了百姓的支持；百姓之所以不怕牺牲，就是为了大义；而大义所以能够推行的原因，是威力所致。

上视下如子，则下视上如父；上视下如弟，则下视上如兄。

【译文】

国君看待臣下像儿子，那么臣下就会把国君看作父亲；国君把臣下看成弟弟，那么臣下就会把国君看成兄长。

四马不调，造父不能以致远[1]；弓矢不调，羿不能以必中；君臣乖心，则孙子不能以应敌[2]。

---

①造父：周穆王时善于驾车的人。

②孙子：即孙武，春秋齐国安乐（今山东广饶）人，著名军事家。

【译文】

驷马不协调，即使是造父也不能凭借它们到达远方；弓矢搭配不好，即使是后羿也不一定能射中；君臣之间离心离德，即使是孙武也不能来迎敌。

将必与卒同甘苦，俟饥寒[1]，故其死可得而尽也。

---

①俟（sì）：王叔岷《淮南子斠证续补》："俟"当为"供"，字之误也。"供"与"共"同。影宋本《御览》二八一引此正作"共饥寒"。

【译文】

将领必须和士卒同甘共苦，共同忍受饥寒的威胁，这样士卒才会尽力去为战斗而死了。

古之善将者，必以其身先之。

【译文】

古代善于担任将领的人，必定亲自走在士卒的前面。

良将之用兵也，常以积德击积怨，以积爱击积憎，何故而不胜？

【译文】

良将的用兵，常常用积累恩德的军队，打击聚积怨恨的敌国，用积累仁爱的队伍，打击积聚憎恨的敌军，还有什么原因不能取胜呢？

主之所求于民者二：求民为之劳也，欲民为之死也。民之所望于主者三：饥者能食之，劳者能息之，有功者能德之。

【译文】

国君对百姓有两个要求：要求百姓为他服劳役，要求百姓为他战斗牺牲。百姓对国君也有三种期盼：饥饿的时候能供给食物，疲劳的时候能得到休息，有功劳能授予赏赐。

上足仰，则下可用也；德足慕，则威可立也。

【译文】

国君足以使人景仰，那么臣下便可以被使用；德行足以使人敬慕，那么威望便可以树立了。

盖闻善用兵者[①]，必先脩诸己，而后求诸人；先为不可胜，而后求胜。

①闻：北宋本原作“间”，《道藏》本作“闻”，据正。

【译文】

听说善于用兵的人，必定首先修治自身，然后才能要求他人；首先使自己立于不败之地，而后才去求得胜利。

兵贵谋之不测也，形之隐匿也，出于不意，不可以设备也。

【译文】

战争可贵的是计谋让人无法预料，形迹隐匿，出于敌人的意料之外，使之不能够加以防备。

谋见则穷，形见则制。

【译文】

计谋被人识破那么就会走上穷途，形迹出现那么就会被制服。

夫将者必独见独知[①]。独见者，见人所不见也；独知者，知人所不知也。

①独见：指高超的眼光，卓越的见解。

【译文】

担任将领的人必须有独见之明独知之慧。独见指的是，看见别人见不到的；独知指的是，知道别人所不知道的。

善战者不在少,善守者不在小。

【译文】

善于打仗的人不在乎人少,善于把守的人不在乎地方小。

胜在得威,败在失气。

【译文】

胜利在于得到威力,失败在于失掉志气。

善者能实其民气,以待人之虚也;不能者虚其民气,以待人之实也。

【译文】

善于作战的将领能够使部队士气饱满,而等待敌人士气空虚;不善战的将领使部队士气空虚,而用来等待敌人的士气饱满。

说山训

人不小学,不大迷[①];不小慧,不大愚。

---

①"人不"二句:高诱注:小学不博,不能通道,故大迷也。学,《广雅·释诂四》:"觉也。"小觉,即小的觉悟。《文子·上德》作"小觉"。

【译文】

人拘于小觉而不广博,不能通达道旨,就会大迷;人卖弄聪明,不能通晓变化,就特别愚蠢。

人无为则治,有为则伤[①]。

①“人无为”二句：高诱注：道贵无为，故治也。有为则伤，道不贵有为也。伤，犹病也。按，伤，损害。

【译文】

人君顺应道的规律社会便能得到治理，违背规律就要受到损害。

念虑者不得卧，止念虑，则有为其所止矣[①]。两者俱亡，则至德纯矣[②]。

①“念虑者”三句：高诱注：止，犹去也。强自抑去念虑，非真无念虑，则与物所止矣。

②“两者”二句：高诱注：两者，念虑与强不念虑也。忘二者则神内守，故“至德纯一也”。按，纯，北宋本原作“约”，《道藏》本作“纯”，据正。

【译文】

思考事情的人不得安睡，强行抑制思考，那么种种行为便会止息下来。思考与强行抑制思考全部忘掉，那么便可以达到精神内守至德纯一的境界。

循迹者，非能生迹者也。

【译文】

只追随别人形迹的人，不是能开创新的道路的人。

末不可以强于本，指不可以大于臂。

【译文】

末技不能胜过根本，手指不能够大过胳膊。

水定则清正，动则失平，故惟不动，则所以无不动也。

【译文】

水流安定那么就会清澈平稳，震动就会失去水的平静，因此只有不动，才没有什么不能在其中活动的。

江、河所以能长百谷者，能下之也。夫惟能下之，是以能上之。

【译文】

长江、黄河之所以能够成为百谷之长，是因为比百谷低下。正是因为江、河比百谷低下，所以才能百谷之长。

墙之坏，愈其立也[①]；冰之泮[②]，愈其凝也，以其反宗。

①愈：通“踰”，超过，胜过。

②泮：融解。

【译文】

土墙的倒塌，回归本土，胜过它的直立；冰冻消释，复为流水，胜过它的凝结，因为它们都回到了根本。

泰山之容，巍巍然高，去之千里，不见埵堁[①]，远之故也。

①埵堁（duǒ kè）：土块。

【译文】

泰山的雄姿，巍然高耸，距离它千里，看到它不会有一个土块大，这是因为距离远的原因。

日之脩短有度也，有所在而短，有所在而脩也，则中不平也[①]。故以不平为平者，其平不平也。

---

①中：心中。

【译文】

日子的长短是有一定规定的，有时所处的境地认为短，有时所处的境地认为长，这是心中不能平定的缘故。因此用不平定的思想来处理平正的事情，他的公平也就是不公平的了。

沮舍之下[①]，不可以坐；倚墙之旁，不可以立。

---

①沮（jǔ）舍：坏屋子。沮，坏。

【译文】

要倒塌的屋子，不可以坐在里面；倾斜的墙边，不可以站在旁边。

执狱牢者无病[①]，罪当死者肥泽[②]，刑者多寿[③]，心无累也。

---

①执：主管。

②泽：指光泽。

③刑者：指受宫刑的人。

【译文】

主管牢狱的人没有恐惧之病，判处死刑的人身子发胖面有光泽，受宫刑的人反而长寿，因为这些人心里头没有拖累。

良医者，常治无病之病，故无病；圣人者，常治无患之患，故无患也。

【译文】

高明的医生，常常治疗没有发病的人，因此才能不使病症发生；圣德之人，常常治理没有发生患祸的问题，因此不会发生祸患。

君子之于善也，犹采薪者，见一介掇之[①]，见青葱则拔之。

①介：通“芥”，小草。掇（duō）：拾取。

【译文】

君子对于好的事情，就像采伐薪柴一样，看见一棵小草也要拾取，见到青绿色的植物也要拔取。

月不知昼，日不知夜。

【译文】

月亮不知道白天，太阳不知道黑夜。

善射者发不失的，善于射矣，而不善所射[①]。善钓者无所失，善于钓矣，而不善所钓。故有所善，则有不善矣。

①“而不善”句：高诱注：所射者死，故曰不善。

【译文】

善于射箭的发箭不离准的，对于射术是很精通的了，而对于被射的人来说就是不善的了。善于垂钓的人不会失去所钓的鱼儿，可以说是精通钓术的了，而对于所钓的鱼来说就是不善的了。因此有所善，那么就有所不善了。

亡羊而得牛，则莫不利也[1]；断指而免头，则莫不利为也。

---

①利：刘绩《补注》本“利”下有“失”字。

【译文】

失去一只羊而得到一头牛，就没有人不认为失去是有益的；砍断手指而免除头部之害，没有人不认为这样做是得利的。

人之情，于利之中则争取大焉，于害之中则争取小焉。

【译文】

人之常情是，对于利益就要争取多得一点，对于灾祸就要争取尽可能少一些。

两人俱溺，不能相拯，一人处陆则可矣。

【译文】

两个人一起淹没在水中，不能互相拯救，而一个人处在岸上就可以救人了。

畏马之辟也[1]，不敢骑；惧车之覆也，不敢乘，是以虚祸距公利也。

---

①辟：通“躄（bì）”，跛。

【译文】

担心马狂奔容易摔倒，而不敢骑马；害怕车子倾覆，而不敢乘车，这是用空祸来阻挡共知的利益。

事之成败，必由小生，言有渐也。

【译文】

事情的成败，必须从小的地方开始，说的是事物要有一个渐进发展的过程。

水浊而鱼噞[①]，形劳则神乱。

①噞（yǎn）：鱼在水面张口呼吸。

【译文】

水混浊那么鱼就会到水面张口呼吸，形体疲劳精神就会混乱。

行合趋同，千里相从；趣不合[①]，行不同，对门不通。

①趣（qū）：趋。

【译文】

如果行动相合趋向相同，即使行千里也可以相从；行动不合，趋向不同，即使是对门也不能沟通。

君子不容非其类也。

【译文】

君子不容许不同类的人混杂。

巧者善度，知者善豫[①]。

①豫：预备。

【译文】

手巧的人善于掌握尺度,聪明的人善于预先准备。

止言以言,止事以事,譬犹扬堁而弭尘[①],抱薪而救火。

①堁(kè):尘土。

【译文】

用多言制止流言,用多事来制止事端,就好比扬起尘土来消除灰尘,抱着干柴去救火。

矢之于十步贯兕甲[①],于三百步不能入鲁缟[②]。

①兕(sì):古代兽名。皮厚,可以制甲。

②鲁缟(gǎo):鲁国产的白绢。

【译文】

箭在十步之内可以射穿兕牛之甲,在三百步之外则不能穿透鲁国的细绢。

骐骥一日千里,其出致释驾而僵[①]。

①出:罢。致:尽,极。释:解除。僵:仆倒。

【译文】

骐骥一日可行千里,等到它气力用尽移下车驾就会倒下。

坏塘以取龟,发屋而求狸[①],掘室而求鼠,割唇而治龋[②],

桀、跖之徒，君子不与。

①发：开掘。狸：也叫野猫、山猫。

②龋（qǔ）：龋齿，虫牙，蛀牙。

【译文】

破坏塘坝以后去逮乌龟，毁掉屋子去捉山猫，挖开内室去逮老鼠，割开嘴唇去治疗龋齿，这是夏桀、盗跖一类人所干的事，君子是不会这样做的。

谓学不暇者，虽暇亦不能学矣。

【译文】

说自己没有闲暇学习的人，即使有了空闲也绝不会好好学习的。

圣人无止无以[①]，岁贤昔、日愈昨也。

①无以：无已。杨树达《淮南子证闻》："以"与"已"同。

【译文】

圣人不会停止进步，因此今年胜过去年，今日胜过昨日。

江出岷山，河出昆仑，济出王屋，颍出少室，汉出嶓冢，分流舛驰[①]，注于东海。所行则异，所归则一。

①舛（chuǎn）：相背。

【译文】

长江出自岷山，黄河发源于昆仑山，济水源于王屋山，颍水出自少室山，汉水出自嶓冢山，各个水流虽背道而驰，但最后都流注到东海之中。所行的路线各自不同，但是最后的归向是一致的。

因高而为台，就下而为池，各就其势，不敢更为。

【译文】

依托高地而筑台，靠近低处而掘池，各自利用它们的地势，不敢有所变更。

欲为邪者，必相明正；欲为曲者，必达直。

【译文】

想走邪路的人，必定相互表明自己是正派的；想干不正当事情的人，必定相互表示自己的正直。

得万人之兵，不如闻一言之当[①]。

---

①“得万”二句：高诱注：当，谓明天时地利，知人之言，可以不战屈人之兵。

【译文】

得到万人之多的士卒，不如得到适当的一句话。

好弋者先具缴与矰[①]，好鱼者先具罟与罛[②]，未有无其具而得其利。

---

①缴（zhuó）：拴在箭上的生丝绳。矰（zèng）：短箭。

②罟（gǔ）：捕鱼网。罛（fú）：高诱注：细网。

【译文】

喜欢射猎的人首先要准备好细绳和短箭，爱好捕鱼的人首先要预备好大网和小网，没有见到用具不足而能得到利益的。

嫫母有所美[①]，西施有所丑[②]。

①嫫（mó）母：古代丑女，但品行端正，故曰“有所美”。

②西施：古越国美女。越王勾践献给吴王夫差。虽容仪光艳，未必贞正，故曰“有所丑”。

【译文】

嫫母有美好的德行，西施也有丑陋的地方。

亡国之法，有可随者；治国之俗，有可非者。

【译文】

亡国的法律中，有能够遵照实行的；治理得好的国家的习俗，也有不能推行的。

美之所在，虽污辱，世不能贱；恶之所在，虽高隆，世不能贵[①]。

①“美之”六句：高诱注：“世不能贱”者，喻贤者在下位卑污之处；“世不能贵”者，喻小人在上位高显之处。

【译文】

贤者所处的地方，即使是在污秽屈辱之处，世人也不能认为他卑贱；小人所在的地方，即使是处于高显之处，世人也不能认为他高贵。

貂裘而杂，不若狐裘而粹[①]，故人莫恶于无常行。

———

①粹：纯粹。

【译文】

毛色不纯的貂皮之裘，不如毛色纯粹的狐皮之裘，因此人们最讨厌行为无常的人。

今人放烧[①]，或操火往益之[②]，或接水往救之[③]，两者皆未有功，而怨德相去亦远矣。

———

①放：王叔岷《淮南子斠证》：方、放古通。“放烧”犹“方烧”。按，方，正在。

②操：北宋本原作“橾”，《道藏》本作“操”，据正。

③接：杨树达《淮南子证闻》：“接”字无义，疑假作“唼（shà）”。字或作“啑（shà）”。《一切经音义》卷八引《字书》：“啑，喋（zhá）也，谓以口微吸之也。”按，唼，口含水。

【译文】

现在有人正在烧荒，有人拿着火把去增加火势，有人用嘴含水去救火，两者都没有效果，但是产生怨恨和恩德的区别是很大的。

刀便剃毛，至伐大木，非斧不克。

【译文】

刀方便用来剃毛，至于砍伐大木，没有斧头便做不了。

视方寸于牛，不知其大于羊。

【译文】

只看到牛一寸见方的地方，自然不知道它比羊大。

厉利剑者必以柔砥[①]，击钟磬者必以濡木[②]，毂强必以弱辐，两坚不能相和，两强不能相服。

---

①厉：磨砺。柔砥(dǐ)：柔石。砥，细磨刀石。

②濡(rú)木：即柔木。濡，柔。

【译文】

磨利剑必须用柔石，敲钟磬必须用软木，车毂强硬的必定要用弱辐，两样坚固的东西不能相互协调，两个强大的东西不能互相服帖。

走不以手，缚手，走不能疾；飞不以尾，屈尾，飞不能远。物之用者，必待不用者。

【译文】

跑步虽不用手，但若捆住手，就不能跑得快；鸟飞行不用尾巴，但屈起尾巴，就不能飞得很远。事物要发挥作用，必须依靠貌似无用的东西。

尝一脔肉[①]，知一镬之味[②]；悬羽与炭，而知燥湿之气[③]，以小明大[④]。

---

①脔(luán)：切成小块的肉。

②镬(huò)：古代无足的大锅。

③"悬羽"二句：高诱注：燥，故炭轻；湿，故炭重。按，此为古代测量湿度的方法。类似今天平的原理。

④明：北宋本原作“朋”，《道藏》本作“明”，据正。

【译文】

品尝一小块肉，可以知道一锅菜肴的味道；在平衡物两边悬挂羽毛和木炭，可以测定天气湿度变化情况，这是用小的事物来说明大的内容。

见一叶落，而知岁之将暮；睹瓶中之冰，而知天下之寒，以近论远。

【译文】

看见一片落叶，就知道一年内的时间将要到头了；看见瓶子中的结冰情况，就知道天下的寒冷变化，这是用近处推知远处发生的变化。

三人比肩，不能外出户；一人相随，可以通天下。

【译文】

三个人并着肩膀，不能从门户出去；一个一个人鱼贯相随，可以通达天下。

物之先后，各有所宜也。

【译文】

事物的先后次序，各自都有适当的要求。

物莫措其所脩[①]，而用其所短也。

---

①措：放置。

【译文】

万物中没有弃置它们的长处，而使用它们短处的。

今沐者堕发，而犹为之不止，以所去者少，所利者多。

【译文】

现在洗头的人虽然掉下头发，但还不停止洗头，因为所失掉的头发少，而所得到的好处多。

力贵齐[①]，知贵捷。

———

①齐（jì）：通“齌”，迅疾。

【译文】

力量可贵在爆发力，智慧可贵在敏捷。

得之同，遬为上[①]；胜之同，迟为下。

———

①遬（chì）：当作“遬（sù）”，迅疾。遬，古“速”字。

【译文】

所得到的东西相同，快速为上策；所取得的胜利相同，迟缓为下策。

说林训

夫随一隅之迹，而不知因天地以游，惑莫大焉。

【译文】

如果只知道去追随一个角落的痕迹，而不知道按照天地的变化去游观，没有比这更大的糊涂了。

足以蹍者浅矣[①]，然待所不蹍而后行；智所知者褊矣[②]，然待所不知而后明。

---

①蹍(niǎn):踩,踏。

②褊(biǎn):狭小。

【译文】

用脚践踏的地方是很狭窄的,然而却要依靠脚踏不到的地方而后才能前行;用智力所了解的东西是很少的,然而却需要依靠智慧把握不住的对象而后才能明达。

毋贻盲者镜[①],毋予躄者履[②]。

---

①贻(yí):赠送。

②躄(bì):足跛。

【译文】

不要把镜子送给瞎子,不要给脚跛的人送鞋子。

目见百步之外,不能自见其眦[①]。

---

①眦(zì):眼角,亦作"眥"。

【译文】

眼睛可以见到百步之外,但是却不能见到自己的眼角。

至味不慊[①],至言不文,至乐不笑,至音不叫[②],大匠不斫,大豆不具[③],大勇不斗,得道而德从之矣。

①慊（qiè）：快意。

②叫：喧哗、呼叫。

③豆：古代食器，形似高脚盘。

【译文】

最好的味道人吃了没有快意，最好的言语无须文饰，最高的快乐不必发笑，最动听的音乐不用呼叫，最高明的工匠不用斧斫，最大的食器不盛食物，最大的勇敢不去争斗，得道之人德便跟从它。

逐兽者目不见太山，嗜欲在外，则明所蔽矣。

【译文】

追逐野兽的人眼睛不会见到太山，嗜欲用在外物上，那么光明便被蒙蔽了。

水火相憎，鏏在其间[①]，五味以和；骨肉相爱，谗贼间之，而父子相危[②]。

①鏏（huì）：小鼎。高诱注：鏏（huì），小鼎。一曰：鼎无耳为鏏。

②“骨肉”三句：高诱注：楚平王、晋献公是也。按，指楚平王听信谄言杀太子建，晋献公杀太子申生，重耳、夷吾逃难。

【译文】

水、火互不相容，小鼎处在中间，五味就得到了调和；骨肉之间相亲相爱，而诽谤中伤之人处在中间，那么父子之间也会相互发生危害。

失火而遇雨，失火则不幸，遇雨则幸也。故祸中有福也。

【译文】

失火而遇到大雨,失火是不幸的,但是遇到雨水是幸运的。因此祸中有福。

川竭而谷虚,丘夷而渊塞,唇竭而齿寒[①]。

①竭:何宁《淮南子集释》:"竭"当为"揭"。《战国策·韩策》高诱注:揭,犹反也。按,揭,翻裂。

【译文】

大河枯竭那么山谷就会空虚,丘陵削平那么深渊便要堵塞,嘴唇翻裂那么牙齿就会寒冷。

河水之深,其壤在山。

【译文】

河水的深度,是因长期冲刷山上的土壤形成的。

知己者,不可诱以物;明于死生者,不可却以危[①]。

①却:王念孙《读书杂志》:"却",当为"劫"。

【译文】

知道自己命运的人,不能够用外物来诱惑他;对死生明辨的人,不能够用危险来使他退缩。

金胜木者,非以一刀残林也;土胜水者,非以一璞塞江也[①]。

①墣:《道藏》本作“墣(pú)”,土块。

【译文】

金属能够克木,不是说用一把刀就能伤害森林;土可以战胜水,不能说用一块土就能堵塞长江。

躄者见虎而不走[①],非勇,势不便也。

①躄(bì):足跛。

【译文】

瘸腿的人看到老虎而不能跑开,不是勇敢,而是情势不方便这样做。

倾者易覆也,倚者易辀也[①],几易助也[②],湿易雨也。

①辀(rǒng):推。

②几(jī):接近。

【译文】

倾斜的东西容易颠覆,斜靠着的东西容易推走,接近的东西容易帮助,潮湿的地方容易接受雨水。

冬有雷电,夏有霜雪,然而寒暑之势不易,小变不足以妨大节。

【译文】

冬天可以有雷电,夏季也可能有霜雪,但是寒冷暑热的趋势是不能够改变的,小的变化不能够妨害大的节气。

近敖仓者[①]，不为之多饭；临江、河者，不为之多饮，其满腹而已[②]。

①敖仓：秦代所置谷仓，故址在今河南荥阳北。

②其：通"期"，希望。

【译文】

接近敖仓的人，不因此而多吃饭；靠近黄河、长江的人，不因此而多喝水，只希望饱腹就行了。

观射者遗其艺[①]，观书者忘其爱；意有所在，则忘其所守。

①艺：指射击的目标。

【译文】

观看射箭比赛的人会忘记射箭的靶子，看书入迷的人会忘记他的所爱；精神有所凝思的地方，就会遗忘他的守持。

乳狗之噬虎也，伏鸡之搏狸也[①]，恩之所加，不量其力。

①伏鸡：孵卵的母鸡。搏：北宋本原作"捕"，《道藏》本作"搏"，据正。

【译文】

喂奶的母狗可以去咬老虎，孵卵的母鸡可以同狸子搏斗，受到母爱的驱使，可以不去衡量自己的力量。

情泄者中易测[①]。

---

①“情泄者”句：高诱注：不闭其情欲，发泄于外，故其中心测度知也。

【译文】

情欲外露的人心中的意向容易测知。

佳人不同体，美人不同面，而皆说于目；梨、橘、枣、栗不同味，而皆调于口①。

---

①口：北宋本原作“已”，《道藏》本、《庄子·天运》作“口”，据正。

【译文】

佳人的形体各不相同，美人的脸面各有特色，而都能让人赏心悦目；梨、橘、枣、栗各不同味，而都适合于食用。

人有盗而富者，富者未必盗；有廉而贫者，贫者未必廉。

【译文】

人们有偷盗而富裕的，但富有的人不一定都偷东西；有廉洁而贫穷的，但贫穷的人不一定都是廉洁的。

海内其所出，故能大①；轮复其所过，故能远。

---

①“海内(nà)”二句：高诱注：雷雨出于海，复随沟渎还入，故曰“内其所出”。按，内，同“纳”，容纳。

【译文】

大海能够容纳它所付出的一切，所以才能成为大海；轮子能够周而复始地转动，所以才能到达远方。

明月之光，可以远望，而不可以细书；甚雾之朝，可以细书，而不可以远望寻常之外。

【译文】

明月的光芒，可以远望，但是不能够在月光下写小字；大雾的早晨，能够写小字，但是不能够看一丈远的距离。

画者谨毛而失貌[①]，射者仪小而遗大[②]。

①“画者”句：高诱注：谨悉微毛，留意于小，则失其大貌。

②仪：弩的瞄准部件。这里指瞄准。

【译文】

画家意在微小之处反而失去大貌，射手瞄准小目标反而丢掉了大局。

使叶落者风摇之，使水浊者鱼挠之。

【译文】

使树叶掉落的是由于风的摇动，使水混浊的是鱼的挠动。

饥马在厩，寂然无声，投刍其傍[①]，争心乃生。

①刍(chú)：草料。

【译文】

饥饿的马在马厩里，平静得没有声音，把草料投到它们的身边，争食之心便产生了。

引弓而射[①]，非弦不能发矢。弦之为射，百分之一也。

---

①引：张弓。

【译文】

想拉弓射箭，没有弓弦不能够发箭。而弓弦的长度相对于射程，不过是百分之一。

循绳而斫则不过，悬衡而量则不差[1]，植表而望则不惑[2]。

---

①衡：即秤。

②表：圭表。

【译文】

依照绳墨而砍削那么就不会有差失，悬挂衡器来称量那么就不会出差错，树立圭表来测定日影那么就不会迷惑。

人不见龙之飞举而能高者，风雨奉之[1]。

---

①奉：扶助。

【译文】

人没有看见龙飞举而能够升高的，是借风雨帮助才能飞升。

蠹众则木折[1]，隙大则墙坏。

---

①蠹(dù)：木中虫。

【译文】

蠹虫多了木头就会折断，裂缝大了墙壁就会倒塌。

有以饭死者，而禁天下之食；有以车为败者，禁天下之乘，则悖矣。

【译文】

有因为吃饭而噎死的，而禁止天下人吃饭；有因为车子而造成灾祸的，而禁绝天下人乘车，就违背事理了。

见象牙乃知其大于牛，见虎尾而知其大于貍，一节见而百节知也①。

———

①“一节”句：高诱注：吴伐越，随会稽，独获骨节专车，见一节大，余节不得小，故曰“百节知”。按，高注见《国语·越语》，亦载于《史记·孔子世家》。

【译文】

看到象牙才知道它比牛大，看到老虎尾巴才知道它比狸猫大，发现一节骨头而百节就可以知道了。

田中之潦，流入于海；附耳之言①，闻于千里。

———

①附耳：近耳私语。

【译文】

田地中的雨水，流入到海里；附耳的话，可以传到千里之外。

有为则议，多事固苛①。

———

①苛：苛责：非议。

【译文】

有作为就会遭到非议，多做事情就会有人责难。

欲观九州之土[①]，足无千里之行；心无政教之原，而欲为万民之上也，则难[②]。

①州：北宋本原作“用”，《道藏》本作“州”，据正。

②则难：北宋本原无“则难”二字，据《道藏》本补，《文子·上德》作“者难”。

【译文】

想看九州的土地，脚下却没有千里之行；心中没有政治教化的根本方法，而想处在万民之上，这就困难了。

未尝稼穑[①]，粟满仓；未尝桑蚕，丝满囊。得之不以道，用之必横[②]。

①稼穑(sè)：种植和收割。泛指农业劳动。

②横：放纵。

【译文】

不曾种植收获，粮食却堆满仓；不曾栽桑养蚕，却能丝满囊。不用正道得到的，使用起来必定放纵。

辐之入毂，各值其凿，不得相通，犹人臣各守其职，不得相干[①]。

---

①干：乱。

【译文】

车辐安进车毂，各自进入它们被凿的位置，不能够互相通连，就像人臣各自守住它们的职位一样，不能互相干犯。

使人无度河，可；中河使无度，不可。

【译文】

使人不渡河，是可以的；行至河中让人不渡过，则是不行的。

见虎一文，不知其武；见骥一毛，不知善走。

【译文】

看见老虎身上的文饰，不知道它的威武；看到骏马的一根毫毛，不知道它善于奔跑。

一家失熛[1]，百家皆烧；谗夫阴谋，百姓暴骸。

---

①熛（biāo）：火焰。

【译文】

一家失火，百家都会殃及；谗人诡计乱国，百姓就会暴尸旷野。

一目之罗，不可以得鸟；无饵之钓，不可以得鱼；遇士无礼，不可以得贤。

【译文】

一个网眼的罗网，不能够捕到鸟儿；没有鱼饵的钓钩，不能够得到鱼儿；对士人没有礼貌，不能够得到贤人。

鹤寿千岁，以极其游；蜉蝣朝生而暮死[①]，尽其乐。

①蜉蝣(fú yóu)：也作蜉蝣，昆虫名，生存期极短。

【译文】

仙鹤可以活到千岁，而尽情遨游；蜉蝣早晨出生而晚上死去，也享受完了它的快乐。

爱熊而食之盐，爱獭而饮之酒[①]，虽欲养之，非其道。

①獭(tǎ)：水獭，食鱼，状如小狗。

【译文】

喜欢熊而让他吃盐，喜欢水獭而让它饮酒，虽然想要养好它，但不符合它们生理的规律。

心所说，毁舟为杕[①]；心所欲，毁钟为铎[②]。

①杕(duò)：高诱注指“舟尾”。按，即舟舵。

②铎：大铃。

【译文】

心中高兴，可以毁舟为舵；心里愿意，可以毁钟为铎。

待利而后拯溺人，亦必以利溺人矣。

【译文】

等得到好处之后再去拯救落水的人，也会因为有好处而推人落水。

刺我行者[①]，欲与我交；訾我货者[②]，欲与我市[③]。

①刺：责难，非难。

②訾（zǐ）：诋毁。

③市：交易。

【译文】

非议我的行止的，想与我交往；毁谤我的财货的，想与我交易。

以水和水不可食，一弦之瑟不可听[①]。

①"一弦"句：高诱注：以其失和，故不可听。刺专用也。按，弦，丝曰弦。

【译文】

用水调和水不能够食用，用一弦的瑟弹奏不能中听。

骏马以抑死[①]，直士以正穷。

①抑：压制。

【译文】

骏马因为被抑制而死，耿直之士因为正直而穷困。

食其食者不毁其器，食其实者不折其枝。塞其源者竭，

背其本者枯[1]。

①本：北宋本原作“木”，《道藏》本作“本”，据正。

【译文】

吃食物的人不毁坏盛食物的器具，吃果实的人不会折断果木的枝条。堵塞河的源头河水就会枯干，离开树的根本的树木就会枯萎。

临河而羡鱼[1]，不若归家织网。

①羡：贪欲。

【译文】

对着河流而想得到鱼儿，不如回家织网。

矢疾，不过二里也，步之迟，百舍不休[1]，千里可致。

①舍(shè)：军行三十里为一舍。

【译文】

箭速快，不能超过二里，步行迟缓，百舍不停，千里也可以到达。

异音者不可听以一律，异形者不可合于一体。

【译文】

不同地域的音乐，不能够用一个音调来处理它；万物有不同的形体，不能用一个形体来等同它。

舍茂木而集于枯，不弋鹄而弋乌[1]，难与有图。

①鹄(hú):天鹅。

【译文】

舍弃茂密的森林而停留在枯木之上,不去射鸿鹄而去射乌鸦,这样愚蠢的人,难以与他图谋。

见之明白,处之如玉石;见之暗晦,必留其谋[①]。

①留:高诱注:犹思谋也。按,即思考谋划义。

【译文】

看问题很明白,处理它们就像玉石一样清楚;看问题不清楚,必定会尽力思考谋划。

以天下之大,托于一人之才,譬若悬千钧之重于木之一枝。

【译文】

把偌大的天下,寄托在一人的才智上,就像把千钧重的物品悬挂在一个树枝上。

负子而登墙,谓之不祥,为其一人陨而两人殇[①]。

①陨(yǔn):坠落。殇(shāng):伤。

【译文】

背着孩子去攀登高墙,称之为不吉祥,因为这样会使一人跌倒而两人受伤。

不能耕而欲黍梁[①],不能织而喜采裳,无事而求其功,难矣!

①梁:通"粱"。

【译文】

不去耕田而想得到黍米高粱,不能织布而喜欢彩色衣裳,没有干事业而求得功劳,那是非常困难的啊!

有荣华者,必有憔悴;有罗纨者[①],必有麻蒯[②]。

①罗纨(wán):指华美的丝织品。纨,细绢。

②蒯(kuǎi):茅草,可以织席。

【译文】

有富贵荣华的,必有憔悴不堪的人;有身穿漂亮罗纨的,必有身穿麻布粗衣的人。

舟覆乃见善游,马奔乃见良御。

【译文】

船翻了才能见到善于游泳的人,马奔驰才能见到优秀的驾车手。

嚼而无味者,弗能内于喉;视而无形者,不能思于心。

【译文】

咀嚼没有滋味的东西,不能进入喉中;观察没有形体的东西,不会在心里思考。

逐鹿者不顾兔,决千金之货者,不争铢两之价。

【译文】

追逐野鹿的不会顾及兔子，处理千金货物的，不在于铢两的价钱。

弓先调而后求劲，马先驯而后求良，人先信而后求能[①]。

①“弓先调”三句：语载《荀子·哀公》，并见《韩诗外传》卷四、《说苑·尊贤》。

【译文】

弓先调试然后才能求到强弓，马先训练然后才能求得良马，人先取信然后才能求得贤人。

太山之高，背而弗见；秋毫之末，视之可察[①]。

①察：辨别。

【译文】

高耸的泰山，背对着它就看不见了；秋毫的末梢，盯着它看就可以辨别清楚。

山生金，反自刻[①]；木生蠹[②]，反自食；人生事，反自贼[③]。

①刻：《荀子·礼论》杨倞注：“减损。”指开掘。

②蠹（dù）：木中虫。

③贼：败，害。

【译文】

山里生出黄金，反而使自己受到开凿；木头生出蠹虫，反而让自己被吃掉；人生出事端，反而使自己受害。

巧冶不能铸木[1],工匠不能斫金者,形性然也。

①冶:北宋本原作"治",《道藏》本作"冶",据正。

【译文】

巧妙的冶工不能铸造木头,高明的木匠不能砍斫金属,这是由于不同事物的形体特性决定的。

白玉不雕,美珠不文,质有余也。

【译文】

白玉不要雕琢,美珠不要文采,天然的质朴就已经足够了。

凡用人之道,若以燧取火[1],疏之则弗得,数之则弗中[2],正在疏数之间。

①燧(suì):古代取火用具。这里指阳燧,即火镜。

②数(shuò):近。此言阳燧聚集点火,要远近适中。

【译文】

大凡用人的方法,就像用燧取火一样,距离它远了就得不到火,距离它近了就不能得中,正好在远近适中(即焦点)的时候才能燃着。

鸟不干防者[1],虽近弗射;其当道,虽远弗释。

①干(gān)防:触犯,冒犯。防,通"妨",害。

【译文】

鸟类不伤害人类的,即使相距很近也没有人射伤;如果挡道妨碍人类，即使离人很远也不会放过它们。

以诈应诈，以谲应谲[1]，若被蓑而救火，毁渎而止水，乃愈益多。

---

①谲（jué）：诡诈。

【译文】

用欺诈应对欺诈，用骗术对付骗术，就像披着蓑衣去救火，凿开沟渎而止水，会使混乱增加更多。

西施、毛嫱，状貌不可同[1]，世称其好，美钧也[2]；尧、舜、禹、汤，法籍殊类，得民心一也。

---

①不可同：于大成《说林校释》："可"字疑衍。

②钧：通"均"，相同。

【译文】

西施、毛嫱，形体外貌很不相同，但世人称赞她们的美艳则是相同的；尧、舜、禹、汤，法令典章是根本不同的，但得到百姓的拥护则是一致的。

过府而负手者[1]，希不有盗心。

---

①府：储藏财物、文书之所。负手：反手于背。

【译文】

经过府库而背着手的人，很少不存有盗窃之心。

木大者根欋[①]，山高者基扶。

①根欋（qú）：根系四布。欋，通“衢”。

【译文】

大树的根系分布广，高山的根基牢固。

人间训

清净恬愉，人之性也；仪表规矩，事之制也。知人之性，其自养不勃[①]；知事之制，其举措不或[②]。

①勃：通“悖”，混乱。

②或：通“惑”，迷惑，困惑。

【译文】

清静恬淡，是人的天性；法则规章，是对事物的规定。知道了人的天性，他的自身修养不会混乱；知道了事物的规定，他的举动行止不会感到困惑。

发一端，散无竟[①]；周八极，总一筦[②]，谓之心[③]。

①竟：终竟。

②总：聚束。筦（guǎn）：洞管。

③心：指人的思想意识。

【译文】

从一个端点出发，而可以消散在没有止境之地；遍及八方极远之处，而可以总括在一个洞管之中，这就是意识主宰心的作用。

见本而知末，观指而睹归[1]，执一而应万，握要而治详，谓之术[2]。

---

①指：所往。

②术：指治政的谋略和权术。

【译文】

看到根本而知道终结，观察他的所往而知道他的回归，执掌一方而应对万端变化，把握要害而治政周详，这就是权术的要义。

使人高贤称誉己者，心之力也；使人卑下诽谤己者，心之罪也。

【译文】

让人以大贤称誉自己的，是心的力量；使人以卑劣低下诽谤自己的，是心的罪过。

人者轻小害，易微事，以多悔。

【译文】

人们轻视小害，把小事看得容易，而多有后悔。

患至而后忧之，是由病者已惓[1]，而索良医也，虽有扁鹊、俞跗之巧[2]，犹不能生也。

---

①由：通“犹”。惓(juàn)：同“倦”。《说文》：“倦，罢也。”引申为病

重义。

②扁鹊：春秋战国时名医，名秦越人。《史记》有《扁鹊仓公列传》。俞跗（fū）：黄帝时医家。亦载于《韩诗外传》卷十。

【译文】

祸患来到才去忧虑，就像生病的人已经病重，而再寻求高明的医生，即使有扁鹊、俞跗这样的名医高手，也不能使他存活。

祸与福同门，利与害与邻。

【译文】

灾祸和幸福同出一个门户，利益和患害它俩是近邻。

天下有三危：少德而多宠，一危也；才下而位高，二危也；身无大功而有厚禄，三危也。

【译文】

天下有三件危险的事情：缺少德性而多宠爱，一危；才能低下而官位高，二危；身无大功而俸禄丰厚，三危。

物或损之而益，或益之而损。

【译文】

事物中有的损减了却反而使它增加，有的增加了却反而使它减少。

众人皆知利利而病病也，唯圣人知病之为利，知利之为病也[①]。

---

①"众人"三句：化自《老子·七十一章》。

【译文】

众人都知道利益是有利的而疾病是有害的，只有圣人知道有害有时是有利的，有利有时是有害的。

趋舍不可不审也。

【译文】

对取舍不能不慎重考虑。

山致其高而云起焉[①]，水致其深而蛟龙生焉，君子致其道而福禄归焉。

①云起：王念孙《读书杂志》："云"下脱"雨"字。《太平御览·鳞介部》二引，正作"云雨起焉"。《说苑·贵德》《文子·上德》并同。

【译文】

大山极尽它的高耸，于是云雨在这里兴起；水流极尽它的深沉，于是蛟龙在其中产生；君子极力推行他的大道，于是福禄便归向他。

福之为祸，祸之为福，化不可极，深不可测也。

【译文】

好事可以变成坏事，坏事也可以变成好事，它们的变化是不能穷尽的，深奥的道理是难以测度的。

或直于辞而不害于事者，或亏于耳以忤于心而合于实者。

【译文】

有的言辞直率却对事情没有损害，有的逆耳背心却合乎实际情况。

百言百当，不若择趋而审行也。

【译文】

百次所说百次妥当，不如选定趋向而审慎行事。

仁者不以欲伤生，知者不以利害义。

【译文】

仁爱的人不因为欲望伤害天性，聪明的人不因为利益危害大义。

非其事者勿仞也[①]，非其名者勿就也[②]，无故有显名者勿处也，无功而富贵者勿居也。

---

①仞：同“认”，承担，承认。

②就：靠近。

【译文】

不是分内的事情不要多去承担，不是应得的名誉不要去靠近，无缘无故获得的显要名誉不要接受，没有功劳而得到的富贵不要享有。

其所能者，受之勿辞也；其所不能者，与之勿喜也。辞而能则匿[①]，欲所不能则惑，辞所不能而受所能则得。

---

①匿：匿情，隐匿真情。

【译文】

凡是能够办到的事，就接受而不要推辞；不能办到的事，即使给予也不要欢喜。如果推辞所能办到的事那么就是隐匿真情，如果想做不能办到的事那就是糊涂；推辞不能办到的事而接受能办到的事那就对了。

圣人敬小慎微[①]，动不失时；百射重戒[②]，祸乃不滋；计福勿及，虑祸过之。

①敬小慎微：对细小之事也持谨慎的态度。

②射：预备。

【译文】

圣人警惕细小的事情发生，行动不失时机；多方预防重重戒备，灾祸才不会发生；考虑好事不必仔细，防备祸患宁可过分周到。

同日被霜，蔽者不伤；愚者有备，与知者同功。

【译文】

同在一天受到严霜侵蚀，被遮蔽的东西不会受到伤害；愚蠢的人有了准备，就和聪明的人功业相同。

不务使患无生，患生而救之，虽有圣知，弗能为谋。

【译文】

不务求使祸患不要发生，而是在祸患发生之后才去解救它，即使有圣人的才智，也不能够替他谋划了。

圣人者，常从事于无形之外[①]，而不留思尽虑于成事之内，是故患祸弗能伤也。

①无形之外：指事故还没有形成的时候。

【译文】

圣德之人，常常在事故没有形成的时候行事，而不把思虑停留在已经成功的事情上，因此祸患不能够伤害他。

因日以动，因夜以息。

【译文】

白天就活动，晚上就休息。

知天之所为，知人之所行，则有以任于世矣[①]。

①任：行事。

【译文】

知道天道所具有的规律，知道人们所行的方向，那么在世界上便有用来行事的目标了。

圣人行之于小，则可以覆大矣；审之于近，则可以怀远矣。

【译文】

圣人在小处推行其政，那么便可以影响到大众；在近处行事审慎，那么就可以使远方的人归附了。

繁称文辞，无益于说，审其所由而已矣。

【译文】

繁琐的文句，美丽的辞藻，对于劝谏是没有任何帮助的，只要观察清楚它的解决途径就可以了。

脩务训

夫地势水东流，人必事焉，然后水潦得谷行[①]；禾稼春生，人必加功焉[②]，故五谷得遂长[③]。

①“夫地势”三句：高诱注：水势虽东流，人必事而通之，使得循谷而行也。潦（lǎo），雨水大。

②加功：耕耘。

③遂：成。

【译文】

按照地势水是向东流的，人们必须根据地势来治理它，然后流水才能沿着低洼山谷穿行；禾苗春天生长，人们就要按照这个特点耕耘除草，因此五谷才能得以生长。

圣人之从事也[①]，殊体而合于理[②]，其所由异路而同归，其存危定倾若一[③]，志不忘于欲利人。

①从事：行事，处理事务。

②体：事体。

③定倾：扶助倾危，使之安定。

【译文】

圣人处理事务，事体不同而都能符合道理，他们所经过的道路不同而归向一致，使危亡得到保存、使倾覆变成安定的目的一致，心中不忘让天下之人得到利益。

圣人之心，日夜不忘于欲利人，其泽之所及者，效亦大矣。

【译文】

圣人的心中，日夜思念对人民谋利，他的恩泽所施及的地方，产生的功效也是很大的。

今以为学者之有过而非学者，则是以一饱之故[①]，绝谷不食；以一蹪之难[②]，辍足不行，惑也。

---

①饱：王念孙《读书杂志》："饱"当为"餲(yē)"，字之误也。"餲"与"噎(yē)"同，《说文》："噎，饭窒(zhì)也。"《说苑·说丛》："一噎之故，绝谷不食。"语即本于《淮南》。

②蹪(tuí)：跌倒。

【译文】

认为学习的人有过错而非难学习，这样就像因为一次饭吃噎了，就拒绝吃饭；因为一次跌倒的困难，就止步不前，真是太糊涂了。

所为言者，齐于众而同于俗。今不称九天之顶[①]，则言黄泉之底，是两末之端义[②]，何可以公论乎？

---

①九天：高诱注：八方、中央，故曰九。

②末：北宋本原作"未"，刘绩《补注》本作"末"，据正。义：通"议"。

【译文】

所发表的议论，要和大众一致而与习俗相同。而现在发表言论的不是夸到九天的顶端，就是贬到黄泉的底部，这样从两个极端来发议论，怎么能够得到公平的结论呢？

知者之所短，不若愚者之所脩；贤者之所不足，不若众人之有余。

【译文】

聪明人的短处，不如愚笨人的长处；贤德的人所不足的地方，不如众人所有余的地方。

夫瘠地之民多有心者，劳也；沃地之民多不才者[①]，饶也。

①民：北宋本原作“吴”，《道藏》本作“民”，据正。

【译文】

贫瘠土地上的人多有创业之心，这是身心疲劳的结果；肥沃土地上的人多有不成器的，这是富裕享乐的结果。

知人无务，不若愚而好学。自人君公卿至于庶人，不自强而功成者，天下未之有也。

【译文】

聪明的人不能成事，不如愚笨的人好学深思。从国君公卿直到庶民百姓，自己不能发愤图强而能够使大功告成的，在天下是没有的。

君子积志委正[①]，以趣明师；励节亢高[②]，以绝世俗。

①积志：积蓄志气。委正：积累正事。

②励节：勉励成就高尚的节操。亢高：德行高尚。

【译文】

君子含蓄正气积累善事，而投向高明的老师；勉励自己树立高尚的节操，培养自己美好的德行，来杜绝世俗的干扰。

圣人知时之难得，务之可趣也[①]，苦身劳形，焦心怖肝[②]，不避烦难，不违危殆。

①务：指事业。趣（cù）：通“促”，促成，急速完成。

②怖肝：高诱注：犹戒惧。按，有惶恐义。

【译文】

圣人知道时光难得，事业是可以促成的，因此劳苦心思疲劳形体，心中焦虑惶恐不宁，不逃避烦琐危难之事，不回避危险的事情。

通于物者不可惊怪[①]，喻于道者不可动以奇[②]，察于辞者不可耀以名[③]，审于形者不可遁以状[④]。

①惊怪：刘绩《补注》本作“惊以怪”。

②喻：晓谕，明白。奇：奇巧，奇异。

③耀：炫耀，显扬。名：虚名。

④遁：欺骗。

【译文】

通晓万物变化的人不能用怪物来惊吓他，明白大道的人不能用奇巧来打动他，明察言论的人不能够用虚名来向他炫耀，洞察形体的人不能用万物的形貌来欺哄他。

夫无规矩，虽奚仲不能以定方圆[①]；无准绳，虽鲁班不能以定曲直。

---

①奚仲：夏后氏时车的发明者。

【译文】

没有规矩，即使奚仲也不能画出方圆；没有准绳，即使鲁班也难以确定曲直。

钟子期死而伯牙绝弦破琴[①]，知世莫赏也；惠施死而庄子寝说言[②]，见世莫可为语者也。

---

①破：北宋本原作“被”，《道藏》本作“破”，据正。

②惠施：宋人，战国时思想家，庄子好友。寝（qǐn）：止息。

【译文】

钟子期死后而伯牙毁琴断弦，知道世上没有人能欣赏他的琴音了；惠施死了而庄子停止说话，是因为看到世上没有人可以同他交谈了。

有符于中，则贵是而同今古[①]；无以听其说，则所从来者远而贵之耳[②]。

---

①“有符”二句：高诱注：言中心能明实是者则贵之，古今一也，故曰同也。按，符，符验。是，事实，实际。

②“无以”二句：高诱注：言无中心明验，无以听人说之是否，但见其言远古之事，便珍贵之耳。近世之事，有可贵者亦不贵之也。

【译文】

在心中有了明确的标准，那么就能尊重实际而把今天与古代的等同看待；没有标准来听取别人的学说，那么便认为那些历史悠久的事可贵。

圣人见是非，若白黑之于目辨，清浊之于耳听[①]。

①清浊：高诱注：清，商也。浊，宫也。按，清浊，指高音和低音。

【译文】

圣人观察是非，就像眼睛辨别白黑，耳朵能听出高音、低音一样。

美人者，非必西施之种；通士者，不必孔、墨之类。

【译文】

成为美人的，不一定是西施的后代；学识渊博的人，不一定都是孔子、墨子那样的人。

生木之长，莫见其益，有时而修[①]；砥砺䃺监[②]，莫见其损，有时而薄。

①有时：高诱注：积时。言非一日。

②䃺（mò）监：䃺，石硙（wèi）。今省作"磨"。监，通"礛（jiān）"。即礛诸，治玉的磨石。䃺监，磨砺，磨炼。

【译文】

木头的生长，没有人见到它的增加，而经过一定时间才可以长成巨木；石磨经过不停地磨砺，没有见到它的减少，而经过一段时间可以变薄。

夫事有易成者名小，难成者功大。

【译文】

事情容易办成的名声小，难于做成的功业大。

君子修美,虽未有利,福将在后至。

【译文】

君子修治善道,即使当时没有得到利益,好处必将在以后到来。

泰族训

一动其本而百枝皆应。

【译文】

草木动摇一下根本千枝万叶都要因应而动。

圣人养心,莫善于诚,至诚而能动化矣[①]。

①动化:感动而致教化。

【译文】

圣人修养身心,没有比真诚更美好的了,最高的真诚能够使他人感动变化。

夫矢之所以射远贯牢者,弩力也;其所以中的剖微者[①],正心也[②]。赏善罚暴者,政令也;其所以能行者,精诚也。

①的(dì):指靶心。剖(pōu):穿破。

②正心:王念孙《读书杂志》:《群书治要》《太平御览·工艺部》二引此,并作“人心”。

【译文】

箭能够射向远方贯通牢固的铠甲,靠的是弩的力量;但它所以能够射中目标穿透细微的地方,靠的是心智的作用。奖励善事惩罚残暴,靠的是政令;政令之所以能够被推行,是精诚努力的结果。

能因,则无敌于天下矣。

【译文】

能够遵循规律行事,就会无敌于天下。

先王之教也,因其所喜以劝善,因其所恶以禁奸。

【译文】

先王的教化,是按照百姓所喜爱的来勉励他们推行善事,根据他们所厌恶的来禁止奸邪。

因其性,则天下听从;拂其性①,则法县而不用②。

①拂(fú):背离。

②县(xuán):同“悬”,颁立,颁布。

【译文】

按照百姓的天性,那么天下人民就会听从;违背他们的天性,那么就是颁布法律也不会被使用。

仰取象于天,俯取度于地,中取法于人。

【译文】

向上取法于天的形象,向下取法于大地的法度,中间取法于人的法规。

天地之道，极则反，盈则损。

【译文】

天地的自然法则，发展到极端就会走向反面，满溢就要亏损。

圣人事穷而更为，法弊而改制，非乐变古易常也，将以救败扶衰，黜淫济非[1]，以调天地之气，顺万物之宜也。

———

①黜(chù)：贬下。济：制止。

【译文】

圣人事业失败了就要重新做起，法制出现弊端而要改革制度，这并不是喜欢改变古法变革常规，而是要用来挽救失败解救衰退，罢黜淫乱拯救失败，以便协调天地的和气，顺应万物的适宜变化。

天不一时，地不一利，人不一事，是以绪业不得不多端[1]，趋行不得不殊方。

———

①绪业：事业，遗业。

【译文】

上天不会只有一个季节，大地不会只有一种利益，人也不能从事一样的事情，因此事业不能够不是多方面的，奔驰行走也不得不是不同的方向。

失本则乱，得本则治；其美在调，其失在权。

【译文】

如果失去根本就会造成混乱，掌握根本就能得到大治；它的精美在于和调，它的失败在于权变。

各有所适，物各有宜。

【译文】

各种物品都有适宜的标准，万物各自有适宜的地方。

勇者可令进斗[①]，而不可令持牢[②]；重者可令埴固[③]，而不可令凌敌；贪者可令进取，而不可令守职；廉者可令守分，而不可令进取；信者可令持约，而不可令应变。

---

①令：北宋本原作“贪”，刘绩《补注》本、《文子·自然》作“令”，据正。

②持牢：把稳，固守。

③埴(zhí)固：坚牢。埴，黏土，有坚牢义。

【译文】

勇敢的人可以让他前进冲锋，而不能让他防守阵地；慎重的人可以让他坚守，而不能让他冲锋杀敌；贪婪的人可以让他进取，而不能让他们坚守职责；廉洁的人可以让他安守本分，而不能让他进击；持守信用的人可以让他坚持要约，而不能让他应对变化。

海不让水潦以成其大，山不让土石以成其高。

【译文】

海水不辞让雨水而成为大海，高山不辞让土石而能成为大山。

夫守一隅而遗万方[①]，取一物而弃其余，则其所得者鲜，而所治者浅矣。

———

①一隅：一个角落。

【译文】

只拘守一个角落而遗弃四方，只求取一件物品而抛弃其他物类，那么他所得到的少，而所能治理的就很肤浅了。

治大者道不可以小，地广者制不可以狭，位高者事不可以烦，民众者教不可以苛[①]。

———

①苛：苛刻。北宋本原作“苟”。刘绩《补注》本、《文子·上仁》作“苛”，据正。

【译文】

治理大的国家道术不能够偏小，地域广阔的国度制度不能够狭隘，处高位的人行事不能够烦琐，百姓众多的地方不能够推行苛刻的教化。

寸而度之，至丈必差；铢而称之，至石必过；石秤丈量，径而寡失；简丝数米[①]，烦而不察。

———

①简：查阅，检查。

【译文】

一寸寸地去度量，到达一丈远必定有差错；一铢铢地去称量，到了一石必定有过错；大的物体用石秤用丈量，直截了当失误少；像检查丝的根数、数清米粒那样来计量，只会繁琐而无功。

大较易为智[①]，曲辩难为惠[②]。

①大较:考量大的方面。

②曲辩:指从小处分辨。辩,通“辨”。惠:通“慧”,聪明。

【译文】

从大处考量,容易显得智慧;纠缠于细枝末节,很难说是聪明。

功不厌约,事不厌省,求不厌寡。功约易成也,事省易治也,求寡易赡也。

【译文】

成就功业不厌恶简约,事业成功不厌烦减省,求取不厌恶寡少。功业简约就容易成就,事务减省就容易办理,求取寡少就容易满足。

小辩破言[①],小利破义,小义破道[②],小见不达[③]。

①小辩:巧辩之言。言:指规律。

②小义:刘绩《补注》本作“小艺”。

③小见:略见。

【译文】

巧辩之言容易破坏大的规律,小的利益会破坏大的义理,小的道义会破坏大的道理,粗疏的见解不能通达大道。

河以逶蛇[①],故能远;山以陵迟[②],故能高。

①逶蛇(wēi yí):弯曲绵延。

②陵迟:延缓的斜坡。

【译文】

黄河因为它绵延曲折，所以才能通达远方；大山因为起伏不平，所以才能显示它的高峻。

夫彻于一事[1]，察于一辞，审于一技[2]，可以曲说[3]，而未可广应也。

---

①彻：通达。

②技：北宋本原作“投”，刘绩《补注》本作“技”，据正。

③曲说：片面之说。

【译文】

通达一件事情，明察一个词语，通晓一种技艺，只是知道片面之说，而不能够广泛应对万物。

法者，治之具也，而非所以为治也；而犹弓矢中之具，而非所以中也。

【译文】

法律是治理的工具，而不是实现治理的原因；就像弓矢是射中目标的工具，而不是射中的原因一样。

不言而信，不施而仁，不怒而威，是以天心动化者也[1]；施而仁，言而信，怒而威，是以精诚感之者也；施而不仁，言而不信，怒而不威，是以外貌为之者也[2]。

---

①动化：感应而变化。

②外貌：表面现象及形状。

【译文】

不说话而能得到信任，不施予而能得到仁惠，不发怒而能显出威风，这是因为自然规律感应而引起的变化；施予得到仁惠，说话得到信任，发怒而显出威风，这是真诚感动的结果；施予而得不到仁惠，说话而不被信任，发怒而没有威风，这是使用表面手段而造成的结果。

有道以统之，法虽少，足以化矣；无道以行之，法虽众，足以乱矣。

【译文】

用道术来统领他们，法条即使很少，也能够使人们感化；没有道术来推行它，法条即使很多，也只能引起混乱。

治身，太上养神，其次养形。

【译文】

修养自身，最上等的是保养精神，其次是保养形体。

治国，太上养化[①]，其次正法[②]。

①养化：即施行教化。

②正法：严明法制。

【译文】

治理国家，最上等的是施行教化，其次是严明法制。

神清志平，百节皆宁，养性之本也[①]；肥肌肤，充肠腹，供嗜欲，养生之末也。

①性：通“生”。

【译文】

神志如果清平，百节就会安宁，这是养生的根本；肌肤肥胖，腹肠充满，满足自己的嗜欲，这是养生的末节。

所以贵扁鹊者，非贵其随病而调药，贵其厌息脉血[1]，知疾之所从生也；所以贵圣人者，非贵随罪而鉴刑也，贵其知乱之所由起也。

①厌（yè）息：按脉，也叫切脉。脉血：指脉搏。

【译文】

看重扁鹊的原因，不是看重他按照疾病而配药，而是看重他能够按脉诊病，知道疾病产生的根源；看重圣人的原因，不是看重他根据罪行而定刑，而是看重他知道祸乱产生的原因。

国之所以存者，非以有法也，以有贤人也；其所亡者，非以无法也，以无圣人也。

【译文】

国家所以存在的原因，不是因为有了法令，而是因为有了贤人；国家所以灭亡的原因，不是因为没有法律，而是因为没有圣人。

民不知礼义，法弗能正也。

【译文】

百姓不知道礼义，法令也不能使他们进入正道。

法能杀不孝者，而不能使人为孔、曾之行；法能刑窃盗者，而不能使人为伯夷之廉[①]。

①伯夷之廉：指伯夷、叔齐兄弟让国，不食周粟而死。

【译文】

法律能够杀死不孝者，但是不能让人有孔子、曾子那样的高尚品行；法律能够惩罚盗窃之人，而不能让人像伯夷那样廉洁。

观其所举，而治乱可见也；察其党与[①]，而贤不肖可论也。

①党与：指结党亲附之人。

【译文】

观察他们举用人才的情况，而治乱的结果便可以看清了；考察他们的同党，而贤人、不肖者就能够论说清楚了。

夫圣人之屈者，以求伸也；枉者，以求直也。故虽出邪辟之道，行幽昧之涂，将欲以直大道、成大功[①]。

①直：《群书治要》引作“兴”。

【译文】

圣人的委屈，是为了求得伸展；弯曲，是为了得到伸直。因此即使出现在邪僻的小道上，行走在幽暗的路途中，也是将要用来兴起大道、成就大的功业。

夫观逐者于其反也[1]，而观行者于其终也。

①逐：追逐，赛跑。

【译文】

观看赛跑要看赛跑者返回时的表现，观看走路要看行者到达终点的表现。

善言归乎可行[1]，善行归乎仁义。

①可：适宜。

【译文】

美好的言论应该是可以实行的，美好的行为应该符合仁义之道。

夫知者不妄发，择善而为之，计义而行之，故事成而功足赖也，身死而名足称也。

【译文】

聪明的人不妄自行动，必然选择善事而从事它，衡量符合大义而后推行它，因此事业成功而功业可以依赖，自身死后而名声值得称颂。

天下大利也，比之身则小；身所重也，比之义则轻，义所全也。

【译文】

据有天下虽是最大的利益，但同自身相比就显得很小了；生命是重要的，生命同大义相比，就是轻的了，大义是要保全的。

欲成霸王之业者，必得胜者也；能得胜，必强者也；能强者，必用人力者也；能用人力者，必得人心者也；能得人心者，必自得者也。

【译文】

想要成就霸王之业的，必定是取得胜利的人；能够得到胜利的，必定是强大的人；能够强大的，必定是能够善于任人的人；能够善于用人的人，必定是得人心的人；能得人心的，必定是自得善性的人。

未有能摇其本而静其末，浊其源而清其流者也。

【译文】

没有能够动摇根本而安定末节的，也没有使水的源头混浊而水流仍然清澈见底的。

自养得其节，则养民得其心矣。

【译文】

自己养身能有所节制，那么养育万民就能得到他们的真心了。

所谓有天下者，非谓其履势位，受传藉[①]，称尊号也，言运天下之力，而得天下之心。

①传(zhuàn)藉：指符印、图籍。传，传符。藉，通“籍”，簿书。

【译文】

所谓据有天下，并不是说他掌握了天子的权势和地位，接受符印和图籍,有高贵的称谓和爵号,而说的是他能运用天下的力量,得到天下的民心。

夫物常见则识之,尝为则能之[①]。

①尝:通“常”,经常。

【译文】

万物中经常见到的就能认识它,经常做的就能掌握它。

因其患则造其备,犯其难则得其便。

【译文】

根据产生的祸患,就能制定出相应的防备措施;接触到它的困难,就能得到便利的解决方法。

人莫不知学之有益于己也,然而不能者,嬉戏害人也。

【译文】

没有人不知道学习是有益于自己的,然而却不能够做到它,其原因就是嬉戏危害了人啊。

不学之与学也,犹喑聋之比于人也[①]。

①喑(yīn):哑。

【译文】

不学习和学习之间的差别,就像聋哑人和正常人一样。

末大于本则折，尾大于要则不掉矣[①]。

①要：同“腰”。

【译文】

末节大于根本的就会折断，尾部大于腰部就摇不动。

圣王之设政施教也，必察其终始；其县法立仪，必原其本末，不苟以一事备一物而已矣。见其造而思其功[①]，观其源而知其流，故博施而不竭，弥久而不垢[②]。

①造：开始。

②垢(gòu)：被玷污。

【译文】

圣明的君主施行政治推行教化，一定要考察它的终始变化；他们悬挂法规树立仪表，必定先探究清楚它的本末，不会随便因为一事而准备一物。看到事情的开始而思考它的成效，考察它的源头而知道它的流向，因此广泛施行而不会枯竭，历时长久而不会被玷污。

位高而道大者从[①]，事大而道小者凶[②]。

①道大：指道术高深。

②道小：指道行浅薄。

【译文】

地位高而道行深的人百姓便会相从，从事大业而道术浅薄的人就会遇到危险。

小快害义,小慧害道,小辩害治,苟削伤德[1]。

①苟(gǒu):刘绩《补注》本作"苛",《文子·微明》《群书治要》同。"苟"字疑误,当作"茍"。茍(jì),《说文》:"自急敕(chì)也。"《玉篇》:"急也。"合本文之义。

【译文】

小的痛快就会危害大义,小的聪明便会妨害大道,小的巧辩就会危害大治,急切刻削的法令就会损伤大德。

大政不险,故民易道[1];至治宽裕,故下不相贼[2];至中复素[3],故民无匿情。

①道:《群书治要》作"遵",《文子·微明》作"导"。

②下不相贼:《群书治要》同,《文子·微明》作"下不贼"。

③至中:《文子·微明》作"至忠"。复素:《群书治要》作"朴素"。

【译文】

大的德政不险恶,因此百姓容易遵循;最好的大治是宽裕的,因此百姓不会相互残害;最大的忠实是朴实的,因此人民不会隐匿真情。

事有利于小而害于大,得于此而亡于彼者。

【译文】

事情中有的对小处有利而对大处有害,有的在这里有所得到而在它处有所失去。

偷利不可以为行,而知术可以为法。

【译文】

苟且求利的做法不能成为德行，而智术能够成为法式。

所谓仁者，爱人也；所谓知者，知人也。

【译文】

所谓仁，就是爱护别人；所谓智，就是能够了解别人。

治由文理，则无悖谬之事矣[①]；刑不侵滥[②]，则无暴虐之行矣。

①悖（bèi）谬：背理及谬误之事。

②侵滥：侵淫而泛滥。

【译文】

治国根据礼仪，那么就没有背理和错误的事情了；刑罚不侵凌泛滥，那么就没有残暴的行为了。

上无烦乱之治，下无怨望之心，则百残除而中和作矣[①]。

①中和：中正平和。

【译文】

国君没有烦琐杂乱的治理，臣民没有怨恨的心情，那么各种残酷的法令可以解除，而和平就会产生了。

仁莫大于爱人，知莫大于知人。

【译文】

仁慈没有比爱护他人更重大的了，智慧没有比知道别人更重要的了。

要略

夫江、河之腐胔不可胜数[①]，然祭者汲焉，大也；一杯酒白[②]，蝇渍其中[③]，匹夫弗尝者，小也。

①腐胔(zì)：腐烂之尸。

②白：本色，纯粹。

③渍(zì)：浸泡。

【译文】

在长江、黄河里的腐烂尸骨是数不清的，但是祭祀的人会从中汲水，因为它广大；一杯纯酒，苍蝇淹没在其中，连常人都不去品尝，因为它狭小。

论衡

《论衡》，东汉王充撰。王充(27—97？)，字仲任，会稽上虞(今浙江上虞)人。少孤，后游学京师，博通百家之学。回乡后教授生徒，历任郡功曹、治中等职。其生平事迹见《论衡·自纪》《后汉书·王充传》等。

《论衡》共八十五篇，《招致》一篇亡佚，今存八十四篇。“论衡”，顾名思义，是对各种言论的衡量评价。《论衡》的主旨是“疾虚妄”，即从自然主义的理论出发，批评当时流行的天人感应学说的妄诞，具有朴素的唯物主义思想。

本书选文据中华书局《新编诸子集成·论衡校释》。

逢遇篇

操行有常贤，仕宦无常遇。

【译文】

人的品行节操可以一贯优良，但做官却不一定总能受到赏识和重用。

才高行洁，不可保以必尊贵；能薄操浊，不可保以必卑贱。

【译文】

才能卓越行为高尚，不能确保必定会尊贵；才能低下品行不端，也未必就地位卑微。

道虽同，同中有异；志虽合，合中有离。

【译文】

大道虽然相同，但同中有异；志向虽然相合，但合中有离。

说者不在善，在所说者善之；才不待贤，在所事者贤之。

【译文】

游说不在于游说者的主张好不好，而在于被游说者是否喜欢；才能不在于是否高明，而在于所要侍奉的君主是否赏识。

世可希，主不可准也；说可转，能不可易也。

【译文】

社会风气可以迎合，君主的意图却不可猜测；游说的主张可以改换，才能却不能改变。

学不宿习[①],无以明名;名不素著,无以遇主。

①宿:一向,素常。这里指早就开始学习。

【译文】

学问不经过长期学习和积累,就无以成就名望;没有一向显著的名望,就不会被君主赏识重用。

累害篇

修身正行,不能来福;战栗戒慎,不能避祸。

【译文】

修养身心端正行为,不能招来福报;战战兢兢小心谨慎,不能躲避灾祸。

得非己力,故谓之福;来不由我,故谓之祸。

【译文】

得到福报不是靠自己的力量,所以说它是福;遇到灾祸不是由于自己的原因,所以说它是祸。

清受尘,白取垢,青蝇所污,常在练素[①]。

①练素:结白的丝织品。练,煮熟生丝或生丝织品,使之柔软洁白。

【译文】

干净的东西容易沾染灰尘,洁白的东西容易被弄脏,被苍蝇污染的,常常是洁白的丝绢。

处颠者危，势丰者亏。

【译文】

处于高处的容易遇到危险，处于饱满状态的容易亏缺。

湿堂不洒尘，卑屋不蔽风。

【译文】

潮湿的堂室不需要洒水除尘，矮小的屋子用不着遮风。

风冲之物不得育，水湍之岸不得峭。

【译文】

被急风吹袭的作物不能正常生长，被湍水冲刷的河岸不会陡峭。

德鸿者招谤，为士者多口。

【译文】

品德高尚的人容易招致毁谤，为士之人容易遭到口舌非议。

命禄篇

禄有贫富，知不能丰杀[①]；命有贵贱，才不能进退。

①知：同“智”。

【译文】

禄有贫富之别，人的智慧不能使它增加或减少；命有贵贱之分，人的才能不能使它升高或降低。

贵贱在命,不在智愚;贫富在禄,不在顽慧。

【译文】

贵贱在于命,不在聪明还是愚蠢;贫富在于禄,不在顽劣还是智慧。

农夫力耕得谷多,商贾远行得利深。

【译文】

农夫努力耕作收获的粮食就多,商贾到远方经商获利就多。

有求而不得者矣,未必不求而得之者也。

【译文】

有追求而得不到的,未必有不去追求就能得到的。

精学不求贵,贵自至矣;力作不求富,富自到矣。

【译文】

专心学习即使不为求取尊贵,尊贵也会自然得到;努力耕作即使不为追求财富,财富也会自然到来。

气寿篇

天地生物,物有不遂;父母生子,子有不就。

【译文】

天地生就万物,万物中有的不能长成;父母生下孩子,孩子中有的不能长大。

气和为治平,故太平之世多长寿人。

【译文】

承受和谐之气是因为社会安定政治清明，所以太平之世多长寿之人。

幸偶篇

俱行道德，祸福不钧[1]；并为仁义，利害不同。

---

①钧：通“均”，相等，相同。

【译文】

同样施行道德，得到的祸与福却不一样；同样施行仁义，受到的利与害却不相同。

命义篇

寿命修短，皆禀于天；骨法善恶，皆见于体。

【译文】

寿命的长短，都禀受于天；骨相上的好坏，都显现于身体。

物之贵贱，不在丰耗；人之衰盛，不在贤愚。

【译文】

作物的昂贵或便宜，不在于丰收或歉收；人的衰弱或壮盛，不在于贤能或愚钝。

操行善恶者，性也；祸福吉凶者，命也。

【译文】

操行的好坏，是性；遭遇的祸福吉凶，是命。

性自有善恶，命自有吉凶。

【译文】

性自然有善恶之分，命自然有吉凶之别。

无形篇

天地之性，人最为贵。

【译文】

天地间的生命，以人最为尊贵。

率性篇

善渐于恶，恶化于善，成为性行。

【译文】

善的逐渐转化为恶的，恶的逐渐转化为善的，就成了和天性一样的品行。

人之性，善可变为恶，恶可变为善。

【译文】

人的德性，善的可以变成恶的，恶的可以变成善的。

蓬生麻间，不扶自直；白纱入缁[①]，不练自黑。

———

①缁(zī):黑色。

【译文】

飞蓬长在麻中间,不用扶持自然会直;白纱放进黑色的染缸里,不需要染色自然会变黑。

夫人之性犹蓬纱也,在所渐染而善恶变矣。

【译文】

人的德性就像飞蓬和白纱一样,在逐渐浸染中善恶就会发生改变。

不患性恶,患其不服圣教。

【译文】

不必担心人性恶劣,要担心的是不服从圣人的教化。

患不能化,不患人性之难率也。

【译文】

要担心的是不能变化,而不必担忧人性难于引导。

偶会篇

月毁于天,螺消于渊。风从虎,云从龙。同类通气,性相感动。

【译文】

天上的月亮亏缺,水潭中的螺蚌就缩小。风随着虎出现,云伴着龙出现。同类之物气能相通,性能相互感应。

骨相篇

贵贱贫富，命也；操行清浊，性也。

【译文】

贵贱贫富，是命中决定的；操行好坏，是禀性决定的。

初禀篇

自然无为，天之道也。

【译文】

自然而然无意识的活动，是天道。

王者则天不违，奉天之义也。

【译文】

帝王效法上天而不违背天意，这是敬奉上天的原则。

吉人举事，无不利者。

【译文】

吉祥的人办事情，没有不吉利的。

本性篇

情性者，人治之本，礼乐所由生也。故原情性之极，礼为之防，乐为之节。

【译文】

情性，是治理人的根本，礼乐制度便是由此产生。所以推究情与性的标准，然后用礼来防范它，用乐来节制它。

命有贵贱，性有善恶。

【译文】

命有贵贱之分，性有善恶之别。

物势篇

夫比不应事，未可谓喻；文不称实，未可谓是也。

【译文】

打比方却与事实不相应，就不算讲清楚了；写文章却与实际不相称，就不能说是正确的。

不能相制，不能相使；不相贼害，不成为用。

【译文】

不能相互制约，就不能相互役使；不能相互伤害，就不能各自成为有用的东西。

天生万物欲令相为用，不得不相贼害也。

【译文】

天造就万物，想让它们相互成为有用的东西，就不能不让它们互相残害。

讼必有曲直，论必有是非。

【译文】

打官司肯定会有人理亏有人占理，辩论一定会有人对有人错。

奇怪篇

天人同道，好恶均心。

【译文】

天与人遵循的是同一个道理，喜好和厌恶之心也相同。

书虚篇

人目之视也，物大者易察，小者难审。

【译文】

人眼看事物，大的就容易看清楚，小的就很难看明白。

涛之起也，随月盛衰，小大满损不齐同。

【译文】

潮水的起落，随着月亮的圆缺而变化，其大小也随月亮的盈亏变化而不一样。

言语之次，空生虚妄之美；功名之下，常有非实之加。

【译文】

言谈话语之间，常常会凭空捏造一些没有根据的溢美之词；功业名誉之下，往往会有不符合事实的夸大之语。

异虚篇

修善之义笃，故瑞应之福渥。

【译文】

培养善行的心意诚恳，所以吉兆应验的福就多。

人之死生，在于命之夭寿，不在行之善恶；国之存亡，在期之长短，不在于政之得失。

【译文】

人的死活，在于寿命的长短，不在操行的好坏；国家的存亡，在于国运期数的长短，不在政治的得失。

善恶同实：善祥出，国必兴；恶祥见，朝必亡。

【译文】

好坏都是同样的情况：吉兆出现，国家必定兴盛；凶兆出现，王朝一定灭亡。

感虚篇

寒不累时，则霜不降；温不兼日，则冰不释。

【译文】

寒冷天气不累积多时，霜就不会降下；温暖天气不持续几天，冰就不会融化。

福虚篇

世论行善者福至，为恶者祸来。福祸之应，皆天也。人为之，天应之。

【译文】

世人认为做好事的人会得福，干坏事的人会遭祸。福与祸的报应，都由天定。人做出什么样的事，天就给予什么样的报应。

天下善人寡，恶人众。善人顺道，恶人违天。

【译文】

天底下的好人少，坏人多。好人遵循道义，坏人违背天意。

祸虚篇

天地所罚，小大犹发；鬼神所报，远近犹至。

【译文】

凡是天地要惩罚的，无论罪恶大小都会被发现；凡是鬼神要报应的，不管远近仍然可以到达。

凡人穷达祸福之至，大之则命，小之则时。

【译文】

大凡人的穷困、发达、灾祸、福禄的到来，从大处说就是天命，从小处讲就是时运。

雷虚篇

推人以知天,知天本于人。

【译文】

推究人的情况来了解天,对天的了解是以人为基础的。

虚妄之俗,好造怪奇。

【译文】

荒诞无稽的风气中,人们喜好编造奇谈怪论。

道虚篇

夫人以精神为寿命,精神不伤,则寿命长而不死。

【译文】

精神决定人的寿命,精神不受损伤,那么寿命就长而不死。

夫有始者必有终,有终者必有始。

【译文】

凡是有开始就一定会有结束,有结束就必定有开始。

语增篇

凡天下之事,不可增损,考察前后,效验自列。

【译文】

大凡天下的事情,不能夸大或缩小,考察它的前后始末,其真相自然就会呈现出来。

朝夕戒慎，则民化之。

【译文】

早晚都警戒慎重，那么人民就会被感化。

儒增篇

夫为言不益，则美不足称；为文不渥，则事不足褒。

【译文】

说话不夸大，那么美德就不足以被赞颂；作文章不过分，那么事迹就不足以被褒扬。

艺增篇

俗人好奇，不奇，言不用也。故誉人不增其美，则闻者不快其意；毁人不益其恶，则听者不惬于心。

【译文】

一般人都好奇，不奇特，说出来就没人听。所以称赞人如果不夸大他的优点，那么听的人心里就不痛快；诽谤人不夸大他的过错，那么听的人心里就不惬意。

问孔篇

论人之法，取其行则弃其言，取其言则弃其行。

【译文】

评定人的方法，要是认可他的行为就可以忽略他的言语，要是采纳他的言语就可以忽略他的行为。

让生于有余，争生于不足。

【译文】

互相礼让是因为东西有富余，产生纷争是因为东西不够分。

夫去信存食，虽不欲信，信自生矣；去食存信，虽欲为信，信不立矣。

【译文】

放弃寻求信任而保持粮食充足，即使不想得到人民的信任，信任也自然会建立；放弃粮食而保全信任，即使想取得人民的信任，信任也无从建立。

夫欲知其子视其友，欲知其君视其所使。

【译文】

要想了解儿子就观察他交的朋友；要想了解君主就观察他所派的使臣。

非韩篇

儒者之在世，礼义之旧防也，有之无益，无之有损。

【译文】

儒者存在于世上，就像礼义原有的堤防，有他们看起来没什么好处，但没有他们就会带来损害。

事或无益，而益者须之；无效，而效者待之。

【译文】

有的事或许看来没有什么好处，而好处却要靠它实现；有的事或许看来没什么功效，可功效却要靠它来形成。

国之所以存者，礼义也。民无礼义，倾国危主。

【译文】

国家之所以能够存在，靠的是礼义。人民不懂礼义，就会颠覆国家危害君主。

夫敬贤，弱国之法度，力少之强助也。

【译文】

敬重贤者，是弱国的生存之道，是力量弱小国家的强大帮助。

治国之道，所养有二：一曰养德，二曰养力。养德者，养名高之人，以示能敬贤；养力者，养气力之士，以明能用兵。

【译文】

治理国家的办法，应该培养两个方面：一是养德，二是养力。养德，就是供养名望高的人，以表示能敬重贤人；养力，就是供养力气大的人，以表明能用兵打仗。

外以德自立，内以力自备。慕德者不战而服，犯德者畏兵而却。

【译文】

在外要用德行来树立自己的声望，在内要用武力来强化自己的防备。仰慕德行的人可以不战而折服，蔑视德行的人因为害怕强大的军队而退却。

夫德不可独任以治国，力不可直任以御敌也。

【译文】

不能单靠德行来治理国家，也不能单凭武力来抵御敌人。

夫人所不能为，养使为之，不能使劝；人所能为，诛以禁之，不能使止。

【译文】

人们不能做的事，即使供养他们让他们去做，也不能使他们更加努力；人们能做的事，即使用死刑来禁止他们，也不能使他们停止。

赏须功而加，罚待罪而施。

【译文】

奖赏一定要有功绩才能授予，惩罚也要有罪过才能执行。

廉则约省无极，贪则奢泰不止。

【译文】

廉洁就会极其节俭，贪婪就会奢侈无度。

人君治一国，犹天地生万物。天地不为乱岁去春，人君不以衰世屏德。

【译文】

君主治理一个国家，就像天地使万物生长一样。天地不会因为年岁荒乱就废弃春天，君主也不能因为社会衰败就抛弃道德。

夫治人不能舍恩，治国不能废德。

【译文】

管理人不能抛弃恩惠，治国不能废弃道德。

答佞篇

人有不能行，行无不可检；人有不能考，情无不可知。

【译文】

只有不善于考察的人，没有不可以检验的行为；只有不善于考察的人，没有不可以识别的私心。

利义相伐，正邪相反。义动君子，利动小人。

【译文】

利与义相矛盾，正与邪相对立。道义能打动君子，利益能打动小人。

夫不以道进，必不以道出身；不以义止，必不以义立名。

【译文】

不遵循道义去做官，必然也就不会按照道义去为人处事；不根据道义而辞官，必然也就不会按照道义来树立名声。

屋漏在上，知者在下。

【译文】

屋漏是在屋顶上，知道屋漏的人却在屋子下面。

程材篇

取儒生者，必轨德立化者也；取文吏者，必优事理乱者也。

【译文】

选取儒生的人，一定是遵循道德提倡教化的人；选取文吏的人，一定是善于处理政事、理顺杂乱的人。

材不自能则须助，须助则待劲。

【译文】

才能不足以自己完成工作就需要帮助，需要帮助就要依靠有能力的人。

病作而医用，祸起而巫使。

【译文】

疾病发作了就有人请医生，灾祸来了就有人用巫祝。

牛刀可以割鸡，鸡刀难以屠牛。

【译文】

宰牛刀可以用来杀鸡，杀鸡刀却不能用来宰牛。

量知篇

夫人之不学，犹谷未成粟，米未为饭也。

【译文】

人不学习，就像谷子没有加工成粟米，生米没有做成熟饭一样。

学士简练于学，成熟于师，身之有益，犹谷成饭，食之生肌腴也。

【译文】

学士在学问上钻研磨炼，在老师教导下成熟起来，变得对社会有好处，这就跟谷米做成熟饭，吃了能长出肌肉一样。

效力篇

人有知学，则有力矣。文吏以理事为力，而儒生以学问为力。

【译文】

人有了知识学问，就有了能力。文吏以处理官府事务为能力，而儒生以有学问为能力。

化民须礼义，礼义须文章。

【译文】

教化人民要靠礼义，学习礼义要靠经书。

别通篇

涉浅水者见虾，其颇深者察鱼鳖，其尤甚者观蛟龙。

【译文】

走在浅水里能看到小虾，水很深的地方能看到鱼鳖，更深的地方才能看到蛟龙。

入道弥深，所见弥大。

【译文】

对道的理解越深入，视野就越广大。

盗贼宿于秽草，邪心生于无道。

【译文】

盗贼总是藏在杂草丛中，邪恶的心总是产生于无道。

夫德不优者，不能怀远；才不大者，不能博见。

【译文】

恩德不深厚，就不能使边远地方的人归服；才智不高超，就不会有广博的见识。

剑伎之术，有必胜之名；贤圣之书，有必尊之声。

【译文】

击剑的技术，有必定胜利的名声；圣贤的书籍，有必受尊崇的名声。

能知之也，凡石生光气；不知之也，金玉无润色。

【译文】

能被赏识，普通石头也会发光冒气；不被赏识，即使是金玉也没有光泽。

超奇篇

凡贵通者，贵其能用之也。

【译文】

大凡重视通人，是看重他们善于运用学到的东西。

足不强则迹不远，锋不铦则割不深[①]。

---

①铦（xiān）：锋利。

【译文】

脚不强健就走不远，锋刃不锐利就割不深。

状留篇

名生于高官，而毁起于卑位。

【译文】

名望来自高官显位，诽谤源于职位低下。

河冰结合，非一日之寒；积土成山，非斯须之作[①]。

---

①斯须：片刻。

【译文】

黄河水结成冰，靠的不是一天的寒冷；把土堆积成山，不是一会儿就能做到的。

干将之剑，久在炉炭，铦锋利刃，百熟炼厉[①]。久销乃见作留，成迟故能割断。

①厉：磨砺。

【译文】

干将这样的宝剑，要在炉火中锻烧很久，锐利的锋刃，要经过无数次锤炼磨砺。由于经过长时间的熔炼就显得制作缓慢，因为制成迟缓，所以才能割断东西。

谴告篇

以善驳恶，以恶惧善，告人之理，劝厉为善之道也。

【译文】

用好的去驳斥坏的，用坏的去警惧好的，这是告诫人的道理，是勉励人为善的方法。

人道善善恶恶，施善以赏，加恶以罪，天道宜然。

【译文】

做人的道理是表扬好的而憎恶坏的，对好的加以奖赏，对坏事加以惩罚，天道也应如此。

指瑞篇

王者以天下为家。

【译文】

做君王的人把天下当成家。

治期篇

昌必有衰，兴必有废。

【译文】

昌盛一定会转为衰落，兴旺也必定会走向废败。

世之治乱，在时不在政；国之安危，在数不在教。

【译文】

天下的太平与动乱，在于时运而不取决于政治；国家的安定与危乱，在于气数而不在于教化。

谷足食多，礼义之心生；礼丰义重，平安之基立矣。

【译文】

谷物充足食物丰富，礼义之心就会产生；礼节盛多情义厚重，安定的基础就奠定了。

审一足以见百，明恶足以照善。

【译文】

了解一件事就足以了解一百件，明白了什么叫恶就足以看出什么是善。

祸福不在善恶，善恶之证不在祸福。

【译文】

遭祸受福不在于为善或为恶，善恶的验证也不在于遭祸还是受福。

齐世篇

述事者好高古而下今，贵所闻而贱所见。

【译文】

记述史事的人喜欢抬高古代而贬低当下，看重听到的古代传说而轻视见到的现实。

恢国篇

丘山易以起高，渊洿易以为深[①]。

---

①渊洿（wū）：池潭。

【译文】

在土丘上容易建高台，在潭池里容易挖深池。

佚文篇

望丰屋知名家，睹乔木知旧都。

【译文】

望见宏丽的住宅就知道这是有名望的人家，看到高大的树木就知道这是老旧的城市。

言毒篇

人中诸毒，一身死之；中于口舌，一国溃乱。

【译文】

一个人中了毒，只会使他一人死亡；君主听信了谗言，就会使整个国家溃败混乱。

薄葬篇

事莫明于有效，论莫定于有证。

【译文】

没有比有效验更能说明真相了，没有比有证据更有说服力了。

调时篇

天地之性，人物之力，少不胜多，小不厌大。

【译文】

天地万物的特性，人和物的力量，少的不能战胜多的，小的不能压过大的。

敌力角气，能以小胜大者希；争强量功，能以寡胜众者鲜。

【译文】

施展力气相互争斗，能够以小胜大的少见；争比强弱较量功力，能够以少胜多的少见。

天道人物，不能以小胜大者，少不能服多。

【译文】

无论天道人事，都不能以小胜大，是因为少数不能压过多数。

卜筮篇

善则逢吉，恶则遇凶，天道自然，非为人也。

【译文】

善的就遇上吉兆，恶的就碰上凶兆，天道自然如此，不是因为人才这样。

实知篇

夫可知之事，推精思之，虽大无难；不可知之事，厉心学问，虽小无易。故智能之士，不学不成，不问不知。

【译文】

可以知道的事，只要精心思考它，事情再大也不难明白；不能知道的事，即使用心学习反复请教，事情再小也不容易弄懂。所以才智之士，不学习就不能成功，不请教就不了解。

人才有高下，知物由学。学之乃知，不问不识。

【译文】

人的才智有高有低，认识事物要通过学习。通过学习才能懂得知识，不请教别人就不能认识事物。

知实篇

君子不为无益之事，不履辱身之行。

【译文】

君子不做毫无益处的事情，不做使自己受到侮辱的行为。

为道不为己，故逢患而不恶；为民不为名，故蒙谤而不避。

【译文】

为了道义而不是为了自己，所以遇到灾祸也没有怨恨；为的是人民而不是为了出名，所以遭受诽谤也不逃避。

定贤篇

善人称之，恶人毁之，毁誉者半，乃可有贤。

【译文】

好人称赞他，坏人诋毁他，诋毁和称赞的人各占一半，这样的人有可能是贤人。

术人能因时以立功，不能逆时以致安。

【译文】

有治理之术的人能顺应时运而建功立业，但不能违背时运来使天下安定。

世不危乱，奇行不见；主不悖惑，忠节不立。

【译文】

社会不出现动荡,奇特的行为就不会被发现;君主不昏庸,忠臣的节义就不能树立。

鸿卓之义[①],发于颠沛之朝;清高之行,显于衰乱之世。

①鸿卓:高尚卓越。

【译文】

高尚的节操,产生于动荡不安的朝代;清高的品行,凸显于衰败混乱的社会。

坚强则能隐事而立义,软弱则诬时而毁节。

【译文】

骨肉坚强就能隐藏事迹而树立节义,骨肉软弱就会歪曲事实而败坏名节。

治不谋功,要所用者是;行不责效,期所为者正。

【译文】

治国不一定要考虑功绩,关键在于所依据的道理要正确;行为不一定要追求功效,期望的是所做的事要正义。

心辩则言丑而不违[①],口辩则辞好而无成。

①辩:明白,了解。

【译文】

心里明白的人，虽然言辞笨拙但却不会违背正道；能言善辩的人，即使言辞华丽也没有什么用处。

用明察非，非无不见；用理铨疑，疑无不定。

【译文】

以清明来考察谬误，谬误没有看不明白的；用道理解释疑惑，疑惑没有不能确定的。

夫歌曲妙者，和者则寡；言得实者，然者则鲜。

【译文】

歌曲高妙的，能附和的人就很少；说话符合实际的，赞同的人就很少。

曲妙人不能尽和，言是人不能皆信。

【译文】

歌曲高妙，人们就不能都附和；言论正确，人们就不会全相信。

书解篇

德弥盛者文弥缛[①]，德弥彰者文弥明。

①缛（rù）：繁多，繁琐。

【译文】

德行越盛大的文饰就越繁密，道德越显著的文饰就越鲜明。

人有所优，固有所劣；人有所工，固有所拙。

【译文】

人有优秀的一面，必然也有低劣的一面；人有工巧的时候，必然也有笨拙的时候。

志有所存，顾不见泰山；思有所至，有身不暇徇也。

【译文】

心志存于某个方面，就会连泰山也看不见；思想集中于某个地方，就没有空闲来顾及别的东西。

知屋漏者在宇下，知政失者在草野，知经误者在诸子。

【译文】

知道房屋漏雨的人在房屋下面，知道政治有失误的人在民间，知道经书错误的人在诸子中。

案书篇

两刃相割，利钝乃知；二论相订，是非乃见。

【译文】

两把刀相互砍削，它们的利与钝就能知道；两种论点相交锋，它们的对错就能看出来。

才有浅深，无有古今；文有伪真，无有故新。

【译文】

人的才智有浅有深，这是不分古今的；文章有假有真，这是不分新旧的。

自纪篇

处逸乐而欲不放，居贫苦而志不倦。

【译文】

处在逸乐之中不放纵自己的欲望，居于贫困之时也不降低自己的气节。

不清不见尘，不高不见危，不广不见削，不盈不见亏。

【译文】

不是干净的东西就看不出灰尘，位置不高就不会显得危险，面积不大就看不出被削减，装得不满就看不出亏损。

好进故自明，憎退故自陈。

【译文】

想往上爬的人才去自我辩白，怕丢官的人才去自我申辩。

福至不谓己所得，祸到不谓己所为。故时进意不为丰，时退志不为亏。

【译文】

有了福不认为是靠自己得来的，遭了祸也不认为是自己招来的。所以偶尔升了官也并不因此得意，偶尔降了职也并不为之丧气。

不嫌亏以求盈，不违险以趋平。

【译文】

不因嫌弃贫贱便去追求富贵，不因回避凶险而去寻求平安。

不贪进以自明，不恶退以怨人。

【译文】

不因贪图升官而自我表白，不因害怕丢官而怨恨别人。

同安危而齐死生，钧吉凶而一败成。

【译文】

把安与危、死和生看成是一样的，把吉与凶、成和败看成是等同的。

忧德之不丰，不患爵之不尊；耻名之不白，不恶位之不迁。

【译文】

担忧德行不足，而不担心爵位不够尊贵；耻于名声不清白，而不耻于官职得不到提升。

口辩者其言深，笔敏者其文沉。

【译文】

善辩的人讲出来的话很深刻，擅长写作的人写出来的文章很含蓄。

夫养实者不育华，调行者不饰辞。

【译文】

种植果实就不注重养花，修养品行就不讲究言辞。

丰草多华英，茂林多枯枝。

【译文】

茂盛的草丛中往往有许多落花，茂密的树林中常常有许多枯枝。

救火拯溺，义不得好[①]；辩论是非，言不得巧。

①义：同“仪”。

【译文】

忙着救火或救落水者的时候，顾不上讲究仪表；辩论是非的时候，也顾不上言辞的巧妙。

至宝必有瑕秽，大简必有大好[①]，良工必有不巧。

①大好：当作“不好”。

【译文】

最珍贵的宝石必然有杂质，巨著难免出现差错，良工巧匠也一定有做不精巧的东西。

美色不同面，皆佳于目；悲音不共声，皆快于耳。

【译文】

貌美的人，面孔并不一样，但看起来却都很漂亮；动人的歌，音调并不相同，听起来却都很悦耳。

酒醴异气[①]，饮之皆醉；百谷殊味，食之皆饱。

①醴（lǐ）：甜酒。

【译文】

普通的酒和甜酒气味不同，但喝起来都会醉人；各种粮食的味道不同，但吃了都可以填饱肚子。

文贵约而指通，言尚省而趋明。

【译文】

文章以字句简洁而意思明确为好，说话以语言简练而思路清晰为高。

玉少石多，多者不为珍；龙少鱼众，少者固为神。

【译文】

玉少石头多，多的就不珍贵；龙少鱼多，少的就必然神奇。

事众文饶，水大鱼多。

【译文】

事情多文辞就丰富，水大鱼就多。

达者未必知，穷者未必愚。

【译文】

官运亨通的人未必聪明，卑贱穷困的人未必愚蠢。

身与草木俱朽，声与日月并彰。

【译文】

身体虽然和草木一样会腐朽，但名声却同日月一样灿烂。

鸟无世凤皇，兽无种麒麟，人无祖圣贤，物无常嘉珍。

【译文】

鸟类没有世代相传的凤凰，兽类没有种系相传的麒麟，人没有祖祖辈辈相继的圣贤，物品没有恒常出现的珍宝。

士贵，故孤兴；物贵，故独产。

【译文】

人才高贵，所以才单独出现；物品高贵，所以才单独产生。

醴泉有故源[①]，而嘉禾有旧根也[②]。

---

①醴（lǐ）泉：甜美的泉水。

②嘉禾：生长茁壮的禾稻。

【译文】

醴泉必然出自旧源，嘉禾必然发自老根。

白虎通义

《白虎通义》，东汉班固撰。班固(32—92)，字孟坚，扶风安陵(今陕西咸阳)人。曾任兰台令史等职，奉诏在其父班彪遗稿的基础上修成《汉书》，为我国历史上第一部纪传体断代史。

《白虎通义》，又称《白虎通》《白虎通德论》，是汉章帝时在白虎观召开的统一经义的会议的结果。《隋书》、两《唐书》均著录为六卷，《宋史·艺文志》著录为十卷，今传本卷次多有不同，内容也阙佚了一部分。《白虎通义》内容涉及古代社会生活、政治制度、文化、伦理道德各个方面，《隋书·经籍志》列在经部，本书姑从《四库全书总目》列入杂家。

本书选文据中华书局《新编诸子集成·白虎通疏证》。

谥

行生于己，名生于人。

【译文】

行为决定于我们自己，名誉决定于他人。

礼乐

礼乐者，何谓也？礼之为言履也，可履践而行。乐者，乐也，君子乐得其道，小人乐得其欲。

【译文】

礼乐是指什么呢？礼可以说成是履，含有可以履行实践的意思。乐是快乐的意思，君子因大道得行而觉得快乐，小人因为自己欲望得到满足而觉得快乐。

乐以象天[①]，礼以法地[②]。

---

①象：模仿。

②法：效法。

【译文】

音乐是模仿天道而成，礼仪是效法地道而立。

人无不含天地之气，有五常之性者[①]。故乐所以荡涤[②]，反其邪恶也[③]；礼所以防淫泆[④]，节其侈靡也[⑤]。

①五常：仁、义、礼、智、信。《白虎通义·情性》："五性者何？仁义礼智信也。"

②荡涤：冲洗，清除净尽。

③反：覆，翻转。

④淫泆(yì)：纵欲放荡。

⑤侈靡：生活奢侈浪费。

【译文】

人都禀含天地之气而生，生来就具有仁、义、礼、智、信五种德性。所以音乐是用来净化心灵的，使偏邪之心得以返归正道；礼仪是用来防止人们纵欲放荡的，使之有所节制而不流于奢侈浪费。

屈己敬人，君子之心。

【译文】

能够委屈自己而对他人恭敬，这是君子应该有的胸怀。

礼者，盛不足，节有余，使丰年不奢，凶年不俭，贫富不相悬也。

【译文】

礼，就是让花费过少的人过得丰盛一些，花费过度的人有所节制，在丰收的年岁不太过奢侈，在歉收的年份也不过于俭啬，让社会贫富差距不要太大。

君子上德而下功。

【译文】

君子崇尚道德，将功业放在次要的地位。

三军

一人必死，十人不能当；百人必死，千人不能当；千人必死，万人不能当；万人必死，横行天下。

【译文】

一人抱定必死的决心，那么十个人都不是他的对手；百人抱定必死的决心，那么上千人都不是他们的对手；上千人抱定必死的决心，那么上万人都不是他们的对手；上万人抱定必死的决心，则可以纵横天下。

谏诤

夫妇一体，荣耻共之。

【译文】

夫妇是一体的，荣誉和耻辱都是共享的。

明王所以立谏诤者，皆为重民而求己失也。

【译文】

圣明的帝王之所以一定要设立谏诤制度，都是因为看重人民的利益而勤于发现自己的过失。

朋友之道有四焉，通财不在其中，近则正之，远则称之，乐则思之，患则死之。

【译文】

朋友相处应该遵循四种原则，共享财货不在这些原则里面：如果朋友在身边要匡正他的错误，如果朋友隔远了要称扬他的好处，如果他有快乐的事情要为他感到高兴，如果他有忧患之事要能够拼死相助。

辟雍

学之为言觉也，以觉悟所不知也。故学以治性[①]，虑以变情[②]。故玉不琢，不成器；人不学，不知义。

①治：管理，梳理。

②虑：心思，意念。情：情操。

【译文】

学的意思是觉，让人们能够觉悟自己所不明白的事情。学习可以陶冶人的性格，思想可以改变人的情操。所以玉石不经过雕琢，就不能成为精美的玉器；人不学习，就不可能通晓道义。

考黜

内能正已，外能正人，内外行备，孝道乃生。

【译文】

如果向内能够端正自己的心，在外能够为他人树立模范，内外德行兼备，孝道就产生了。

瑞贽

朋友之际，五常之道，有通财之义，振穷救急之意，中心好之，欲饮食之，故财币者所以副至意也。

【译文】

朋友之间交往要遵循仁、义、礼、智、信五常之道，按道义来讲朋友可以互通财货，互相负有赈济穷困和解救危难的义务，朋友心里互相喜欢，想给对方安排好饮食等各方面，所以会用钱物来表达自己的深情厚谊。

三正

阳之道极则阴道受，阴之道极则阳道受。

【译文】

阳的道运行到极点，阴的道就会接着开始运行；阴的道运行到了极点，阳的道就会接着运行。

事莫不先有质性，后乃有文章也[①]。

---

①文章：文采。

【译文】

事物都是先有其本质特性，然后再产生文采等外在形式。

三教

教所以三何？法天、地、人。内忠，外敬，文饰之，故三而备也。

【译文】

政教为什么是忠、敬、文三种呢？这是遵循天、地、人三才并立的规律。内心忠厚，外表恭敬，还要用文采礼仪等加以修饰，所以有三种政教才算完备。

教者，效也。上为之，下效之。

【译文】

"教"有效法的意思。在上位的人做了什么，在下位的人也会仿效。

三纲六纪

三纲者，何谓也？谓君臣、父子、夫妇也。六纪者，谓诸父、兄弟、族人、诸舅、师长、朋友也。

【译文】

三纲是指什么呢？三纲是指君臣、父子、夫妇三种最重要的人伦关系。六纪是指叔伯、兄弟、族人、舅父、师长、朋友这六种人伦关系。

君为臣纲[①]，父为子纲，夫为妻纲。

———

①纲：原义为提网的总绳，《韩非子·外储说右下》云："善张网者引其纲，不一一摄万目而后得。"处理万事万物，只要抓住了"纲"即最重要的方面，则事物自然会井井有条。

【译文】

君臣关系中，君主占主导地位。父子关系中，父亲占主导地位。夫妻关系中，丈夫占据主导地位。

一阴一阳谓之道。阳得阴而成，阴得阳而序。

【译文】

一阴一阳匹配才能称为道。阳因为得到阴的辅佐而有成就，阴因为得到阳的规范而有秩序。

朋友之交，近则谤其言①，远则不相讪②。一人有善，其心好之；一人有恶，其心痛之。货则通而不计，共忧患而相救。生不属，死不托。

①谤：互相责备，以善相责。

②讪（shàn）：讥讽嘲笑。

【译文】

朋友之间交往，在一起的时候互相以善相责，如果分开后也不互相讥讽。朋友如有善言善行，就真心为他高兴；朋友有过恶，就真心为他感到惋惜心痛。朋友之间，财物可以通用而不计较，可以共同经历患难，互相帮助。不过朋友之间在生时没有特别嘱咐，死后也不会互相托付后事。

友饥为之减餐，友寒为之不重裘。

【译文】

朋友饥饿时，自己就少吃一点，让朋友也有食物充饥；朋友寒冷时，自己就少穿一件皮裘，让朋友也有衣服御寒。

性情

五性者何谓？仁、义、礼、智、信也。

【译文】

五性是指什么？是指仁、义、礼、智、信。

信者，诚也，专一不移也。

【译文】

信是精诚的意思，表示心念专一，不会改变。

五刑

悬爵赏者，示有所劝也；设刑罚者，明有所惧也。

【译文】

设置爵位奖赏，是为了对善行表示鼓励；设置刑罚，是为了让做坏事的人有所畏惧。

阙文

贡士

治国之道，本在得贤。得贤则治，失贤则乱。

【译文】

治理国家的办法，关键在于选用贤才。能够任用贤才，国家就能治理好；不能任用贤才，国家就会陷入混乱。

风俗通义

《风俗通义》，东汉应劭撰。应劭，字仲远，汝南南顿（今河南项城）人。汉灵帝时举孝廉，后任泰山太守，参与镇压黄巾军起义。后投奔袁绍，卒于邺城（今河南安阳）。著作除《风俗通义》之外，还有《汉官礼仪故事》《汉书集解》等。

《风俗通义》，也称《风俗通》，《隋书·经籍志》著录三十卷，今存十篇，所存十篇内容也多有阙佚。王利器先生认为，《风俗通义》一书，“其立言之宗旨，取在辨风正俗”，即通过对各种社会风俗现象的考证评论，达到“厚民风而正国俗”的目的。

本书选文据中华书局《新编诸子集成续编·风俗通义校注》。

正失

世之毁誉,莫能得实,审形者少,随声者多。

【译文】

世俗的诋毁和赞誉,往往并不符合事实,认真考察实际情形的少,随声附和的多。

语曰:"金不可作,世不可度[①]。"

①度:度越,这里指修道成仙,脱离尘世。

【译文】

俗话说:"黄金是不能制造的,尘世是不可超越的。"

过誉

立朝忘家,即戎忘身。

【译文】

站在朝堂上就忘记了自家,上了战场就忘记了自身。

昌言

《昌言》，东汉仲长统撰。仲长统（180—220），复姓仲长，字公理，山阳高平（今山东邹城）人。仲长统“每论说古今及时俗行事，恒发愤叹息”，遂著书三十四篇，名为《昌言》，即“正当的言论”。

《昌言》总结了历代王朝兴亡的几个基本阶段，并对东汉末年的政病时弊多有抨击。仲长统认为“人事为本，天道为末”，“所壹于人事者，谓治乱之实也”，这一主张的提出在“天人感应”学说盛行的汉代实属不易。此书后来大多散佚，部分篇章保存在《群书治要》等文献中，今有清人辑本。

本书选文据中华书局三全本《政论·昌言》。

理乱篇

乱世则小人贵宠[①],君子困贱[②]。

①贵宠:显贵而受宠信。

②困贱:困窘而遭轻贱。

【译文】

乱世则小人显贵而受宠信,君子困窘而遭轻贱。

损益篇

作有利于时、制有便于物者[①],可为也;事有乖于数、法有玩于时者[②],可改也。故行于古有其迹[③],用于今无其功者,不可不变;变而不如前,易而多所败者,亦不可不复也。

①作:创新。

②乖:违背。数:道理。玩:玩忽,忽略。

③有其迹:有其迹可循,意即有遵循的依据。

【译文】

创新有利于时宜、制度方便于事情,可以去做;事情有不合道理的、法度有忽略时宜的,可以改。所以事情虽通行于古时而有它的踪迹可循,施用于现在却没有它的功效,就不可不改变;事情变了却不如以前,改了反而会产生很多弊端,那也不可不恢复过来。

愚役于智,犹枝之附干,此理天下之常法也。

【译文】

愚昧的人被智慧的人役使，好比树枝依附于树干，这是治理天下的通例。

物有不求，未有无物之岁也；士有不用，未有少士之世也。

【译文】

物有不去求它的，没有无物的时候；士有不去用他的，没有少士的时代。

人待君子然后化理[①]，国待蓄积乃无忧患。君子非自农桑以求衣食者也，蓄积非横赋敛以取优饶者也[②]。

①待：等待，引申为依靠。

②横(hèng)赋敛：等于说横征暴敛。横，横暴。优饶：富裕。

【译文】

百姓依靠君子然后得以治理，国家依靠蓄积才无忧患。君子不是靠自己种地养蚕来求得衣食的，蓄积不是靠横征暴敛来得到充裕的。

由其道而得之，民不以为奢；由其道而取之，民不以为劳。

【译文】

官吏由正当的途径得到俸禄，百姓不以为奢侈；国家由正当的途径获取蓄积，百姓不以为劳苦。

天灾流行，开仓库以禀贷[①]，不亦仁乎？衣食有余，损靡丽以散施[②]，不亦义乎？

①稟贷：施舍谷米。

②靡丽：奢侈豪华。散施：布施。

【译文】

天灾流行，开仓库来施舍谷米，不也是仁吗？衣食有余，减损奢侈豪华来布施，不也是义吗？

法诫篇

夫任一人则政专，任数人则相倚[①]。政专则和谐，相倚则违戾[②]。和谐则太平之所兴也，违戾则荒乱之所起也。

①倚：通“掎（jǐ）”，从旁边或后面拖住，牵制。

②违戾（lì）：抵触，有矛盾。

【译文】

政事委任一个人就专一，政事委任几个人就相互牵制。政事专一事情就和谐，政事相互牵制事情就有抵触。事情和谐就是太平世道兴起的原因，事情抵触就是国家混乱发生的原因。

阙题一

德教者，人君之常任也，而刑罚为之佐助焉。

【译文】

道德教化是人君的常用办法，而刑罚是道德教化的辅助手段。

教化以礼义为宗，礼义以典籍为本[①]，常道行于百世，权宜用于一时[②]，所不可得而易者也。

①典籍：指儒家经典。

②权宜：临时应变的方法，指武力和刑罚。

【译文】

教化以礼义为基础，礼义以经典为根据，通常的方法施行于世世代代，临时应变的方法只用于眼前一时，这是不能改变的。

制不足，则引之无所至[①]；礼无等，则用之不可依；法无常，则网罗当道路[②]；教不明，则士民无所信。引之无所至，则难以致治[③]，用之不可依，则无所取正[④]，罗网当道路，则不可得而避，士民无所信，则其志不知所定，非治理之道也。

①无所至：等于说无所成，无所得。

②当：阻挡。

③致治：使国家达到治理。

④取正：取则，取法。

【译文】

制度不完备，那么取用它就无有所成；礼仪没有等级规定，那么施行它就不可依据；法度没有定准，那么网罗就挡住道路；教令不明确，那么士人和百姓就无所信从。取用制度无有所成，就难以使国家得到治理；施行礼仪不可依据，就无所取法；网罗挡住道路，就不能躲避；士民无所信从，那么他们的心意就摇摆不定，这不是治理国家的方法。

教有道,禁不义,而身以先之,令德者也[1];身不能先,而总略能行之[2],严明者也。

①令德:美德。

②总略:大体上。

【译文】

教育有道德的人,禁制不讲道义的人,而自己以身作则,这是有美德的人君;不能以身为表率,但大体上做得到,这是严明的人君。

阙题五

肃礼容,居中正,康道德[1],履仁义[2],敬天地,恪宗庙[3],此吉祥之术也。不幸而有灾,则克己责躬之所复也[4]。

①康:乐好。

②履:施行。

③恪(kè):敬重。

④躬:自身。所复:所为。复,通“服”,实行,行事。

【译文】

端正仪表举止,处身正直,乐好道德,施行仁义,礼敬天地,敬重宗庙,这是吉祥得福的方法。不幸而有灾难,那就约束自己而追究自身的行为。

情无所止,礼为之俭[1];欲无所齐[2],法为之防。

①俭:约束。

②齐(jì):本义为整齐,一致,引申为限制,制止。

【译文】

人情无止境,用礼来约束它;欲望无终止,用法来防范它。

表正则影直[①],笵端则器良[②]。行之于上,禁之于下,非元首之教也[③]。

---

①表:古代用来测量日影长度的标杆。

②笵(fàn):模子,制作器物的模型。

③元首:人君。

【译文】

标杆正则影子直,模型正则器物好。上面的人做的事,而禁止下面的人去做,这不是人君的教导。

阙题六

有天下者,莫不君之以王[①],而治之以道[②]。道有大中[③],所以为贵也,又何慕于空言高论、难行之术哉?

---

①君:动词,即统治。

②道:这里指儒家的中庸之道,即中正不偏的处事原则。

③大中:即大正,广泛的中正。特指王者行事适中,无过度也无不及,也就是儒家的"中道""中庸"。

【译文】

拥有天下的人,没有不以王者之尊统治天下,以道治理天下的。道中自有中正之理，所以可贵，又何必羡慕那些空谈阔论、难以做到的办法呢？

阙题七

论道必求高明之士，干事必使良能之人。

【译文】

议论国家政事必须求高明之士，办事情必须用能力强的人。

阙题八

士友有患，故待己而济[①]，父母不欲其行，可违而往也。故不可违而违，非孝也；可违而不违，亦非孝也。

---

①故：同“固”，固然，理当。

【译文】

士友有患难，理当等待自己来救济，父母不愿自己前往，可以违背父母前往。所以，不可违背父母却违背，是不孝；可以违背父母却不违背，也是不孝。

阙题九

问者曰：治天下者，壹之乎人事[①]，抑亦有取诸天道也[②]？曰：所取于天道者，谓四时之宜也[③]；所壹于人事者，谓治乱之实也[④]。

①壹：专一，专心。

②抑：还是。

③四时之宜：四季该做的事。宜，适宜。引申为适宜的事情。

④治乱之实：与治乱有关的实务。实，实事，实务。

【译文】

提问的人说：治理天下的人，是专心于人事，还是也有求于天道呢？回答说：所求于天道的，是指四季该做的事；所专心于人事的，是指与治乱有关的实务。

人事为本，天道为末[1]。

①末：末事，无关根本的小事。

【译文】

人事是根本的，天道是小事。

附篇一

逍遥一世之上[1]，睥睨天地之间[2]。

①一世之上：等于说世外。上，高远处。

②睥睨（pì nì）：斜视，表示傲慢。

【译文】

悠闲自得于世外，傲视于天地之间。

蒋子万机论

《蒋子万机论》，三国魏蒋济撰。蒋济，字子通，楚国平阿(今安徽怀远)人。建安末为曹操重要谋士。曹丕称帝后，历任东中郎将、散骑常侍等职。魏明帝即位，赐爵关内侯，后迁护军将军，于国事多有谏议。齐王芳正始年间，迁太尉。高平陵之变中，追随司马懿杀死曹爽，不久病死。其生平事迹见《三国志·魏书》本传。

《蒋子万机论》，也作《万机论》，系蒋济出为东中郎将时所著。《隋书》《旧唐书》《意林》均著录为八卷，《新唐书》作十卷，陈振孙《直斋书录解题》著录为两卷，注云："《馆阁书目》十卷，五十五篇，今惟十五篇。"则南宋时已无完书。清人严可均、马国翰、王仁俊皆有辑本。

本书选文据《全上古三代秦汉三国六朝文》。

政略

夫随俗树化，因世建业，慎在三而已：一曰择人，二曰因民，三曰从时。时移而不移，违天之祥也；民望而不因，违人之咎也；好善而不能择人，败官之患也。

【译文】

因循风俗树立教化，依据世情建功立业，应该慎重考虑三件事：一是选择人才，二是顺应民情，三是顺从时令。不根据时令变化而变化，这是违背了天意的预兆；不顺应百姓的意愿，这是违背民意的过失；不能选择重用人才而一味好善，这是败坏为官之道的祸患。

用奇

考功案第[①]，守成之法也；拔奇取异，定社稷之事也[②]。

---

①考功：考核官吏的功绩。案：通“按”，按照。

②社稷：本指土神和谷神。《尚书·太甲上》：“社稷宗庙，罔不祇肃。”因社稷为帝王所祭拜，后用来泛称国家。

【译文】

考核功绩，依次进官，这是维持现状的做法；选拔奇才，破格重用，这才是安定国家的大事。

笃论

《笃论》,三国魏杜恕撰。杜恕另有《体论》,已选入本书儒家类,其生平参见《体论》介绍。

《笃论》,也作《杜氏笃论》,《隋书》及两《唐书》均记载《笃论》四卷,宋以后史志书目不见记载。唐马总《意林》录文六条,其中一条见于《三国志》本传所载疏奏,马国翰据此认为杜氏疏奏均收入《笃论》,称其议论亢直,故称《笃论》。清人严可均、马国翰均有辑本。

本书选文据《全上古三代秦汉三国六朝文》。

圣人之制刑也，非以害民也，将以利民也，故民从而安之；非以陷民也，将以导民也，故民从而化之。断一人之狱，而天下义之，是安之也；断一人之狱，而天下伏之[①]，是化之也。当于民心，合于道理，所断于民者，不行于身，公之也。

---

①伏：通“服”，屈服，顺从。

【译文】

圣人制定刑法，不是用来损害百姓，而是有利于百姓的，所以百姓才服从并且安心遵守；不是用来陷害百姓，而是用来引导百姓的，所以百姓才能服从并且被感化。决断一个人的案子，而天下之人都认为是正义的，这是安定民心的办法；决断一个人的案子，而天下之人都服从，这是感化百姓的方式。合于民心，合乎道理，要求民众不做的，自己也不做，这才是真正的公正。

傅子

《傅子》，三国魏傅玄撰。傅玄（217—278），字休奕，北地泥阳（今陕西耀州）人。《晋书·傅玄传》载《傅子》一百二十卷，分内、外、中三篇，数十万言；《隋书·经籍志》亦载“《傅子》百二十卷”，但《宋史·艺文志》著录仅五卷，其大部分或散佚于唐宋之际。

《傅子》“撰论经国九流及三史故事，评断得失”，为治国、理民、修身提供借鉴，属杂家类著作，被《四库全书总目》评价为“关切治道，阐启儒风，精意名言，往往而在”。今有清人辑本，主要辑自《三国志》裴松之注引、魏徵《群书治要》、赵蕤《长短经》、杜佑《通典》《永乐大典》等文献。

本书选文据《丛书集成初编》本。

治体

有善,虽疏贱必赏[①];有恶,虽贵近必诛[②]。

①疏贱:关系疏远,地位低下。

②贵近:显贵的近臣。

【译文】

对于做了善事的人,即便是关系疏远地位低下的,也要予以奖赏;对于做了坏事的人,即便是显贵的近臣,也一定严惩不贷。

独任威刑而无德惠[①],则民不乐生;独任德惠而无威刑,则民不畏死。民不乐生,不可得而教也;民不畏死,不可得而制也。

①威刑:严厉的刑罚。

【译文】

仅仅使用严厉的刑罚,而没有施以德泽仁惠,那么老百姓就无法快乐地生活;仅仅使用德泽仁惠,而没有严厉的刑罚,那么老百姓就不怕死亡的威胁。民众不能快乐地生活,就无法很好地接受教化;民众不害怕死亡,就不能对他们进行有效的管束。

官人

世质则官少[①],时文则官多[②]。

①质：质朴，朴实。

②文：文饰，浮华。

【译文】

世风质朴，官员就少；世风浮华，官员就多。

举贤

明主任人之道也专，治人之道也博[①]。任人之道专，故邪不得间；治人之道博，故下无所壅[②]。任人之道不专，则谗说起而异心生[③]；致人之道不博，则殊涂塞而良材屈。

①治人：《群书治要》作“致人”，即招致人才、招揽人才。下文“治人之道博”亦作“致人”。

②壅（yōng）：堵塞。

③谗说：谗言。

【译文】

贤明的君主用人很专一，招揽人才的途径很广博。用人很专一，因此奸邪之人无法挑拨离间；招揽人才的途径很广博，所以有才能的臣下不会被埋没。用人不专一，就会谗言蜂起而产生二心；招揽人才的途径不广博，就会使各种途径被堵塞而优秀人才不得施展才能。

授职

构大厦者[①]，先择匠然后简材[②]；治国家者，先择佐然后定民[3]。

①构：建立，缔造。

②简：选择。

③佐：辅佐者。这里指治国的贤才。

【译文】

要建造高大的房屋，先选择能工巧匠然后挑选建筑材料；要治理好国家，先选拔治国贤才然后才能安抚民众。

仁论

推己心孝于父母，以及天下，则天下之为人子者，不失其事亲之道矣；推己心有乐于妻子，以及天下，则天下之为人父者，不失其室家之欢矣[1]；推己之不忍于饥寒，以及天下之心，含生无冻馁之忧矣[2]。

①室家：指家庭。

②含生：一切有生命者，大多时候用来指人类。冻馁（něi）：寒冷饥饿。馁，同“馁”，饥饿。

【译文】

将自己对父母的孝顺之心在天下推广，那么天下做儿子的，就不会失掉事奉双亲的准则了；将自己喜欢自己的妻子、儿女的心思在天下推广，那么天下为人父、为人夫的，就不会失去家庭中的天伦之乐了；将自己不愿意受饥寒困扰的心情推广到天下，芸芸众生就不会有饥寒交迫的忧虑了。

古之仁人，推所好以训天下，而民莫不尚德；推所恶以诫天下，而民莫不知耻。

【译文】

上古有德行的人，推广自己喜好的来教化天下之人，而民众没有不崇尚品行的；宣示自己所厌恶的来训诫天下之人，而民众都有了羞耻之心。

义信

天地著信①，而四时不悖；日月著信，而昏明有常；王者体信②，而万国以安；诸侯秉信，而境内以和；君子履信，而厥身以立③。

①著：显明，显扬。

②体：依循，履行。

③ 厥：代词。他的。

【译文】

天地的运行显扬了诚信，因此春夏秋冬四季有规律地运转；日出月落显扬了诚信，因此白天和黑夜有规律地更替；统治者遵守诚信，天下就会安定；诸侯秉持诚信，其统治范围内就会出现和平的气氛；君子履行诚信，他就能很好地安身立命。

言出乎口，结乎心，守以不移，以立其身，此君子之信也。

【译文】

言语出于口，凝结于心，说出来的话坚守不变，用来安身立命，这就是君子的诚信。

夫为人上，竭至诚开信以待下[①]，则怀信者，欢然而乐进，不信者，赧然而回意矣[②]。

①开信：开诚。

②赧（nǎn）然：惭愧脸红的样子。

【译文】

作为统治者，尽最大努力对臣下开诚布公，那么怀抱诚信的人，就会欢欣鼓舞，更加乐于奋进；而心怀假意的人就会感到羞愧，改变心意回到诚信上来。

以信待人，不信思信；不信待人，信思不信。

【译文】

以诚信对待别人，不讲诚信的人也会考虑要讲信用；用不讲诚信的方式对待别人，讲诚信的人也会考虑不再讲信用。

祸莫大于无信，无信则不知所亲，不知所亲，则左右尽已之所疑。

【译文】

祸患没有比不讲信用更大的了，无信用就不知谁为可亲可信的，不知道可亲可信，那么身边的人都会成为自己所猜忌的对象。

礼乐

由近以知远，推己以况人[①]。

①推己以况人：犹“推己及人”，用自己的心意去推想别人的心意。指换位思考，设身处地替别人着想。况，比拟，比较。

【译文】

从近处可以推知远处，根据自己的想法可以推想别人的心思。

法刑

礼法殊涂而同归[①]，赏刑递用而相济[②]。

①礼法：指礼治和法治。

②递用：交替使用。

【译文】

礼治和法治是从不同的道路走到同一个目标，奖赏和刑罚应该交替使用而互相补充。

重爵禄

爵非其德不授，禄非其功不与。

【译文】

爵位不授予没有品德的人，俸禄不发给没有功劳的人。

居官奉职者，坐而食于人[①]。既食于人，不敢以私利经心。既受禄于官，而或营私利，则公法绳之于上，而显议废之于下矣[②]。

①食(sì):供养。

②显议:公众的议论。显,公开。

【译文】

身居官位奉行职事的人,坐而享受民众的供养。既然受到民众的供养,就不能着意留心于个人私利。既然接受了官府的俸禄,如果谋求私利,那么上边要受到国家法律的制裁,在下边又要受到社会舆论的谴责而名声扫地。

贵教

贵教之道行[①],士有仗节成义[②],死而不顾者矣。

①贵教:重视教化。

②仗节成义:坚守节操,舍生取义。

【译文】

重视教化的办法推行,人们就能够坚守节操、舍生取义,面对死亡也不会有所顾虑。

人怀好利之心,则善端没矣[①]。

①善端:善言善行的端始。

【译文】

人如果怀着追逐私利的心思,那么善言善行就会被私欲所淹没。

戒言

上好德则下修行，上好言则下饰辩[①]。修行则仁义兴焉，饰辩则大伪起焉，此必然之征也。

①饰辩：粉饰巧言，说虚浮不实的空话。

【译文】

统治者喜好品行良善，那么臣下就会努力修养德行；统治者喜欢浮夸之语，那么臣下就会说出虚浮不实的空话。大家修养德行，讲求仁爱和正义的风气就会兴盛；巧言惑众流行，就会使诡诈泛滥，这是必然的迹象。

不尊贤尚德，举善以教，而以一言之悦取人，则天下弃德饰辩以要其上者[①]，不鲜矣。何者？德难为而言易饰也。

①要（yāo）：求取。这里指邀功。

【译文】

不尊重贤达崇尚良好品德，举荐德才兼备之人来推行教化，而仅凭说好听的话来判断人才，那么世间放弃对美德的追求，以浮华不实的语言向统治者邀功请赏的人就屡见不鲜了。为什么呢？因为保持美好的品德很难，浮华的空言却是很容易编造出来的。

正心

立德之本，莫尚乎正心。心正而后身正，身正而后左右正，左右正而后朝廷正，朝廷正而后国家正，国家正而后天下正。

【译文】

树立德业的根本，最重要的是端正心性。心端正了行为才能端正，自己的行为端正了才能影响身边的人做人做事端正，身边的人端正了朝廷才能够端正，朝廷端正了国家才能够端正，国家端正了天下才能走上正途。

以正德临民[①]，犹树表望影[②]，不令而行[③]。

①临民：管理民众。

②表：古代立于地面以测日影的标杆。

③不令而行：不须命令而在下者自会正直。语出《论语·子路》："其身正，不令而行；其身不正，虽令不从。"

【译文】

以正确的言行规范来管理民众，就好像树起标杆就能够看到影子一样，即使没有任何命令、约束，人们也会自然而然地走上正道。

忠正仁理存乎心，则万品不失其伦矣[①]；礼度仪法存乎体，则远迩内外[②]，咸知所象矣[③]。

①万品：各种事物。

②远迩：远近。迩，近。

③象：仿效，模仿。

【译文】

忠诚、正直、仁义、理智留存在心中，那么各种事物就不会失去条理了；礼仪法度保持在行为中，那么远近内外，就都知道所要仿效的了。

通志

听言不如观事，观事不如观行。

【译文】

听一个人说话不如观察他做事，观察他做事不如观察他的行动。

安民

民富则安乡重家[①]，敬上而从教；贫则危乡轻家，相聚而犯上。饥寒切身而不行非者，寡矣。

①安乡重家：即安土重迁，安心于本乡本土，不愿意迁移。

【译文】

民众富裕了就会安心地在家乡生活，尊敬长者并接受教化；贫穷就会危害乡里轻视家庭，聚集在一起犯上作乱。饥寒缠身无法生存下去而不做出非法勾当的，就很少见了。

度时宜而立制[①]，量民力以役赋[②]，役赋有常，上无横求[③]，则事事有储，而并兼之隙塞[④]。

①时宜：当时的需要或风尚。

②役赋：徭役和赋税。这里用作动词，征发徭役与征收赋税。

③横求：专横无理的要求。

④并兼：侵吞他人的土地或财产。

【译文】

根据当时的情况来确立制度，充分考虑民力来确定徭役和赋税，徭役和赋税的征发与征收要有一定的规则，统治者不向民众横征暴敛，各种物资就会有储备，土地和财产兼并就无机可乘。

图远必验之近，兴事必度之民。

【译文】

实行远大的计划必须要在近处做出验证，兴建政事必须要考虑民众的意愿。

国以民为本，亲民之吏，不可以不留意也。

【译文】

国家以民众为根本，亲近民众的官吏，统治者不可不留意。

利天下者，天下亦利之；害天下者，天下亦害之。

【译文】

对天下有利的人，天下也会对他施利；危害天下的人，天下也要惩罚他。

仁人在位，常为天下所归者，无他也，善为天下兴利而已矣。

【译文】

仁德的人在位，总能使天下人心悦诚服，没有别的原因，是他们善于兴办有利于天下的事务罢了。

问政

政在去私[①]。私不去，则公道亡；公道亡，则礼教无所立；礼教无所立，则刑赏不用情[②]；刑赏不用情，而下从之者，未之有也。夫去私者，所以立公道也，唯公然后可正天下。

①去私：摈弃私欲，去掉私心。

②用情：指根据情理办事。

【译文】

做好政务的关键在于去掉私心。私心不去，就没有公道可言了；公道不存在，那么礼仪教化就无法确立；礼仪教化无法确立，那么刑罚与奖赏就无法按情理去推行；刑罚与奖赏无法按情理推行，而广大民众能够服从，是从来没有的事。去掉私心，是为了更好地确立公道，只有公正无私才可以整饬天下。

问刑

以不道遇人[①]，人亦以不道报之，人仇之，天绝之。行无道，未有不亡者也。

①不道：不合正道。遇：对待。

【译文】

以不合正道的方式对待别人，别人也会以不合正道的方式回报他。人们仇恨他，老天也断绝他的生路。不合正道胡作非为，没有不灭亡的。

信直

古之贤君，乐闻其过，故直言得至，以补其阙；古之忠臣，不敢隐君之过，故有过者，知所以改。

【译文】

古代的贤明君主，喜欢听到自己的过失，因此直言极谏得以出现，用来补正他的不足；古代的忠臣，不敢隐瞒君主的过失，因此有过失的君主，知道如何改正自己的过失。

矫违

治人之谓治，正己之谓正。人不能自治，故设法以一之。身不正，虽有明法，即民或不从，故必正己以先之也。

【译文】

管理别人称作治，端正自己称作正。人不能自我约束，所以建立法度来规范人们的行为。如果自己的行为不端正，即使有明确的法令，民众中仍会有不服从的，所以要先端正自己为他人做出表率。

明法者，所以齐众也；正己者，所以率人也①。

①率人：为人表率。

【译文】

严明法令，是为了规范民众；端正自己，是为了为民众做出表率。

假言

天地至神，不能同道而生万物；圣人至明，不能一检而治百姓[1]。故以异治同者，天地之道也；因物制宜者，圣人之治也。

①一检：以同一个法式。检，法度，法式。

【译文】

天地极为神圣，也不能以同一种方式生养万物；圣人极为英明，也不能用同一个法式治理百姓。所以用不同的方法来治理百姓，是天地的法则；根据不同的事物，制定适宜的措施，是圣人治国安邦的办法。

镜总叙

目短于自见，故以镜观面；智短于自知，故以道正己。

【译文】

眼睛的短处在于看不见自己，所以用镜子来照出自己的面目；人有知人之智却没有自知之明，所以要用一定的准则来端正自己。

面失镜，则无以正须眉[1]；身失道，则无以知迷惑。

①正须眉：端正须眉，以整容仪。

【译文】

人如果不借助镜子的辅助，光靠眼睛是不能修整自己的仪容仪表的；自身不通过行为准则，仅靠智慧是无法辨别是非曲直的。

阙题

所惠者小，所感者大，仁心先之也。

【译文】

所施的恩惠虽小，使人感动的却很大，是因为先有了仁爱之心。

辨上下者，莫正乎位；兴国家者，莫贵乎人；统内外者，莫齐乎分；宣德教者，莫明乎学。

【译文】

辨别上下，没有比各安其位更正确的；振兴国家，没有比重视人才更珍贵的；统管内外，没有比各守其分更准确的；宣扬德教，没有比兴办教育更显明的。

秉纲而目自张[①]，执本而末自从。

①秉：拿住，掌握。纲：提网的总绳。比喻事物的关键部分、事理的要领。目：网眼。比喻次要环节。

【译文】

掌握事物的关键部分，次要环节自然清晰显明；抓住事物的根本，细枝末节就可以轻易处理。

以誉取人，则权势移于下，而朋党之交用；以功进士，则有德者未必授，而凡下之材[①]，人或见任也。

①凡下：平庸低下。

【译文】

如果以声誉为标准来选拔人才，就会导致权势下移，从而出现结党营私的状况；以功劳作为选拔人才的标准，那么品德高尚的人未必能够得到重用，一些平庸的人往往会被委以重任。

夫空言易设，但责其实事之效，则是非之验[①]，立可见也。

①验：效验，征兆。

【译文】

不切实际的空话说起来很容易，但是追究其解决实际问题的效用，那么是非的征兆，就马上显露出来了。

人之学者，如渴而饮河海也。大饮则大盈，小饮则小盈；大观则大见，小观则小见。

【译文】

人们学习知识就像渴了饮河海中的水。多饮就会非常充盈，少饮就不那么充盈；宏远地观察就会有深刻的见解，浅薄地观察只能得到肤浅的认识。

赏不避疏贱[①]，罚不避亲贵[②]。

①疏贱：指关系疏远、地位低下的人。

②亲贵：指帝王的近亲或亲信的人。

【译文】

奖赏有功之人不要考虑他地位的低贱，惩罚犯罪之人也不要顾忌他皇亲贵戚的身份。

塞一蚁孔，而河决息；掩一车辖[①]，而覆乘止[②]。立法令者，亦宜举要[③]。

———

①掩：关，合。辖：安装在车轴末端的金属键，用以挡住车轮，不使脱落。

②覆乘（shèng）：翻车。乘，车。

③举要：抓住要害。

【译文】

堵塞一个小小的蚁洞，就可以阻止河堤决口；插上车轴末端的车键，就可以避免翻车。制定法令的人，也应该抓住事物的要害。

丈夫重义如太山[①]，轻利如鸿毛[②]，可谓仁义也。

———

①太山：即泰山。

②鸿毛：大雁的羽毛。比喻极轻之物。

【译文】

大丈夫将正义看得比泰山还要重，把私利看得比鸿毛还要轻，就可以称得上仁义了。

己是而彼非，不当与非争；彼是而己非，不当与是平。

【译文】

自己正确别人错误，不应该与错误的争高低；别人正确自己有错，不应该将对错混淆。

闻一善言，见一善事，行之唯恐不及；闻一恶言，见一恶事，远之唯恐不速。

【译文】

听到一句好话，见到一件好事，紧跟着践行还唯恐做不到；听到一句恶言恶语，见到一件丑恶之事，远远躲开都唯恐躲得太慢。

情莫多妄[①]，口莫多言。

---

①妄：胡乱，荒诞不合理。

【译文】

情绪要有所约束，不可荒诞无理；说话要严谨，不要不加考虑地胡说。

病从口入，患自口出。

【译文】

疾病因饮食不干净而引发，祸患因说话不谨慎而招致。

九日养亲[①]，一日饿之，岂得言孝？

---

①养亲：指赡养父母。

【译文】

赡养父母九天，又让父母饿了一天，这怎么能叫孝敬父母呢？

大孝养志[①]，其次养形[②]。养志者，尽其和；养形者，不失其敬。

---

①养志：奉养父母能顺从其意志。

②养形：保养形体。

【译文】

最大的孝顺是能顺从父母的意志，其次是保养好父母的身体。顺从父母的意志，要尽可能地温和顺从；保养父母的身体，不可失掉对父母的恭敬。

割地利己，天下仇之；推心及物[1]，天下归之。

---

①推心及物：犹“推己及人”，用自己的心意去推想他人。

【译文】

割占别人的土地而使自己获利，天下之人都会仇视他；用自己的心意去推想别人，多考虑别人的利益，天下之人都会对他心悦诚服。

以信接人[1]，天下信之；不以信接人，妻子疑之。

---

①接：对待。

【译文】

以诚信对待别人，大家都会信任他；不以诚信对待别人，连自己的妻子、儿女也会对他产生怀疑。

人皆知涤其器，而莫知洗其心。

【译文】

人们都知道清洗器具，却不知道清洁自己的内心。

面歧路者，有行迷之患；仰高山者，有飞天之志。

【译文】

面对岔路的人，有走入迷途的担忧；仰望高山的人，有一飞冲天的志向。

或乘马，或乘车，而俱至秦者，所谓形异而实同也。

【译文】

或者骑马，或者乘车，都可以到达秦国，形式不同但结果是一样的。

鸿不学飞[①]，飞则冲天；骥不学行[②]，行则千里。

①鸿：大雁。

②骥：骏马，良马。

【译文】

大雁不学习飞翔，飞起来则冲天而上；骏马不学习奔跑，跑起来则一气千里。

形之正，不求影之直，而影自直；声之平，不求响之和[①]，而响自和；德之崇，不求名之远，而名自远。

①响：回响。

【译文】

身体端正，不用要求影子是直的，而影子自然会直；声音平和，不用要求回响的和谐，而回响自然很和谐；道德的崇高，不用要求名声远播，而名声自然会远播。

马先生传

用人不当其才，闻贤不试以事，良可恨也[①]。

①良：确实。恨：遗憾。

【译文】

任用人才不能使其才华得以施展，闻知有贤能的人却不用实际的事对其进行验证，这确实是很遗憾的。

邹子

《邹子》,《隋书·经籍志》《旧唐书·经籍志》《新唐书·艺文志》皆未著录。宋高似孙疑《邹子》为晋邹湛所著,清人马国翰亦认为《邹子》作者为晋人,后代故以此书作者为晋人邹湛。邹湛(？—约299),字润甫,南阳新野(今河南南阳)人。仕魏为太学博士,入晋后任尚书郎,官至少府。善作诗,为时人所重。

此书散佚已久,唐马总《意林》录其文二条,清人严可均《全晋文》辑《邹子》佚文五条,马国翰据《意林》《太平御览》所录条目辑佚文一卷,收入《玉函山房辑佚书》。

本书选文据中华书局《新编诸子集成续编·意林校释》。

欲知其人，视其朋友。

【译文】

想要了解一个人，就去观察他的朋友。

裴氏新言

《裴氏新言》，三国吴裴玄撰。裴玄，字彦黄，下邳（今江苏徐州）人。有学行，官至吴国太中大夫。《隋书·经籍志》杂家类《傅子》条下注有《裴氏新言》五卷，已佚，《旧唐书·经籍志》《新唐书·艺文志》亦有著录，宋代史志不载。《意林》收其文两条，清人周广业辑录佚文十一条，另有马国翰所辑佚文八条，收于《玉函山房辑佚书》。

本书选文据中华书局《新编诸子集成续编·意林校释》。

猛虎浮水[①]，不如凫鸭[②]；骐骥登木[③]，不如猿猴。

---

①浮水：在水里游泳。浮，游水。

②凫(fú)鸭：野鸭。

③骐骥：即麒麟。

【译文】

猛虎游泳，不如野鸭；麒麟爬树，不如猿猴。

秦子

《秦子》，三国吴秦菁撰。秦菁，生平不详。《隋书·经籍志》杂家类《时务论》条下注有《秦子》三卷，已佚，《旧唐书·经籍志》《新唐书·艺文志》亦有记载，宋代史志多不载。唐马总《意林》录其文五条，清人马国翰以《意林》所录条目为主，兼采《北堂书钞》《艺文类聚》《太平御览》等文献，辑得佚文一卷，收于《玉函山房辑佚书》。

本书选文据中华书局《新编诸子集成续编·意林校释》。

种一粟则千万之粟滋，种一仁则众行之美备。

【译文】

种下一颗谷子，成千上万颗谷子就会生长；播种一片仁爱之心，众多美好的品行就会具备。

博物志

《博物志》，西晋张华撰。张华（232—300），字茂先，范阳方城（今河北固安）人，为西汉留侯张良十六世孙，唐宰相张九龄十四世祖。西晋文学家、政治家、藏书家。他为人淡泊，博闻强识，被阮籍赞为“王佐之才”。

《博物志》是一部内容驳杂的地理博物类志怪小说，记录了异域、异人、异兽，动物、植物、矿物，海洋、山川、河流，药物、香料，书籍、轶闻、杂史，方术、神话等内容，展现了博物众采的文化景观。篇末的“赞曰”，类似于《史记》的“太史公曰”，卒章显志，旨在说明土地多寡随国君之德的优劣而变化，山川变化预示着社会人事的变迁，提出要以德治国，选贤与能，讲信修睦等，这都是有现实意义的。《博物志》在文学史上地位突出，尤其对小说、戏曲等在题材选取、素材来源以及艺术表现等方面都产生了重要影响。

本书选文据中华书局三全本《博物志》。

地理略自魏氏目已前，夏禹治四方而制之

无德则败，有德则昌，安屋犹惧，乃可不亡。

【译文】

君主无德就必然失败，有德就昌盛，安居时要戒惧，才能不灭亡。

进用忠直，社稷永康，教民以孝，舜化以彰[①]。

①舜化以彰：让虞舜的教化永远发扬。据《尚书》《史记》等有关典籍，虞舜为人处世、治国理政，皆以德为先导。舜选贤任能，举用“八恺”“八元”等治理民事，放逐“四凶”（浑敦、穷奇、梼杌、饕餮），任命禹治水，完成了尧未完成的盛业。《左传·文公十八年》：“昔高阳氏有才子八人，苍舒、仍敳（tuí ái）、梼戭（táo yǎn）、大临、尨（méng）降、庭坚、仲容、叔达，齐、圣、广、渊、明、允、笃、诚，天下之民谓之八恺。高辛氏有才子八人，伯奋、仲堪、叔献、季仲、伯虎、仲熊、叔豹、季狸，忠、肃、共、懿、宣、慈、惠、和，天下之民谓之八元。”

【译文】

进用忠诚善良的人，国家才可永葆安康，用孝道教育百姓，舜的教化才能永远彰显发扬。

方士

体欲常少劳无过虚[①]。食去肥浓，节酸咸，减思虑，损喜怒，除驰逐，慎房室。施泻[②]，秋冬闭藏。

①体欲常少劳无过虚：《太平御览》卷七百二十引作“体欲常劳，食欲

常少，劳无过虚”。

②施泻：应为“春夏施泻”。《太平御览》卷七百二十引《博物志》曰：“魏武帝问封君达养生之术，君达曰：‘体欲常劳，食欲常少，劳无过虚，省肥浓，节咸酸，减思虑，损喜怒，除驰逐，慎房室。春夏施泻，秋冬闭藏。’武帝行之有效。”

【译文】

身体要常活动，饮食要少量，活动不要过度劳累，节食不要导致过度空虚。避开肥腻食物，控制酸咸食品，减少杂念忧虑，远离喜怒情绪，排除追名逐利想法，谨慎对待房事。春夏注意清泻火气，秋冬注意闭合收藏。

服食

所食逾少，心开逾益[①]；所食逾多，心逾塞，年逾损焉。

---

①心开逾益：此句应为“心愈开，年愈益”。逾，当作“愈”。心，下脱“愈”字。开，下脱“年”字。范校据张皋文说改。

【译文】

吃得越少，心胸越是开豁，那么年寿就更能延长；吃得越多，心胸越是闭塞，那么年寿就更加缩减了。

杂说上

曾子曰：“好我者知吾美矣，恶我者知吾恶矣。”

【译文】

曾子说：“喜欢我的人知道我的好处，厌恶我的人知道我的坏处。”